가정폭력 2005
—가정폭력 남성을 공감적으로 변화시키기

가정폭력 2005

초판 1쇄 인쇄 2005년 9월 14일
초판 1쇄 발행 2005년 9월 26일

지은이 / David B. Wexler
옮긴이 / 김현수 배민진 윤웅장
펴낸곳 / 나눔의집출판사
펴낸이 / 박정희
주 소 / 156-713 서울특별시 동작구 신대방 2동 395-69
           아카데미타워 3004호
전 화 / 02-835-7845~7
팩 스 / 02-847-7846
Nanum@ncbook.co.kr

값 15,000원
ISBN 89-5810-046-3   93330

● 파본은 구입하신 곳이나 당사에서 교환해 드립니다.

가정폭력 2005

— 가정폭력 남성을 공감적으로 변화시키기

David B. Wexler

김현수 배민진 윤웅장 역

사회복지 전문출판 나눔의집

나의 아들 Joseph에게

■ 차례

관계 증진을 위한 기술 • 181

재발 방지 프로그램 • 251

Identity & Co-ordination
한국 가정폭력 가해자 프로그램의 동향과 제언

1. 들어가는 말 : 지난 몇 년의 눈부신 성과

1997년 법 제정이후 1999년부터 가정폭력 가해자 수강명령 및 상담위탁 프로그램들이 한국에서도 본격적으로 시행되어온 바 있습니다. 1999년 이후 2004년 말에 이르기까지 실로 한국의 가정폭력에 대한 서비스는 다양한 발전과 확장이 있었습니다. 가정폭력 가해자 서비스뿐 아니라 피해자에 대한 서비스, 폭력 가정의 아동에 대한 서비스에 이르기까지 양적 확대는 비약적이라고 할 수 있을 것입니다. 아마도 아시아에서는 가장 빠르게 변화하고 대처하는 사회가 아닐까 생각하기도 합니다. 이 과정에는 다양한 각 계의 전문가, 시민활동가, 실무자들의 많은 노력과 관심 그리고 집중이 있었습니다. 물론 여전히 개선되어야 할 점과 보완되어야 할 과제들은 산적하지만 저는 우선 이 짧은 6년의 세월 동안 이룩한 우리의 성과를 긍정적으로 평가하면서 이야기를 시작하고 싶습니다. 그리고 제 자신의 경험과 자료를 중심으로 이야기를 하겠습니다. 감히 제가 다른 전문가분들에 대해 이야기하거나 평가하는 것은 불가하므로 저 자신이 그 동안 매 해 보호관찰소나 상담위탁기관과 함께 가해자 서비스를 운영하면서 느낀 문제점과 희망을 중심으로 이야기를 하도록 하겠습니다.

2. 가정폭력 가해자 프로그램의 다양한 확대와 경험의 축적

1) 다양한 가해자 프로그램의 소개

제가 1998년 가정폭력 가해자 프로그램을 준비하고 시작할 당시만 해도 문헌이 매우 부족했고, 자료들이 있다해도 번역이 채 이루어지지 않은 상태였습니다. 하지만 지금 현재 다양한 가정폭력 가해자 프로그램들이 번역되고 소개되어 활용되고 있습니다. Duluth 모델부터 시작해서 공격적 남성집단을 위한 프로그램, 해결중심적 접근 프로그램, 사회극 혹은 심리극을 통한 접근 프로그램, 인지-행동적 접근을 중심으로 하는 프로그램, 여성주의적 상담법을 채택하고 있는 프로그램, 부부대화법을 중심으로 하는 프로그램 등 현재 우리는 다양한 프로그램을 번역된 서적을 기초하여 접할 수 있습니다. 실제로 어떤 프로그램이 어떤 효과를 갖고 있는지에 대한 논의는 차치하고서라도 다양한 프로그램의 소개는 각각의 실천가들에게 새로운 비전과 프로그램에 대한 관점을 고양시켜주고 있다고 생각합니다.

2) 가해자 프로그램 경험의 축적

1999년 이후 수원 보호관찰소를 필두로 시작된 보호관찰소 수강명령 프로그램은 다양한 임상가들에게 많은 경험을 축적할 수 있도록 해주었습니다. 지방의 보호관찰소에서도 수강명령 프로그램이 이루어진 지 오래이고, 상담 위탁기관들도 활발히 상담위탁사업을 진행하고 있습니다. 초기 몇몇에 국한되었던 임상가들의 경험이 현재는 확대되어 가해자 집단상담 프로그램이나 개인 상담을 경험한 실무자들이 매우 다양화된 상태입니다. 따라서 학문적이면서, 대대적인, 프로그램 진행 실무자를 통한, 프로그램들의 평가가 이루어져 있지는 않지만 우리는 새로운 비전을 논의할 수 있는 경험을 갖게 되었고 이를 통해 새로운 논의를 시작할 수 있는 기초를 갖게 되었습니다.

3) 가해자 프로그램에 대한 연구의 시작

가해자 프로그램이 시작되면서 가해자를 만날 수 있는 공간이 확장되었습니다. 이는 곧바로 연구의 활성화로 이끌어져 현재 가해자들의 특성, 유형에 관한 연구들이 보고되기 시작했으며, 프로그램을 진행했던 임상가들이 자신의 프로그램을 평가하고 효과를 측정한 연구들을 발표하기 시작했습니다. 아마도 이러한 연구결과들은 새로운 가정 폭력 가해자 프로그램을 구성하고 운영하는 데 많은 기여를 할 것으로 생각합니다. 이런 학문적 기반이 임상 실무가들과 원활히 교환되고 있다고 보기는 어렵지만 현재의 연구결과들은 우리에게 또다른 비전을 제시할 것입니다.

3. 당면한 과제 : Identity

1) 몇 가지 문제점

아마도 현재 대부분의 프로그램을 운영하는 분들의 고민은 '한국형 가정폭력 가해자 프로그램' 의 개발에 있을 것입니다. 저는 여기서 사전에 개선되어야 할 문제점을 한두 가지 말씀드리겠습니다.

첫째, 한국의 가정폭력 가해자들에 대한 임상적 진단과 부가적 서비스를 위한 법적 보완이 되지 않음으로 인해 가정폭력 가해자들에 대한 집단상담 프로그램에 어려움이 많이 있다는 것입니다. 이는 판결전 조사의 미비로 인해 발생하는 것이기도 하고 법적 체계의 문제점으로 인해 발생하기도 하는 것입니다. 대표적인 예로 알코올 중독자와 의처증 환자와 같은 사례들입니다. 미국내 프로그램들의 경우, 사전 판결 혹은 선별 과정에서 알코올 중독자는 법적인 치료서비스를 명령하거나 의처증 환자의 경우도 임상적 서비스를 강제할 수 있도록 해놓은 경우가 많습니다. 1999년도부터 2003년도 하반기에 제가 시행했던 프로그램에는 가정폭력 행위를 교정받기 전에 알코올 중독이나 의처증을 치료받아야했던 분들이 꼭 프로그램마다 한두 분씩 있었습니다. 이 분들의 경우 치료 이후 가정폭력 행위에 대한 교정적 상담 프로그램에 참여할 수 있도록 하는 보완적 조치가 필요하다고 생각합니다.

둘째, 한국의 가정폭력 가해자들에 대한 집단 상담 프로그램 시간이 너무 적고 기한이 짧다는 것입니다. 아직 가정폭력 가해자 프로그램에 대한 효과성 연구를 통하여 검증된 한국의 시도는 없지만 법적 한계로 인해 가해자 프로그램을 6주나 또는 8주에 모두 마쳐야 하는 어려움이 있습니다. 미국의 많은 프로그램들이 대부분 20주 이상의 프로그램 경험을 요구하는 것에 비하면 매우 제한되고 단축된 시간 안에 많은 것을 해야만 합니다. 실제로 미국의 마약 치료에 대한 연구 결과에서 법적으로 부과된 치료를 받은 사람들의 경우, 가장 중요한 치료적 요인이 다른 무엇보다도 '기간' 이었다는 보고가 있습니다. 물론 기간이 길어지는 것이 한국에서 어떤 영향을 미칠 것인가에 관한 한국의 연구 데이터가 없어서 선험적으로 주장하는 것이긴 합니다만 기술의 습득뿐 아니라 치료적 변화를 목표로 하는 프로그램이라고 하면 조금 더 긴 기간 동안 프로그램이 유지될 수 있도록 하는 변화가 필요할 것으로 생각합니다.

2) 새로운 연구 과제

그런 점에서 우리는 현재 시행되고 있는 많은 프로그램들이 어떻게 영향을 미치고 있는가에 관한 연구 결과들을 가질 필요가 있습니다.

(1) 프로그램 종료 후 종단적 조사, 연구

우선 첫 번째로 현재 프로그램이 지닌 영향들에 대한 종단적 연구가 필요할 것 같습니다. 미국에서 다기관적 조사를 통해 이루어진 종단적 연구는 매우 실망스러운 결과를 보고하고 있습니다. 과연 우리도 현재의 프로그램들이 종료 후 어떻게 영향을 미치고 있는지에 대한 조사와 그 결과를 갖고 현재의 프로그램에 대한 냉정한 평가를 해 볼 필요가 있을 것입니다. 아울러 재발 혹은 재범의 요인들이 무엇이고 이를 낮추기 위해서는 법적 영향력이 있는 동안 어떤 서비스가 제공되어야 하고 어떤 치료적 요인들이 더 기능을 발휘해야 하는지를 파악하여 현재의 치료프로그램을 보완해야 하겠습니다.

(2) 프로그램간 비교 조사, 연구와 프로그램간 치료적 요인에 대한 연구 조사

현재 시행되고 있는 한국 가정폭력 가해자 프로그램의 특징을 단적으로 지적한다면 절충주의적 기법을 대부분 택하고 있는 것으로 보입니다. 이미 소개된 여러 프로그램들 또한 한 가지 입장이나 원리를 고수하면서 진행되고 있는 프로그램들은 일부에 불과합니다. 분노조절, 가부장적 인식과 행동에 대한 여성주의적 상담, 스트레스 관리, 의사소통 및 갈등해결 기술, 타임아웃과 폭력을 대치하는 기술에 관한 인지행동적 접근 등등. 제가 자료를 준비하면서 찾아본 여러 기관들의 프로그램은 거의 대동소이하였습니다. 최근에 제기되고 있는 추세가 한 가지 입장을 고수하기보다는 대상자에 따라 다양한 접근을 더 강조하기는 하지만 이럴 경우 학문적으로는 치료적 프로그램의 특징을 선별하는 과정에 어려움이 뒤따르게 됩니다. 개인적인 의견을 한 가지 말씀드리겠습니다. 예를 들어 미국에서 가장 대중적이라고 하는 Duluth model 같은 경우 한국에서 이 모델을 적극적으로 반영하여 프로그램을 운영하는 팀은 극소수에 불과합니다. 이는 한국의 임상가들이 이 모델에 부담을 갖는다는 것을 뜻하거나 치료적 이론의 배경이 다르기 때문이라고 볼 수도 있을 것입니다. 이 모델을 인용하는 경우는 단지 권력과 통제의 수레바퀴를 설명하는 정도로 끝내는 경우도 많은 것 같습니다. 반면, 한국의 임상가들은 부부대화에 대한 시간을 점차 늘려가는 경향이 다소 있습니다. 그리고 실제 가해자들의 상당수가 부부가 참여하기를 원하기도 합니다. 아마도 이는 한국의 상당수 임상가들이 여성주의적 입장과 가부장적 문화를 극복하기 위한 신념 중심의 임상적 접근을 선호하기보다는 현재의 가족을 보존하고 부부를 해체시키지 않기 위한 노력에 더 많은 강조점을 두고 있는 경향이 있기 때문이지 않을까 라고 해석할 수도 있을 것입니다.

우리 문화 안에서 기존에 개발되어 우리가 활용하고 있는 외국의 프로그램들이 어떤 요소에서 한국인들에게 저항이 있는지 혹은 한국인들에게 어떤 점에서 유용한지를 더 자세히 알 필요가 있을 것 같습니다.

결국 프로그램의 구성이 거의 유사하다면 치료적 요인은 치료자의 요인 혹은 치료 세팅에 관한 요인, 대상자의 특성에 따른 집단 특성의 요인에 좌우되게 됩니다.

(3) 가해자의 특성과 문화에 관한 조사, 연구

저는 1999년도에 가해자의 유형화에 관한 예비적 연구를 가해자 140여명을 인터뷰하여 진행한 바 있습니다. 그 결과, 미국의 유형화 연구에 소개되지 않는 정신병리적 집단이 일부의 집단을 구성하고 있다는 것이 두드러졌습니다. 이는 위에 소개한 것처럼 현재 가정폭력 가해자를 선별하지 않은 제도의 결과 때문이었습니다.

저뿐만 아니라 다른 전문가 선생님들도 한국의 가정폭력 가해자들에게 두드러지는 문화적 특성이 있다고들 생각은 하고 계신 것 같습니다. 여러 가지 이유에서 가해자의 특성을 더 한국적으로 개념화하고 명료화하는 것이 필요할 것으로 생각됩니다. 그리고 치료의 효과성을 높이기 위하여 유형화 연구를 더 세밀히 진행해야 한다고 생각이 됩니다. 유독 가정폭력 가해자의 경우 미국에서도 반복적으로 유형화를 시도하고 해당 유형의 특성에 따른 프로그램을 개발하는 것은 그 프로그램의 효과성 때문일 것입니다. 대표적으로 한국에도 다녀간 적이 있는 Saunders는 자신이 개발한 unstructured process-psychodynamic group(비구조화된 과정중심 정신역동 집단)과 feminist-cognitive behavioral group (여성주의적 인지행동집단)을 비교한 결과 의존적 성격 경향이 강한 남성들은 과정 중심의 정신역동 집단에서 유의미하게 재발률이 낮았다고 보고한 바 있습니다. 또한 보스톤에서 시행되는 EMERGE 프로그램에서 아시아 가정폭력 가해자들에게는 직면이라는 기법을 권장하지 않고 은유(metaphor)나 우화(parable)를 권장하고 구타자(batterer)라는 용어도 피한다고 합니다.

프로그램에 대한 동기나 치료효과를 높이기 위해서 이제 우리는 우리 연구의 방향을 다각화하고 문화적 이해를 높일 필요가 있을 것으로 생각이 됩니다. 한국 남성들 혹은 한국 가족들 사이에서 가족간, 부부간 폭력을 초래하는 이슈들은 서양과 다르게 제시될 수도 있습니다. 예를 들어 한국 가족의 갈등 요소 중 중요한 요인은 고부간의 갈등 혹은 원가족과의 갈등도 있고, 가장에 대한 전통적 신념도 있습니다. 외국의 프로그램들은 다양한 대화를 권하고 말이 많은 남자가 되게 만들지만 동양에서는 말 많은 남자를 경솔한 남자로 여기고 가장 훌륭한 대화를 '이심전심'으로 여기는 경향이 있습니다. 우리가 배워서 제시하는 많은 대화법들은 대부분 서양에서 온 것이기에 프로그램에 참여하는 한국 남성들은 그런 대화법에 난처해하는 경우가 많습니다(어떤 분은 프로그램이 결국 말 잘하는 남자를 만드는 것이라고 피드백을 주신 적도 있습니다). 예를 들면 '한국인의 대화양식에 대한 연구'와 '가정폭력 가정의 대화양식에 대한 연구'가 시행되어 비교될 필요가 있습니다. 또한 '수치심 혹은 체면과 가정폭력에 대한 연관'에 관한 연구도 매우 중요한 주제가 될 수 있습니다. 한국 남성들이 흔히 폭력의 동기라고 말하는 체면이라고 하는 것은 정확하게 어떤 감정이거나 사고인지 우리가 알고 있는 상식을 넘어서는 의미들을 파악해야만 체면을 잘 다루어서 폭력을 줄일 수 있습니다. 저는 이런 많은 연구들이 한국적 상황에서 이루어져야만 누구나 기대하는 '한국형 가정폭력 가해자 프로그램'이 개발될 수 있다고 생각합니다. 다소 파격적이라도 누군가가 도전적으로 한국 가족문화와 대화의 패턴, 체면과 수치심, 가족의 가치관 변화 등을 폭력의 발생과 연관하여 프로그램을 구성하고 운영할 수 있었으면 합니다. 그런 점에서 한국의 가정폭력 가해자 프로그램은 이제 수입과 절충의 단계를 극복하고 우리 자신의 정체성에 맞는 프로그램을 고민할 시점에 왔다고 봅니다. 이미 우리에게는 많은 경험이 있으므로 기존의 그리고 새로운 연구들을 활용하여 한국적인 프로그램을 개발해야 하겠습니다. 물론 한국적인 프로그램이 단 하나일 수는 없을 것입니다. 다양한 한국적 프로그램의 개발이 있을 수 있고, 이를 통한 효과와 치료적 요인들에 관한 연구도 진행될 수 있을 것입니다. 정부나 학술재단이 이런 연구들을 더 지원하길 간절히 바라마지 않습니다. 그래서 일단 저 자신부터 조금 더 세련된, 한국인에게 맞게 재단된 프로그램을 머지않아 운영할 수 있도록 노력하겠습니다.

(4) 가정폭력 상담 임상가 훈련에 대한 연구

현재 많은 기관에서 가정폭력 상담원들을 양성하고 있습니다. 저도 몇 군데의 기관에 강의를 나가고 있습니다. 저는 주로 가해자들의 특성에 관한 강의를 하는 편입니다. 한 선생님이 가정폭력 상담 임상가들의 훈련과정을 비교한 연구논문을 최근에 읽은 바 있습니다. 특정 기관을 언급하기는 어렵지만 일부 기관에서는 여성주의에 대한 강의가 없는 경우도 있고 일부 기관에서는 가족치료에 상당한 할애를 하는 기관도 있습니다. 또한 일부 기관에서는 기초 상담에 많은 강의가 있기도 하고 일부 기관에서는 주로 의사소통과 분노조절을 강조하는 기관도 있었습니다. 현재 우리가 진행하고 있는 각각의 교육에는 기관에 따라 다양한 가치와 의미가 담겨 있습니다. 가정폭력 가해자 프로그램을 가족의 기능강화라는 관점에서 바라보는 분도 있고 여성의 안전과 행복이라는 관점에서 보시는 분도 있으며 상처받은 남성의 회복과 치유라고 보는 분도 있습니다. 따라서 이에 따라 자신과 상담원의 교육과정에 각각의 가치를 강조하고 전달하고자 합니다. 물론 어떠한 가치를 강조하느냐 하는 것에 오류가 있다고 판단하는 것은 어려운 문제입니다. 다만 그 가치를 강조하는 접근법이 어떠한 타당성을 갖고 있는지에 대해서 입장은 분명해야 할 것으로 봅니다. 그리고 이 각각의 교육과 훈련, 보수교육 등이 가정폭력 가해자 상담에 어떠한 영향과 임상적 실천에서의 도움이 되는지를 우리가 파악할 필요는 있습니다.

3) 한국 가정폭력 가해자 프로그램의 발전을 위하여

가해자 특성 및 유형화에 관한 지속적인 연구, 한국 가족 혹은 부부들의 의사소통, 의사결정, 대화패턴, 가족문화 중 폭력을 초래하는 갈등 요인, 치료적 요인들의 연구에 의하여 현재 한국내 프로그램들은 지속적으로 더욱 발전해나갈 것이라 믿습니다. 그리고 현재 운영되는 각각의 프로그램들이 치료적 요인에 대한 연구가 축적되어 나가서 지속적으로 업그레이드되어 간다면 더 좋은 프로그램들이 운영이 될 것이라고 믿습니다. 그러기 위해서는 보다 많은 체계적인 개입이 필요할 것으로 생각합니다. 그 중에 일부를 다시 언급하면 다음과 같은 것들입니다.

① 가정폭력 가해자에 대한 사정(assessment)이 더 세밀하고 정확하며 통일되어 통합된 풍부한 자료를 구축할 수 있었으면 합니다.
② 그리고 이들에 대한 종단적 연구가 허락되거나 지지되어 우리 자신의 실천을 되돌아볼 수 있게 되어야 할 것이며
③ 좋은 결과를 유지하는 요인이나 반복되는 폭력이 자행되는 요인들을 우리가 알 수 있게 되어야 할 것 같습니다.

④ 아울러 임상가들의 평가와 조사뿐 아니라 대상자들이 스스로 평가하고 제언하는 바도 들어보아야 하겠습니다.

1997년부터 1999년까지 인디아나 대학의 Gondolf 교수팀은 다지역 평가와 프로그램 사후조사를 실시한 바 있습니다. 4개 이상의 지역에서 동일한 사정평가지를 이용하여 가해자들의 심리특성 프로파일을 치료자들이 공유하고, 각각 다른 프로그램을 운영했으며, 프로그램을 받은 대상자들의 재발률이 조사되고 동시에 그 부인과 대상자들에게 프로그램 사후에 조사를 하여 피드백을 받는 연구를 시행하였습니다. 심리특성 프로파일에 의하면 기대보다 낮은 수치와 비율의 정신병리가 발견되었고, 대상자들의 재범률은 20%를 넘었으며, 재범의 상당수는 반사회적이거나 정신병질적(psychopathic) 특징을 보이는 사람들이었고 프로그램을 받은 대상자의 80%가 추가적인 도움을 원치 않았으며 10% 내외의 사람들만이 부부가 같이 받는 것이 좋았었을 것 같다고 하였답니다. 부부가 같이 받기를 원한 사람은 인종적으로 대부분 백인이었으며 학력과 경제력이 높은 사람들로 편중되었다고 합니다. 상당수 대상자들이 여성-인지행동적 접근에 반응을 보이는 것으로 보였고 가치관과 부부대화 등이 중요한 변수였다고 하며, 반사회적인 사람들을 대상으로 하는 별도의 프로그램 개발에 대한 논의가 이루어졌다고 합니다. 우리도 이와 같은 연구가 현재의 경험 위에 더 부가되어 우리의 문제점을 적절한 시기 때마다 교정해나가는 것이 바람직할 것으로 생각됩니다.

더불어 가정폭력 가해자 프로그램을 운영하는 치료자들간의 협력과 상호교류 또한 중요할 것입니다. 가해자 프로그램 운영의 경험과 지혜를 상호간에 교류함으로써 각각의 프로그램을 보완할 수 있고 영향받을 수 있다면 프로그램들간에 보이는 편차와 경험의 한계를 극복할 수 있을 것으로 여깁니다.

4. 방향 : 가정폭력 상담 프로그램과 지역사회 그리고 Co-ordination

최근의 사회복지 서비스나 휴먼서비스의 경향은 네트워크에 있습니다. 이미 우리는 부족하긴 하지만 많은 자원을 갖고 있습니다. 가정폭력 분야만 보더라도 긴급 전화부터 피해자 쉼터, 파출소 및 경찰소, 가정폭력 상담소, 여성단체, 전문 상담기관, 병원, 법원, 보호관찰소, 여성가족부, 법무부 등의 연계가 있습니다.

빈곤층 가정폭력에 대해서는 지역마다 차이가 있지만, 복지관의 재가복지 실무자, 동사무소 사회복지사, 복지관의 가족상담소 상담가, 가정폭력 아동을 위한 상담센터, 피해자 지원 시설, 여성지지 단체나 모임 등이 있습니다. 제가 이렇게 이야기를 하는 것은 세 가지 이유에서입니다.

첫째, 우리는 현재 법원 명령에 의한 치료프로그램만 생각하는 경향이 있는데 지역에서 일어나는 일상적인 예방과 지역내에서 발생하는 가정폭력(경찰이나 법원의 손길이 미치지 않는 경우)에 대응하는 것에 대한 고민, 즉 다시 말해 지역사회가 폭력 초기에 개입하기 위한 지역사회 대처방안의 개발,

둘째, 현재 연계되어 있는 각각의 기관들이 어떻게 효과적으로 가정폭력 가해자들을 다루기 위해 협력하고 있는지에 대한 고민,

셋째, 가정폭력 가해자들이 지역사회에 어떻게 반응하도록 할 것인가 하는 것에 대한 고민 때문입니다.

앞에 소개한 Duluth model이 미국에서 대중적으로 높은 전파력을 가졌던 이유의 이면에는 Duluth의 domestic abuse intervention project(DAIP)가 갖고 있었던 지역사회와의 긴밀한 협력이 있었기 때문입니다. 서울과 같은 초대형 도시에서는 이런 지역사회적 성질이 분명하게 드러나지 않지만 중소도시에서는 이런 지역사회 연계가 큰 힘을 발휘할 수도 있을 것입니다.

저는 일단 첫 번째 단계로 폭력이 빈발하는 지역에서 일선의 실무자들이 가정폭력에 관한 교육을 받고 또 가정을 일차적으로 잘 파악하고 있는 실무자들에 의해 전개되는 기본적 실천이 강화될 필요가 있다고 봅니다. 가정폭력으로 배우자를 신고하기 이전까지 이미 많은 폭력이 행해지는 경우가 대부분이고 주변의 이웃과 관련 실무자들이 여기에 어떻게 개입하느냐에 따라 폭력이 더 진행될 수도 있고 멈출 수도 있을 것입니다. 현재 법적으로 전개되고 있는 가해자 치료 프로그램의 질을 높이는 것도 중요합니다. 하지만 지역사회 현장에서 벌어지는 폭력에 대한 사회복지 실무자들과 파출소 단위의 경찰이 조기 개입에 대한 교육 혹은 위기개입적 실천을 강화하는 노력, 지역사회에서 폭력을 추방하기 위해 일상적으로 전개되는 실천을 강화하는 지역사회적 차원에서의 노력이 강화되기를 바랍니다. 동시에 이에 대한 임상능력이 강화되길 바랍니다. 그리고 이 분들이 우리 가정폭력 가해자 서비스의 최일선에 있다는 것을 상기해야 합니다. 많은 경우 피해자들은 가해자들이 지속적으로 치료받기를 원한다고 합니다. 가해자들에 대한 서비스가 어떻게 연계되는지를 이 분들이 또한 잘 알고 있어야 한다고 생각이 됩니다.

둘째, 현재 우리가 연계하고 있는 가정폭력과 관련된 다양한 기구들이 지역사회 안에서 협력적 체계를 갖는 것이 중요하다고 생각합니다. 서울과 같은 대도시의 경우는 어

떻게 그림이 그려질지 모르겠지만 지방의 중소도시들은 가정폭력, 아동학대에 대한 지역사회 대응체계의 협력적 팀이 구성될 수 있을 것입니다. 가해자 치료 프로그램은 이 협력적 연계의 일환으로 이해되고, 법원에 의한 가해자 치료 프로그램은 사전, 사후에도 연계될 수 있는 시스템을 필요로 한다고 생각합니다. 예방적 차원에서 전개될 수 있는 사례관리 서비스도 연계선의 하나로 존재할 수도 있습니다. 이런 직선적 연계와 더불어 기관간의 원활한 협력과 더불어 내부적 공유, 그리고 다소 추상적이지만 가정폭력 예방 및 개입 서비스에 대한 실천 철학이 공유되는 것이 중요합니다. 결국 과거로부터 현재에 이르기까지 경찰집단에게 여성단체에서 요구한 것은 가정폭력이 범죄이며 가정폭력이 권력과 통제를 위한 비인간적 전술이라는 철학을 받아들이기를 주장한 것이지 않나 생각합니다.

셋째, 저는 마지막으로 가정폭력 치료를 통해 변화하는 남성, 혹은 남성 스스로 자신의 폭력을 예방하고자 하는 활동에 대해 고민합니다. 결국 가정폭력은 사회적 문제이고 치료 프로그램 내에서 가정폭력이 사회적 문제임을 확인할 수 있도록 하는 것은 그들에게서 사회적 활동을 끌어내는 방식으로의 접근입니다. 이는 미국의 새로운 경향에서도 발견되는 고민입니다. 미국내 일부 프로그램들은 치료의 종결시기에 다가서면 폭력이 얼마나 나쁜 것인지를 지역내 학교에 가서 가르치도록 하는 프로그램을 연결하고 있습니다. 가정폭력 가해자 치료 프로그램을 지역사회 활동과 연계하는 발상입니다. 간혹 저는 이와 비슷한 고민에 빠지기도 합니다. 가정폭력 가해자 치료 프로그램이 상담의 전문성을 강조하면서 그 개인들에 너무 천착되는 것이 아닌가 하는 생각 말입니다. 그래서 치료 프로그램은 아주 개인화되고 개인의 문제로 치우치게 되지 않나 생각합니다. 이것은 폭력이 개인의 문제가 아니라 사회의 문제라는 인식이 전제되어야 가능한 생각일 것 같습니다.

10대 성폭력 가해자 혹은 성매수자에 대해서는 신상공개라는 법적 절차가 마련되어 있습니다. 이는 지역사회를 통하여 해당 범죄를 억압하게 하는 정책의 일환입니다. 물론 너무 파격적인 상상이지만 가정폭력 가해자 치료 프로그램 또한 전문적 치료로서의 성격과 더불어 지역사회의 반응과 연계하는 방식을 심각하게 고민해볼 필요가 있다고 생각합니다.

5. 마치는 말

제가 국내에서 열정적으로 프로그램을 하시는 분들에 대하여 학술적이거나 정책적인 평가를 할 수 없기에 제 생각의 일부를 전하는 것으로 대신 하였습니다. 이제 양적인 팽창에 뒤이은 질적 팽창을 추구하기 위해 새로운 노력이 전개되어야 할 시점이라고 생각합니다. 우리는 지금 급변하는 가족환경 속에서 가족의 새로운 가치를 찾기 위하여 고심하고 있습니다. 그 중에 하나가 갈등하는 가족관계, 부부관계로부터 빚어지는 어려움이고 이를 대신할 새로운 가치는 아직 생성 중에 있는 듯합니다. 저는 내용적으로는 우리 한국의 가족과 부부를 잘 이해할 수 있는 정체성의 추구와 더불어 협력적 관계를 개발하여 총체적인 네트워크를 구성하는 것으로서의 코오디네이션이 한국 가정폭력 가해자 프로그램의 핵심과제라고 생각하였습니다. 마지막으로 추가를 하자면 가치와 철학에 관한 것입니다. 제가 많이 인용한 Duluth model의 Ellen Pence는 가정폭력은 가치와 철학의 문제라고 하였습니다. 폭력이 발생하는 요인은 힘(power)과 통제(control)를 얻는 것에 대한 남성들의 가치와 철학에서 비롯된 것이라고 하였습니다. 한국에서 반복적으로 느끼는 것은 가족의 중요성에 대한 남다른 강조라고 할 수도 있겠습니다. 그러면 우리는 이 가족의 중요성이 가정폭력의 예방과 치료에 도움이 될 수 있는 방식으로의 가치와 철학을 정립해야합니다. 또한 각각의 경향과 입장들이 이러한 자신의 프로그램이 갖고 있는 가치와 철학을 분명히 할 필요가 있을 것입니다.

한국의 가정폭력 가해자 서비스가 우수하게 발전되기를 기원합니다. 감사합니다.

참고문헌(무순)

Shepard M. & Pence E. (1999), *Coordinating community responses to domestic violence*, SAGE publications.

Wexler D. (2000), *Domestic violence 2000*, W.W. Norton & Company.

Gondolf E. (1999), *A Multi-site Evaluation of Batterer Intervention Systems*.

안귀여루 (2001), "가정폭력 전문상담원 개발을 위한 교육프로그램 개발", 경기대 사회복지 대학원.

권진숙, 전석균 (2001), "가정폭력 가해자를 위한 집단프로그램 개입에 관한 연구", 한국 사회복지학회지.

서홍란, 박정란 (2000), "가정폭력 가해자를 위한 효과적인 개입방안".

김진희 (2000), "아내 학대자에 대한 수강명령 처분과 교육의 효과성에 대한 연구", 이화여대 대학원.

＊이 책의 번역작업은 훨씬 더 일찍 이루어져야 했었습니다. 매우 늦어진 점에 대해 공역자와 더불어 출판사 모든 분들께 진심으로 사과를 드리는 바입니다. 윤웅장 선생

님은 이 책의 이론에 해당하는 부분의 일부를 맡아주셨고 배민진 선생님은 이 책의 매뉴얼에 해당하는 일부분을 맡아주셨습니다. 이 책의 사전 학습에는 배영미, 이은 재, 신문희, 배화정, 김은영, 한지희, 김지연 등의 많은 사회복지사가 함께 참여했고, 교정에는 배영미와 오애란 선생님이 특별히 수고를 해주신 바 있습니다. 모든 분들 께 감사드립니다. 항상 현명한 조언을 해주는 제 아내 김기해와 의젓한 큰 아들 김세 영, 저의 작업을 간간히 방해하지만 피로를 풀어주는 작은 아들 김준영에 대해서도 감사를 드립니다. 끝으로 나눔의집출판사의 류보열 사장님과 더불어 구길원 실장님 께 감사를 드립니다. 이 책이 가정폭력 가해자의 변화에 도움이 되어 부디 가정의 평 화에 이바지하기를 바랍니다.

2005. 7. 26.
관악구 봉천동에서
김 현 수

프로그램 안내

가정폭력 2005 프로그램은 친여성적주의적이며, 인지-행동적이고 자기심리학적(self
psychological) 모델을 이용하여 가정폭력 치료를 통합한 모델이다. 이 프로그램의 형
식과 메시지는 남성은 남성들의 지배적이고 통제적인 욕구를 살펴보도록 하고 있으며
특히 남성의 특권과 왜곡된 권리 의식을 재조명토록 하는 것이다. 남성들에게는 자기
주장 훈련, 의사소통 훈련, 문제해결훈련, 타인에 대한 공감훈련을 강조하고 있다. 그
리고 집단 상담가들에게는 지속적으로 가정폭력 남성들의 과거와 현재의 관계를 존중
하고 그들이 왜 그런 행동을 하게 되었는지를 공감적으로 이해할 수 있도록 하는 자기
심리학적이며 내담자 중심적 접근을 제공하고자 했다. 이 모델은 장기간의 시행착오와
많은 대가를 지불한 끝에 신중하게 만들어진 것이다.

개방형 대 폐쇄형

이 매뉴얼은 32주간 동안 동일집단에게 적용되도록 고안된 것이다. 하지만 많은 집단
들이 여러 가지 이유로 이 매뉴얼을 그대로 집행하기란 쉽지 않을 수도 있다. 1회기, 타
임 아웃과 관련된 2회기, 29회부터 32회기까지의 재발예방 계획과 가장 폭력적이었던
순간에 관한 것을 제외하고는 모든 세션들이 개방형 집단에게도 적용이 가능하다. 이
세션들의 핵심적인 정보는 새로운 성원들이 그룹에 참여하거나 집단을 종결할 때 사용
가능한 것이기 때문이다.

장기 프로그램

많은 프로그램들이 52주 프로그램으로 진행되고 있다. 좀더 긴 집단 프로그램을 하는 사
람들은 이 치료 매뉴얼을 다음의 두 가지 방식으로 활용할 수 있다.

- 많은 세션들이 2회기나 3회기로 늘려서 사용하는 것이 가능하다. 좀더 깊이 있는 개인 자료들과 정리된 자료들을 통해 연장이 가능하다.
- 32회기의 세션을 26회기로 줄여서 사용할 수도 있다. 세션 1, 2, 29, 30, 31, 32는 사용하지 않을 수도 있다. 26세션으로 시작되면 각 그룹의 구성원들은 52주 프로그램에서 두 번을 반복하여 경험할 수도 있다. 소개 세션은 각 구성원들에게 간략히 제공되고 마지막 4개 점검 세션의 핵심적인 내용들은 집단 프로그램을 종결할 때 통합하여 사용할 수도 있다.

단기 프로그램
32회기보다 세션을 줄이고자 한다면 그렇게 사용할 수도 있다.

표준형 서식
프로그램에서 사용하는 몇 가지의 표준 서식을 제공한다. 각각의 서식은 필요에 따라 변형하거나 어떤 것은 사용하지 않을 수도 있다. 핵심적인 4가지 서식은 다음과 같다.
- 주간 생활 점검지
- 집단 과정 기록지
- 평가지
- 남성 집단 오리엔테이션

제한점
포괄적인 가정폭력 치료 프로그램을 운영하는 데 필요한 모든 것이 이 매뉴얼에 포함되어 있지는 않다. 예를 들어, 피해자 옹호, 지역사회를 조정하는 법, 직원을 선택하고 지도감독하는 것 등이다. 가정폭력을 치료하기 위해서는 더 광범위한 서비스들이 정책적으로 제도적으로 발전해야 한다고 생각한다. 이 매뉴얼은 오직 심리적 혹은 신체적으로 배우자를 학대하는 사람들을 위해 고안된 것일 뿐이다. 하지만 이 매뉴얼은 여성 가정폭력 행위자에게도 적용 가능하며 동성애 부부들의 폭력에도 그리고 청소년에게도 이용될 수 있도록 제작하였다.

보조도구들
이 세션을 진행하면서 3가지의 다른 비디오 사용을 추천한다.
- 공감(Compassion) : 인터미디어(Intermedia)에서 구입 가능. (1-800-553-8336)

- 위대한 산티니(The Great Santini)는 많은 비디오 대여점에서 구할 수 있다.
  장면 I : 고등학교 야구시합 장면, 장면 II : 아버지와 아들의 일대일 야구장면, 장면 III : 아버지와 어머니의 감정표현 장면, 장면 IV : 어머니를 학대하는 것을 아이가 보는 장면
- 남성들의 작업(Men's Work) : 하젤덴 재단에서 구입 가능. (1-800-328-9000)
  장면 I : 경멸에 관한 연속적인 장면과 남성성에 대한 도전장면, 장면 II : 저녁 식사 후 배우자를 학대하는 장면과 이웃이 개입하는 장면

이 외에도 이완훈련을 위한 다른 오디오테이프들이 이용될 수도 있다.

프로그램의 기초

임상적 Tips

다음의 지침은 프로그램 전체를 운영하면서 명심해야 할 사항들이다.

1. 존중(Respect)

임상가들이 프로그램에 참여한 남성들의 이야기를 공감하면서 주의 깊게 들어주는 일은 쉽지 않다. 우리는 모두 우리의 가치관과 판단을 가지고 임상 현장에 들어가며 아내를 학대한 남성들을 대하면서 어려운 감정에 마주할 수 있다.

하지만 이 프로그램에서의 남성은 존중받아야 한다. 그들이 행한 행위에 대한 존중이 아니라 파괴적이고 절망적인 상태에 이르게 된 그들의 살아온 이야기를 존중해야 한다는 뜻이다. 우리가 그들의 이야기를 들으면서 감정적 혼란을 겪듯이 그들도 그들이 다루기 힘든 어떤 감정적 상태를 겪었을 것이다. 그들은 건설적이고 사회적인 방법으로 그 감정을 다루는 기술을 갖고 있지 못했다. 우리는 개인적 책임감을 강조하지만 우리 자신에게 있는 공통점들과 인간적 본질을 또한 인지해야 한다.

가해 남성들이 그들 스스로를 조금 더 잘 다루기 시작하면(즉 자신의 욕구, 감정, 동기를 더 알게 될수록) 그들은 조금 더 다른 행동의 선택(더 나은 셀프-토크, 이완, 의사소통, 공감, 문제해결)을 할 수 있을 것이며 그러므로 그들의 미래가 달라질 수 있다는 것이 우리의 신념이다.

2. 되돌아보기(Pacing)와 이끌기(Leading)

상기한 목표를 달성하기 위해 사용하는 전략은 "되돌아보기와 이끌기"이다. 이 기술은 원래 밀튼 에릭슨(Milton Erickson)이 제시하여 다른 사람의 경험을 살펴볼 때 사용하는 것으로 다음은 생각하거나 행동할 때 제시될 수 있는 "이끌기"의 사례이다.

우리 그룹에서 "되돌아보기"는 남성의 경험을 이해하기 위해 조심스럽게 성찰하는 것을 말한다.

> 줄리아가 당신이 술을 먹고 있을 때 나타나 술 문제를 꺼내자 그 때 모든 것이 돌아버리고 통제를 잃은 것 같은 기분을 느꼈지. 당신이 술잔을 멈추고 일어설 때까지 줄리아는 아이를 안은 채로 당신 앞에 서있었어. 줄리아가 아이를 데리고 떠나버리겠다고 이야기하자 두려움이 앞서더니 무기력해지고 창피함을 순간 느꼈고, 그 때 당신은 완전히 통제감을 잃을 것 같고 그녀를 곁에 머무르게 하기 위하여 무엇이든지 해야 된다고 느꼈어. 몸이 뜨거워지면서 전기가 오르는 듯 했고 당신은 줄리아를 때렸고 줄리아는 아이를 떨어뜨린 거야.

그리고 나서 이제 "이끌기"에 들어간다.

> 하지만 크리스, 나는 당신을 알아. 나는 당신이 아내에게나 아이에게 어떤 손상을 주려고 하는 그런 남자가 아니라는 것을 알아. 나는 당신이 당신의 기본 가치에 배치되는 어떤 행동을 하지 않길 바랬고 그런 것을 찾고 있었어. 이 때가 바로 타임 아웃을 할 때이고 셀프토크를 사용해야 할 때야. "나는 내 가족에게 상처 주고 싶지 않아, 나는 내 가족에게 상처주고 싶지 않아." 이렇게 말이야. 크리스는 고개를 떨구고 울기 시작했다. "맞아요."

남성에 대한 이런 연속적인 공감적 의사소통의 방법과 존중 경험은 그를 새로운 관점에 서게 하고 새로운 가치관을 발견하게 한다.

3. 초기 저항

아주 자주 집단 성원들은 첫 번째 세션에 참석할 때 화나 있고 저항을 한다. 그들은 자신이 이 집단에 속하게 된 것을 성토하고 집단의 방향에 대해 도전하고 자신의 마음을 열지 않겠다고 주장한다. 아주 심각할 정도로 방해가 되지 않는다면 그들의 불평을 존중하면서 들어주고 지속해나가면 된다. **집단과의 힘 싸움은 가능한 한 피해야 한다.** 종종 초기 세션에 어려움을 갖고 있는 사람들은 나중에 가장 많이 변화하는 사람들이 되기도 하는데, 이는 그들이 꾸준히 존중받는다는 느낌을 받았기 때문이다.

4. 진지한 자세를 취하기

종종 집단 구성원들은 집단 활동을 불편하게 느끼고 그 불편함을 웃음이나 조롱으로 다루려고 한다. 때때로 이런 일들은 집단 구성원들이 자신의 아내나 파트너에게 행한 폭력을 묘사할 때 사용하기도 한다. 집단 지도자들은 어떻게 그런 일이 웃음거리가 될 수 있는지 분명히 지적하고 교육을 해야 한다. 이런 모델링은 반드시 영향이 있다. 집단 지도자들은 진지한 분위기를 유지해야 한다. 집단 구성원들은 아마도 빨리 그 의미를 받아들일 것이다. 많은 남성들은 그들이 원치 않는 이미지로 비치거나 나쁘게 보일 수 있는 사회적 단서들에 매우 예민하기 때문이다.

5. 아홉 가지 원칙(Nine Commandments)

아홉 가지 원칙(세션 2에 소개됨)은 전체 치료 세션을 관통하는 중심적 주제이다. 이 주제를 포스터처럼 만들어서 벽에 걸어라. 누군가가 이 원칙에 어긋나는 발언을 집단 프로그램 중에 하면 발언을 중지시키고 벽을 가리켜 크게 읽도록 하면 도움이 될 것이다.

6. 남성과 여성 치료보조자들

집단을 이끄는 데 가장 적절한 형태는 남성과 여성 치료자가 한 팀을 이루어 운영하는 것이다. 집단 구성원들은 양성의 치료자들로부터 이득을 얻을 것이다. 집단을 이끌 때 특히 남성 집단 지도자가 더 나은 반응이 있을 수 있는데 이 때는 주로 여성을 비하하거나 남성문제를 일반화할 때 남성 지도자들이 이를 직면하고 이끌어가기가 더 쉽다. 이 것은 남성-여성의 관계에 대해 다른 생각을 갖고 있는 역할모델을 제공하는 것이다. 여성이 단지 자신을 방어하거나 여성성을 옹호하는 것과는 다르게 전달된다. 하지만 이 는 다르게 선택해서 처리할 수도 있다. 왜냐하면 여성을 남성이 방어해주면 여성이 보호받는 느낌을 주게 하기 때문이다.

7. 여성에 대한 매도

여성을 매도하는 것은 집단 세션 중에 흔히 일어나는 일이다. 이런 것은 **즉시** 직면시켜야 한다. 집단 지도자들은 어떤 사회집단에 대한 일반화도 자제하도록 하며, 범주화하기보다는 개인에 차라리 초점을 두도록 해야 한다. 예를 들면, "당신은 당신의 부인이 잔소리가 많다고 이야기하는 것은 가능하지만 모든 여성이 항상 조르기만 한다고 해서는 안 된다."는 것을 강조해야 한다. 더불어 그들의 부인을 언급할 때 "마누라", "그 여자" 혹은 "내 여자"라고 말하기보다 부인의 이름을 부르도록 요구해야 한다. 집단 내에서 여성의 이름을 부르도록 하는 것은 좀더 인간적으로 대하도록 요구하는 것이다. 우리의 목표는 이 남성들의 생활 속에서 여성들을 가능한 한 좀더 실제적이고 인간적으로 대하도록 만드는 것이다.

8. 제도에 대한 매도

제도를 매도하는 것도 집단에서 자주 있는 일이다. 법원, 아동보호 서비스, 이혼 후견인

과정 등에 관해 집단 성원들은 불평하고 매도한다. 이런 대화는 가능한 한 빨리 중단시켜야 한다. 여성을 매도하는 것과는 달리 제도에 대한 매도는 효과적으로 직면시키기가 더 어렵기 때문이다. 또한 제도에 대해 논쟁하는 것은 불필요한 힘겨루기 상황에 들어가게 한다. 가장 효과적인 전략은 다음과 같은 것이다. "여러분들은 얼마든지 불평을 할 수는 있습니다. 하지만 이 집단의 초점이 제도를 불평하는 것은 아닙니다. 여기에서 우리에게 필요한 것은 여러분들이 여러분들의 생활을 이전과 다르게 살 수 있도록 토의하는 것입니다."

9. 치료 실패

어떤 집단 성원은 시간이 가면서 성공적이지 못한 결과를 보이는 징후를 나타낼 것이다. 그런 사람들은 가능한 한 빨리 치료 프로그램에서의 문제행동이나 태도에 대해 직면을 시키고 탈락시키거나 연기하는 문제에 대해 고려를 해보아야 한다. 이것은 6주나 7주에 들어서서 점검을 하는 것이 좋다. 만일 18 세션이 지나서 프로그램으로부터 아무런 도움을 받지 못하고 있는 것을 집단 성원에게 통고하는 것은 바람직하지 않다(만일 어떤 성원이 다시 학대를 하게 되었다고 한다면 치료는 바로 중지되는 것이 낫다). 치료의 실패를 예상할 수 있는 요인들은 바르지 못한 태도, 과제를 해오지 않는 것, 참여를 거부하고 여성에 대해 지속적으로 언어적 공격성을 보이는 것 등이다.

10. 무기력

지배와 통제가 남성 가해자들의 핵심적 특징이지만 또한 그들은 그들 자신을 느낄 때 많은 경우 무기력하다고 느낀다. 이런 무기력감을 느끼고 있는 남성들은 치료팀에게 더 접근을 많이 할 수도 있다. 그들은 덜 비난받는다고 느끼고 덜 나쁜 사람으로 느끼며 남성의 좌절과 상처받은 마음을 이해받기를 바랄 것이다. 이런 경우, **자신의 학대행동에 대한 책임감의 문제를 해결하지 못했다 해도 이런 메시지에 대해 소통하는 것은 가능한 일이다.**

11. 치료자의 자기공개

치료자의 자기 공개는 이런 치료집단에서 매우 효과적이다. 치료자들은 자신도 자신의 관계에서 일어나는 비슷한 싸움과 갈등에 대해 공개함으로써 신뢰와 친밀감을 높이는 분위기를 조성할 수 있다. 이것은 집단을 정상화하는 데 도움을 주는 도구이고 동시에 가족과 개인적 좌절을 덜 폭발적으로 반응하도록 이끄는 방법이다.

12. 제한점

자기 주장성과 같은 새로운 기술을 소개할 때, 항상 성공적인 결과를 보이는 것은 아니라는 사실을 미리 알려주는 것이 중요하다. 사실, 어떤 순간에는 이런 자기주장적 행동이나 적극적 경청, 나-메시지가 최선의 선택이 아닐 수도 있다. 우리가 전해야 할 메시지는 의사소통의 가장 존중된 형식이 이런 방법이라는 것과 존중으로 가득 찬 의사소통은 일반적으로 오랜 기간 효과를 나타낸다는 것이다.

깨진 거울

친밀한 관계에서의 폭력에 대한 자기심리학적 치료 관점

처음 4-6개월 동안 우리는 함께 지냈는데, 나는 마치 물 위를 걷는다고 생각했다. 내가 했던 모든 행동은 놀라웠다. 나에 관한 모든 면이 멋졌다. 난 대단하다고 느꼈다. 나는 그녀를 대부분 그런 느낌으로 바라보았고, 내 자신에 대해서도 대단하게 느꼈다. 하지만 시간이 지나면서부터 모든 것이 망가졌다. 그녀는 더 이상 예전처럼 나를 바라보지 않았다. 아이들은 많은 관심을 요구했다. 그녀가 생각하는 것처럼 나도 더 이상 대단하다고 생각하지 않는다. 그래서 지금, 난 더 이상 그녀에게 많은 것들을 말하지 않는데, 왜냐하면 아이들이 그녀를 화나게 하고 나를 대하는 그녀의 모습을 훨씬 엉망으로 만들기 때문이다. 심지어 그녀 옆에 눕기만 해도 그녀가 나에게 얼굴을 붉히며 화낼 것이라는 것을 안다. 그리고 나서 내가 더 이상 물 위를 걷는 것같이 느끼지 못하는 이유가 바로 그녀의 잘못이라는 것처럼 나는 그녀에게 화를 낸다! 한번은, 우리 아들이 9살이었을 때, 아이가 실제로 공중에서 자전거 점프를 시도해보다가 굴러 떨어지고 말았다. 그는 실패했고, 놀랐다. "넌 아이이고, 작고, 약하단다. 난 네게서 자전거를 치워버려야겠다!" 난 아이가 나를 실망시켰다고 생각하고 있었던 것이다! 그것은 아이가 나를 존중하지 않는 것과 같았다.

한 남자가 그의 부인과 아이들이 있는 집에 갈 때, 그는 자기에게 정서적 안정의 상태 혹은 자기-안정성(self-cohesion)의 상태가 그들 사이의 상호작용에서 일어날 것을 기대한다. 자기-안정성에 대한 욕구는 일차적인 것이다. 그것은 유아 혹은 어린 아이와 가장 중요한 애착 인물, 즉 대부분의 경우 엄마 사이의 원초적 욕구에서 발생한다. 아이는 엄마 얼굴을 쳐다보면서, "넌 멋지구나"라고 말하는 눈과 "넌 날 행복하게 해"라는 미소를 기대하며 바라본다.

이것은 그의 마술 거울이고, 거울 속의 인물은 자기심리학 이론에서 말하는 거울 자기대상(the mirroring selfobject)으로 불린다. 정상적인 아동 발달에 관한 자기심리학 이론에 따르면, 모든 아동들은 발달단계의 어떤 시점에서 부모역할의 인물로부터 정당성(validation)과 인정을 필요로 한다. 시간이 흐르면, 이것은 아동들이 자존감을 느끼고 자신의 성취에 대해 즐거움을 느낄 수 있는 능력—자신감(competence)과 효능

(efficacy)의 의미를 느끼는 것—으로 발전한다.

이런 필수적인 반응을 느끼지 못한 아동들 혹은 성취하고자 하는 노력에 대해 오히려 비판을 받거나 조롱받은 아동들은 자신감과 효능에 대한 내면적 발달이 지체된다. 어른이 되었을 때, 그들은 항상 승인 혹은 인정(거울비추기)의 외부적 자원을 찾게 된다. 그러나 엄마도, 아빠도, 선생님도, 코치도, 치료자도, 어떤 누구도 완전한 거울을 제공할 수는 없다. 거울비추기를 하는 인물 중 몇몇은, 우리가 이미 잘 아는 것처럼, 종종 자신이 완전히 파편화된 상태이며 또한 아동이 필사적으로 필요로 하는 사랑과 고양시킬 수 있는 힘을 제공할 가능성이 거의 없는 사람들이다. 어떤 경우에는, 아동과 거울-인물의 잘못된 결합으로 아동이 영구적으로 이해의 부족, 진정한 존중의 결핍, 조화가 불가능한 근본적 한계를 느끼게 할 수 있다. 심지어 최상의 상황에서도, 그것은 불완전하게 경험될 수 있다. 따라서 아동은 자기를 인식하는 데 있어서 간극을 만들어 간다. 그는 자기 고유의 내부적인 신호와 상태를 불신하고 존중하지 않는다. 그는 자기 고유의 가치와 능력을 의심한다. 그는 필사적으로 어느 곳에서나 정당성을 찾게 되는데, 대부분의 사람들보다 훨씬 더 과도하게 자신이 존중되지 않고, 필요하지 않고, 또는 성공적이지 않다는 것을 암시해주는 징후에 민감하게 된다.

따라서, 이러한 필수적인 거울 비추기 기능이 박탈된 성인은 무의식적으로 그의 친밀한 성인과의 관계에서 그가 결코 건강하게 확립될 수 없었던 것을 획득하는 활동에 의지한다. 그는 상처받고 또다시 조화로운 상태를 상실하는 것에 대한 공포 때문에, 매우 과도한 친밀성에 대항하는 방어 기제를 가지고 애정 관계를 맺는다. 감정적 연계가 발전할수록, 불가피하게 욕구는 다시 떠오른다. 그는 배우자와 가족과 함께 얽혀 살아갈 때 자기 자신에 대해 갖는 좋은 감정들이 그가 이미 경험했던 공허함과 박탈감에 맞서 생애의 나머지 동안 자신을 지탱해줄 것을 희망하고, 기원한다.

이런 심리의 어떤 부분은 우리 문화에서 빈번하게 여자가 남자에게 제공하는 자기-안정성과 행복(well-being)의 상태를 만들어내는 힘을 이해하면서 파악할 수 있다. 플렉 (Pleck, 1980)은 여성의 평가에 의존하는 남성의 두 가지 중요한 차원을 지적한다.

첫 번째, 남성은 여성을 **표현의 힘**, 즉 감정을 표현하는 능력을 가진 대상으로 인식한다. 많은 남성들은 자신들의 감정 표현에 있어 여성들의 도움에 의존하도록 배워왔다. 사실, 여성의 풍부한 감정적인 일상생활과 감정적 표현의 능력은 많은 남자들에게 필수적인 삶의 활기를 더한다. 그들이 이것을 동일시할 수 있든지 그렇지 않든지, 많은 남성들은 이 활력소에서 근본적 연결이 끊어질 때 상실감을 느낀다.

의존의 두 번째 형태는 **남성성-평가**이다. 남성들은 여성들이 그들에게 근본적인 남성성과 남성적 자기-가치를 가지고 있다고 일깨워주고, 확신하게 해주는 데 의존한다. 여자가 이런 평가의 제공을 거부할 때 또는 남성의 비현실적 기대와 그에 따른 왜곡으로 하여금 그가 여성에게서 거부당하고 있다고 확신할 때, 많은 남성들은 상실감을 경험한다. 그들은 필사적으로 강력하게 확인할 수 있는 자원을 동원해 그들의 사내다움, 남성성, 자기-가치, 그리고 궁극적으로 자기-안정성의 회복을 요구한다. 따라서, 이런 여성 거울에 의해 제공되는 반영은 극단적으로 강력하다. 거울 비추기를 열망하는 남자는, 관계가 지속될수록, 그의 아내, 아이들과 직업, 그리고 그들이 함께 한 생활로부터 충분하게 자신이 받고자 했던 것을 받지 못했다고 느끼기 시작한다. 그의 아내가 그보다 그녀의 형제에게 말하는 것에 더 흥미를 가지는 것처럼 보일 때, 그들의 성생활이 시들해질 때, 그리고 아이들이 그가 바라는 존경을 표시하지 않을 때 그는 파편화되기 시작한다. 그가 기대한 이런 반응들이 나타나지 않으면 이런 남성들은 자기-가치, 자기-존중, 혹은 자신감을 유지하기가 불가능해진다. 머지않아 이 파편화를 반영하는 행동의 다양한 유형들(도박, 약물 중독, 강제적인 성행위, 공격 등)이 나타나기 시작할 것이다 .

화이트와 와이너(White and Weiner, 1986)는 학대 부모와의 경험, 그것은 학대자 남편이 지니고 있는 좌절의 경험과 정확히 조우한다고 했다. 이는 자기심리학적 관점이 잘 설명하고 있다. 그들은 마치 자신이 과거 부모의 한 부분인 것처럼 느끼고, 자신이 원하는 반응을 아이가 보여주지 못하는 것에 대해 자기애적인 분노(narcissistic rage)를 갖게 된다. 이들의 거울 자기대상 기능은 완전히 취약하다. 이들은 아이(혹은 배우자)가 자신이 필요로 하는 감정을 제공하는 한, 자기-존중이 유지된다. 칭찬이 실패할 때, 자기애적 분노가 분절화된 자기의 내적 경험을 따라 분출된다. 자기애적으로 손상된 성인은 존중받고 복종을 바라며 가치있는 존재로 느끼기를 요구한다. 그가 대인관계의 거울에서 긍정적인 반영물을 보지 못할 때, 그는 취약한 상태로 도움을 받지 못했다고 느끼면서 분노를 머금은 채로 남겨진다.

> 나는 결혼 10년차다. 첫 6년은 완벽한 생활이었다. 우리는 거의 싸우지 않고 지냈다. 그리고는 부모가 되었다. 아내는 나에 대해 점점 비판적이 되어갔고 나의 직업은 어려워지기 시작했다. 아내는 점점 나에 대한 불만이 늘기 시작했다. 나는 "그녀가 나에게 이러면 안되는데"라는 생각에 빠져들기 시작했다. 나는 고독한 가장이 되었고 아내의 남편이 아니라 그저 '아빠'가 되어 있었다.
> 나는 단지 아빠일 뿐이었다. 이제 나는 아내가 나에게 스트레스를 주지 않아도 금새 화가 폭발하기 시작했다. 내가 말했던 모든 것들을 하지 않았다. 어찌됐든 난 그렇게 해버렸다. 나는 내 고통스런 감정으로부터 달아나기 위해 술을 퍼마시기 시작했다. 나는 골치아픈 술주정뱅이가 되어가고 있었다. 턱과 목이 아퍼지기 시작했고 밤마다 통증과 술에 시달렸다. 이 모든 스트레스와 분노 그리고 감정들을 술과 고통으로 다루었다.

이와 같은 실망은 인간관계의 과정과 한계를 아는 데 필수적인 것이다. **자신의 배우자 또는 아동을 학대하게 되는 남성의 문제는 좋은 거울이 항상 빛을 비추리라 약속했던 친밀한 관계로부터 오는 감정을 왜곡하는 것에 있다.** 그래서 그의 눈에는, 거울이 깨지고, 자기의 의미도 깨지고, 거울을 저주하게 된다. 왜냐하면 **그녀가 약속했었기 때문이다.** 스토스니(Stosny, 1995)는 이런 남자를 "애착 학대자"로 묘사했다. 그들로 하여금 사랑스럽지 않거나 불충분함을 느끼게 만드는 이미지를 보았을 때, 그들은 부끄러움을 느낀다. 그들은 이로 인해 거울을 저주한다.

이런 남성들 중 몇몇은 심리적으로, 성적으로, 감정적으로, 신체적으로 배우자를 학대하게 된다. 왜냐하면 이 심리적 취약함이 다른 사회적 · 환경적 요인들과 결합하여 인간관계에서 학대하는 행위를 이끌게 된다. 남성 폭력의 기원에 관한 더튼(Dutton & Golant, 1995)의 연구는 사회화 과정과 학대적 성격을 만드는 심리적 영향력이 결합한다는 것을 파악해냈다. 여기에서 상당히 중요한 요인들은 어린 시절 무력감, 수치스러움과 폭행의 경험, 불확실한 회피적-양가적인 애착이다. "공포스러운 애착"에 높은 점수를 보이는 남자들은 질투에서도 높은 점수를 보인다. 연구자들은 "질투"는 "포기에 대한 테러"라고 말한다(p.139). 그들은 이런 공포가 많은 학대 행위들의 중심에 위치하고 있음을 보여주고 있다.

이에 대한 치료적 함의는 심오하다. 거울 비추기와 긍정받기에 대한 가해자의 충족되지 않는 욕구를 진정으로 이해할 수 있는(그들이 표현하는 미성숙하고 인정될 수 없는 방식들에 관해 도덕적으로 부정적인 선입관이 없는) 치료자들은 잠재적으로 상당한 능력을 발휘할 수 있다. 가해자들에게 있어서 자기대상 욕구는 정당한 것으로 받아들여진다. 가해자가 선택한 행동이 자신의 자기 안정성과 자신에 대한 권력과 통제의 힘을 다시 얻고자 하는 시도(타인을 통해서는 절대 안 된다)임을 파악하는 것은 그들을 새롭게 접근 가능한 치료적 장면으로 이끌어낼 수 있도록 만든다.

만약 우리가 이 남성들의 배후에 있는 심리적 추동력을 이해한다면, 우리는 그들 대부분이(우리가 아래 설명할 것처럼 상당히 주목할 만한 예외가 있으나) 일상의 다른 남성이나 여성과 다르지 않다는 것을 알게 될 것이다. 그들의 행위는 도덕적, 법률적 코드를 침해하며 다른 성인들의 행동 양식을 따르지 않지만, 근본적인 감정, 욕구 그리고 노력들은 확실히 독특하거나 이상한 것만은 아니다. 치료를 제공하는 데 있어 치료자와 교육자들의 임무는 이런 유형을 이해하고 이런 남성들에게 자신에 대한 새로운 이야기와 매우 인간적인 경험에 대처하는 일련의 새로운 수단들을 제공해주는 것이다. 자기심리학적 관점(Shapiro, 1995; White & Weiner, 1986)은 필사적인 행동들을 야기한 자기-안정성의 붕괴 경험을 강조하는데, 이것은 우리에게 중요한 안내지도가 될 것이다.

가해자의 유형

학대 남성의 정신역동에 대한 특정한 묘사를 진행시키기 전에, 최근 연구에서 정리된 여러 가지 유형을 명확하게 하는 것이 필수적이다. 존슨(Johnson, 1995)은 배우자에 대한 폭력을 두 가지 집단, "가부장적 테러리즘(patriarchal terrorism)"과 "일반적 부부 (common couple) 폭력"으로 범주화했다. 친밀한 관계에 있는 중요 인물에게 신체적 공격 혹은 위협을 가했다는 점은 유사할지라도 기원, 동기, 유형은 매우 상이하다. 때로 여러 연구자들이 배우자 학대에 대해 완전히 상이한 묘사를 하는데, 이는 학자들이 굉장히 다른 집단을 동일한 주제로 연구했기 때문이다. 즉 구타를 당해 쉼터로 대피해 있는 여성과 전체적인 여론 조사를 할 때 사용되는 인구 표본집단과 같은 다른 집단을 연구했기 때문이다. "가부장적 테러리즘"은 여성들 중에서 쉼터로 대피해 있는 사람들의 연구에 기반해 있는데, 일반적으로 더 위험하고 폭력이 훨씬 심한 정도에서 빈번하게 일어나는 유형이다. 대부분 이것은 남성이 여성에게 가하는 폭력 행위들이다. 이 범주에서 배우자를 학대하는 남성들은 관계의 주도권을 차지하려고 하고 어떤 수단을 써서라도 여성을 통제하고자 하는 욕구를 가진다는 특징을 가졌다. 이런 관계에서 남성들은 신체적 폭력·협박·위협, 성적 학대, 감정적/언어적/심리적 학대, 경제적 통제, 그리고 사회적 고립과 같은 다양한 학대 전략을 사용하면서, 힘과 통제의 구조를 유지하고자 한다. 그들은 남성의 특전과 권리를 강조한다.

이와 반대로, "일반적 부부 폭력"은 일상생활에서 일어나는 갈등에 대한 간헐적인 반응이며 그것은 특정한 상황을 통제하고자 하는 욕구에 의해 추동된다. 가족생활의 복잡성은 때때로 걷잡을 수 없는 갈등을 만들어낸다. 이런 폭력은 여성보다 남성에 의해서만 행해진다고 말할 수 없다. 이런 유형의 폭력은, 존슨이 말하듯이, 보통 남녀 배우자에 대한 일반적 통제를 시도하는 유형의 일부분이 아니다. 배우자 학대의 유형은 어떤 경우 상대적으로 성(gender)에 의해 구분되지 않는다.

두 가지 유형의 가정폭력에서 생기는 차이의 핵심은 바로 동기로부터 비롯된다. 가부장적 테러리즘에서 폭력의 행위가 남성의 힘과 통제, 남성 권리, 남성 지배의 더 큰 맥락을 재현하는 반면에, 일반적 부부 폭력은 덜 특정한 목적으로부터 기인한다. 이 폭력 유형의 의도는 특정하게 배우자를 통제하고자 하는 것이 아니며, 그보다 좌절감을 표현하고자 하는 것이다. 이와 유사하게, 프린스와 아리아스(Prince and Arias, 1994)는 가정폭력 남성들을 두 종류로 정의하였는데, 한 부류는 개인적 선호와 확신과 일치하는 폭력을 사용하는 것처럼 보이는 사람들이며, 다른 한 종류의 사람들은 좌절의 결과로 인해 잘못된 분노의 표현으로 폭력을 사용하는 사람들이다. 이런 구분은 다른 식으로는 "만성적 구타 대 주기적 구타" 또는 단순히 "구타 대 신체적 폭력"으로 묘사되기도 한다. 구타하는 것은 배우자에 대한 신체적 공격이다. 이는 다른 사람을 통제하고, 위협하거나 복종시키는 것이다. 이것은 항상 심리적 학대를 동반한다. 신체적이고/혹은 심리적 학대의 다른 많은 행동들은 특정한 상황에서 힘과 통제를 획득하려고 의도된다. 하지만 어떤 폭력들은 특정한 목적을 위해 체계적인 패턴으로 행사되지 않는 것들도 있다.

남성 배우자 학대의 하위 유형

대부분의 다른 치료 대상들에서처럼, 가정폭력 남성들의 유형화는 모든 연구자들이 전적으로 동의하는 자료가 없다. 그래서 서로 다른 연구자들이 유형을 만들어내는 데 대체로는 중복되어 있다. 기존 연구들에서, 홀츠워스-먼로와 스튜어트(Holtzworth-Munroe and Stuart, 1994)는 세 가지 주요한 범주들을 추려냈다. 유형 I 의 구타자들은 일반적으로 반사회적이며 쉽게 도구를 사용하여 폭력을 행사한다. 그들은 공격성을 훨씬 쉽게 드러낸다. 그들은 공감과 애착의 능력이 부족하며, 여성에 대해 가장 엄격하고 보수적인 태도를 견지하고 있다. 그들은 여러 상황에서, 서로 다른 여러 희생자들에게 폭력을 행사하는 경향이 있다. 대체로 그들은 더 호전적이며, 더 쉽게 약물을 남용하고, 범죄력을 가질 가능성이 높다. 그들은 거의 양심의 가책을 느끼지 않는다. 놀랍게도, 그들의 폭력 사용에 대한 분노의 수준은 높지 않다.

'깨진 거울' 모델이 적용되기 어려운 특정한 구타자 집단, 어떠한 치료적 개입도 성공적이지 않게 보이는 학대 남성들이 있다. 이들은 "미주신경 반응자들(vagal reactors)" 혹은 "코브라(cobras)"로(Jacobson & Gottman, 1988b), 또는 사회병질자로서 기술된다(Hare, 1993). 고트만과 동료들에 의해 수행된 정신생리학에 기반한 이 연구는 가장 극심한 가해자들의 하위집단 중에서 평범치 않은 유형, 즉 실제적으로 배우자와 공격적인 상호작용하는 동안에 각성의 정도가 감소되는 사람들, 화를 내는 상호작용이 완전히 예상과는 다른, 전형적 유형에 반대되는 사람들의 유형을 정의했다. 이 연구자들은 이러한 남성들을 "미주신경 반응자들"이라고 명명했는데, 그들의 신경체계 각성은 이상하게도 그들의 행위와 분리되어 있다. 이런 구타자들은 고의적으로 속임수를 쓰면서 부부관계의 상호행위에서 지속적인 통제를 가한다. 이렇게 차갑고 계산적인 방식으로 행동하는 남자들은 최소한 우리가 지금 알고 있는 치료를 통해 목표에 도달할 수 없을 것이다. 제이콥슨과 고트만은 이런 남자들을 "코브라"로 불렀는데, 이들은 희생자들을 공격하기 전에 차분해지고 집중하는 능력을 가졌기 때문이었다. 이들은 더 전형적인 유형으로써 폭발하는 마지막 단계 이전에 좌절감과 분개를 천천히 불태우는 "투우장의 황소(pit bull)"와는 정반대이다. 그들은 고전적인 정신병질적 행위의 특징들을 보여 준다. 하지만 이런 남성들이 모두 유형 I 의 학대자는 아니다.

여러 연구자들이 유형 II 구타자들에 대해서는 "가족 국한형(family-only)"이라는 특징으로 묘사했다. 그들은 의존적이며 질투심이 많다. 그들은 감정을 억제하고 참았다가, 표현되지 않으나 들끓는 격노의 기간을 오래 거친 후에 폭력으로 분출한다. 그들은 오직 가족 내에서만 학대행위를 하는 경향이 있다. 그들의 학대 행위는 일반적으로 덜 가혹하고, 덜 공격적이다. 그들은 자신의 행동에 대해 대개 양심의 가책을 느낀다.

> 나는 갑자기 내가 5년 동안 그녀와 전혀 의사소통하지 못했다는 것을 깨달았다! 그 모든 것이 수족관으로 인해 폭발했다. 그 수족관은 내가 무척 아끼는 물건이었다. 내 수족관은 단순한 금색 단지가 아니었다. 나의 수많은 노력이 들어간 50갤런의 수족관이었던 것이다. 나는 우리 집에 그 수족관을 놓을 새로운 자리를 찾고 있었다. 점잖게 아내에게 "당신은 이 수족관을 어디에 놓으면 좋을 것 같아?"라고 물었다. 그러자 그녀는 험악한 목소리로 "그 망할 물고기 수족관이 어디에 있든 난 신경쓰지 않을 거야"라며 화를 냈다. 그 순간 나는 나 자신의 통제를 잃었다. 나는 순간 칼을 들고 흔들면서 내 기분이 얼마나 상했는지를 보여주고자 했다. 그러자 그녀는 나에게 옷걸이를 던졌다. 순식간 나는 그녀를 잡아 땅에 집어던졌다. 나는 내가 무엇을 하고 있는지조차 알지 못했다. 그녀를 꼼짝하지 못하게 하고 얼마 지나서 나는 정신을 차렸는데 아내는 숨을 내리 쉬고 있었고 긴장이 풀리기 시작했다. 처음에는 정신이 없었지만 이내 평정을 되찾았다. 내 마음 속으로 '나는 그녀가 나를 존중하지 않는구나, 그녀가 내게 신경을 쓰지 않는구나' 하는 생각을 오랫동안 해왔었고 그녀는 '내 중요한 말을 듣고 싶어하지 않았던 것이 아닌가!' 하는 생각을 해왔었다. 나는 일어나서 내가 한 행동의 결과를 둘러보게 되었다. "도대체 내가 무슨 짓을 한 거지?"

유형 III 구타자는 대개 "우울/경계성 상태(dysphoric/borderline) 또는 감정적으로 불안정한" 특성으로 규정된다. 그들은 오직 가족 내에서만 폭력적인 경향이 있으나, 더 사회적으로 고립되고 다른 구타자들보다 사회적 능력이 더 떨어진다. 그들은 최고도로 화를 내고 우울, 질투를 보여준다. 그들은 배우자를 잘못 해석하고 자기 자신의 기분 상태 때문에 배우자를 비난한다. 우울과 부적당한 감정이 두드러진다. 그들은 정신분열이나 경계성 상태의 인성을 보여주기 쉽다.

나는 다니엘과 몇 달 전에 헤어졌다. 그리고 나는 수십 명의 여자들에게 마구 대했다. 그러나 여전히 내 머리 속에서 그녀를 떠나보낼 수 없었다. 내 친구는 내게 다니엘이 파산했기 때문에 스트립 클럽에서 다시 춤추고 있다는 소문을 들었다고 말해줬다. 나는 미쳐버렸다. 나는 그녀가 있는 장소로 뛰어 들어가서 그녀에게 미친 듯이 소리쳤다. "네가 다시 춤추는 것을 본다면 나는 네 몸 전체를 망가뜨려 버릴 테야." 나는 정말 그러지는 못하지만, 그렇게 느꼈던 것이다.

그녀가 춤추거나 그녀에게 극도로 존중해주고 존경해주지 않는 다른 남자들과 성관계를 맺는 장면이 떠오를 때 나는 그녀를 죽여버리고 싶을 뿐이다!

그녀는 그 누구보다 내 인생에 많은 것을 주었다. 그녀는 나를 위해 그 어떤 것이라도 해주었다. 그녀는 내가 춥다면 호주를 가서라도 양털 스웨터를 구해다 줄 것이다. 그녀는 내게 엄마와도 같았다.

나는 그녀와 만나고픈 장소에서 그녀를 기다리며 엄청난 고통을 겪고 있다. 어제 밤 그녀에 대한 그리움이 물밀듯이 올라오는 충격을 받았다. 나는 그녀를 찾는 데 완전히 미쳐있다. 이 것이 옳지 않다는 것을 나는 안다.

그러나 단지 내가 그녀를 만날 수 있다면, 그녀가 나와 함께 해준다면, 나쁜 감정들은 사라지고 모든 것이 잘 될 것으로 생각한다. 나는 더 이상 걱정할 필요가 없을 것이다.

가장 심한 구타자 일부를 제외하고는 모두 치료나 심리교육적 개입을 통하여 접근할 수 있다. 가장 심한 구타자들은 오직 행동을 통제하여 그 결과를 통해 접근할 수 있을 것이다. 사실상 극심하게 위험한 사람들의 대다수("코브라", 사회병질적 남성들, 심각하게 반사회적인 자들)가 치료 체계에서 성공적이지 못하다. 어떤 이들은 다른 범죄로 교도소에 갈 수 있으며, 다른 이들은 교활하게 보호관찰로부터 도망치며, 또 다른 이들은 어떻게 해서든 법원이 명령한 치료 요구를 피하려고만 한다. 그러나 고무적인 발견은 이런 집단 내에서도 상당수는 치료적 가능성이 있다는 것이다. 그들 중 일부는 부모로부터 학대받지 않았으며 폭력의 문화적 영향과 심리적 요인들에 대한 치료자들의 이해를 통하여 치료적 영역으로 끌어들일 수도 있다.

수치심

가정폭력의 단계에 대한 다중적 요인에 대한 이해를 제공하는 더튼의 모델(Dutton & Golant, 1995)은 특히 남성의 심리적 경험을 조명한다. 더튼의 모델은 가정폭력 남성에 대한 좀더 공감적인 이해를 가능하도록 한다. 더튼은 성장하여 가정폭력 남성이 되어가는 단계를 설정하고, 이 과정에 영향을 미치는 핵심적 배경요인들의 윤곽을 설명했다. 더튼의 이런 패러다임은 오직 한 범주(감정적으로 불안정한/유형Ⅲ)에 기초하여 개발되었음에도 불구하고, 이 원리들은 다른 범주들에도 역시 상당한 의미를 가진다. 더튼은 특히 중요한 세 가지 특징적 원인으로부터 어떻게 문제가 발생하는지를 설명한다. 그 세 가지 원인은 수치스러움의 경험(특히, 자신의 아버지에 의해), 자신의 어머니에 대한 불안정한 애착, 집에서 학대를 직접 목격하는 것이다.

더튼에 따르면, 수치심은 한 개인의 취약성이 대중에 노출되는 것으로부터 온다. 자신이 전체적으로 나쁘다는 느낌을 갖게 되는 것이다. 학대받는 아이들은 분노를 방어하기위해 모든 감정을 차단하고 부모에게 상처를 주려고 한다. 수치스러운 아버지는 벌을받을 필요가 있다고 생각한다. 아버지가 아들을 공격할 때 아버지는 흔들려버린 자기감을 되찾으려고 하고 잃어버린 자기감을 되찾으려는 시도를 하기도 한다. 남성 정체성의주요 근원인 아버지로부터 사랑받고 있다는 느낌을 받아야 할 아이는 산산조각이 나버리고 만다.

> 아버지는 나를 때려눕히곤 했다. 나를 두들겨 팼고, "꼴통"이라고 부르면서도 그는 결코 내게아무것도 하지 않았다고 말했다. 이제 난 안다. 내 부인이 무언가 매우 심각한 것을 말할 때,내 머릿속에서 똑같은 망할 생각이 든다. "꼴통, 꼴통……."
> 내가 가게에서 물건을 잘못 쌓아 놓은 것을 보고 그는 사람들 앞에서 내 머리를 때렸다. 그리고 그는 나를 멍청이라고 불렀다. 나는 항상 내가 하는 일들에 신경질적이게 되었다. 내가 바싹 긴장하여 잘 할 때까지 그는 나를 때렸다.
> 나는 대학 야구 시합의 대표로 세 번이나 경기에 나갈 정도로 열정적으로 살았다. 그러나 그는 항상 나를 비난했다. 한번은 내가 시합에서 이기지 못했기 때문에 채찍질을 당한 적이 있었다. 그는 내가 충분히 노력을 하지 않았다고 생각했다. 아버지가 내게 한 방식은 늘 더 심각한 문제를 야기했다. 나는 내 자신에게 만족하지 못하고 있고, 결코 그렇게 되지 못할 것이다.

수치스러움에 노출되었던 사람들은 다시는 수치심을 느끼지 않기 위해 다양한 시도를다 해볼 것이다. 그들은 굴욕을 당할 위험에 대비하기 위해 극도로 민감한 레이더를 켜놓고 지내고 과잉반응을 하면서 공포스럽게 지낸다. 비난을 투사하고 다른 사람들의잘못에 대해서 예민한 반응을 한다. 그들은 비극적으로 애정과 인정받는 것에 대해 필사적으로 바라지만 그것을 요구하지는 못한다. 작은 거부의 신호에도 예전의 자기애적상처가 떠오른다. 그리고 분노를 터뜨리게 된다. 이런 감정에 대해서 잘 묘사하지도 못한다. 그들은 자신이 어떻게 그렇게 되었는지를 전혀 알지 못한다.

게다가 이런 학대받은 아동들의 어머니가 오직 중간자적 역할을 한다면 아동은 어머니에게 더 밀착하려고 많은 시간을 보낼 것이다. 이런 노력은 아동의 관심, 에너지, 자신감을 더 고갈시키게 되는 결과를 가져온다. 반대로 어머니가 너무 걱정이 많고 아이로부터 관심과 애정을 받으려 한다면 어머니는 아이를 오히려 걱정하게 만들고 아이가 어머니와 분리될 수 없게 만든다. 아동 자신은 사랑스럽고, 안정감 있으며, 가치있는 핵심적 자기에 대한 내적 의미를 충분히 발전시킬 수 없게 된다. 이런 환경 속에서 자라난 소년은 흔히 어머니와 미래의 여성들에게 양가감정적 태도를 발전시킨다. 어머니와 여성은 본래적으로 본질적인 감정적 생활과 지지의 제공자이어야 하지만 이런 경우 단지 그들은 중간자 정도의 신뢰감과 중간자로서의 역할로만 유효한 대상이 된다.

애착은 생존에 필수적인 과정이기 때문에, 남성들은 자신의 어머니 혹은 어떤 친밀한 여성들이 대단한 힘을 가지고 있다는 것을 배운다. 진정한 감정적 안전함과 안정감은 인생의 초기에 여성의 육체적 현존과 연관되어 있다. 하지만 이런 여성의 존재가 항상 영속적인 것은 아니다. 성인이 되었을 때 이런 남성들은 그들의 여성 배우자를 과다하게 통제하여 버림받는 것에 대한 불안을 줄이려고 한다.

> 나는 부인과 함께 가구를 옮기고 있었다. 부인은 나에게 일을 시켰지만 나는 제대로 하고 있지 못했다. 부인: "당신은 항상 이래요, 당신은 아무 것도 안 하고, 같이 일하는 사람 생각은 하지 않고 오직 자신만 생각해요⋯⋯." 짐을 나르는 중 소파의 다리가 부러졌다. 나는 바보 같은 짓을 한 셈이 되었다. 그녀는 내게 물건을 던졌다. 나는 많은 면에서 뛰어난 사람인데 이 상황에서는 비난을 받아야만 했다. 그녀가 나에게 비난을 퍼붓자마자 나는 미친 사람처럼 그녀와 싸웠다.

아버지의 부재 혹은 벌주는 아버지와 더불어 요구는 많은데 도움은 주지 않는 어머니 밑에서 자라난 소년은 남성에게 감정적 편안함은 주어질 수 없는 것임을 배운다고 더튼은 묘사했다. 여성은 남성을 돕는 척 하지만 궁극적으로 요구만 하는 존재이고 믿을 만한 존재는 아니라는 것을 배우게 된다고도 하였다. 이런 환경에서 성장한 남성의 내면에는 작은 소년의 울부짖음이 내재되어 있다. "왜 어머니는 내가 더 잘되게 해주지 못했나요?"

이런 심리적 변수들이 가정에서의 학대행위 목격과 결합되었을 때 우리는 남성의 가정폭력에 대한 미래를 진단할 수 있게 된다. 한 연구에 의하면 부모가 서로 공격하는 장면을 목격한 남성들이 자신의 부인을 폭행할 가능성은 3-4배 높다고 하였다(Straus, Gells & Steinmetz, 1980). 신체적, 정서적 학대를 받은 결과가 배우자 학대 집단이라는 현상으로 나타나기도 하지만 여성과 남성 성인이 싸우는 것을 목격하는 것 또한 매우 중요한 영향을 미친다(Hotaling & Sugarman, 1986, Kalmuss, 1984).

치료적 접근의 진화

"권력과 통제" 이론의 옹호자들이나 존슨이 말한 가부장적 테러리즘 이론에 기초한 접근을 하는 사람들은 치료(treatment)라는 용어를 교육(educational)이라는 용어로 사용한다(Pence & Paymer, 1993). 덜루스(Duluth) 모델은 교육적 접근을 지지하는 가장 두드러지는 모델이며, 이 모델은 현재 캘리포니아주를 비롯하여 많은 정부의 입법자들이 선택하고 있고, 일부 법원에서는 이 프로그램을 승인하여 이 프로그램으로 훈련받은 치료자에게만 권리를 주고 있다. 더 통합된 인지행동적 접근의 프로그램들도 덜루스 모델의 주요한 철학적 요소를 포함하고 있다. 이 모델의 목표는 남성들에게 권력의 사용과 남성의 특권, 여성과의 관계에 대한 남성의 역할을 재교육시키는 것에 있다. 덜루스 모델은 사회문화적 관점에 기초하여 가부장제 문제와 가정폭력에 대한 여성주의적 관점을 강조하고, 구타는 남성의 힘과 지배를 강제하는 사회적 산물로 규정한다. 따라서 사회적 규범과 태도는 배우자 학대의 가장 중요한 요인으로 간주된다.

덜루스 모델에 기초한 프로그램들이 주류를 이루게 된 것은 1970년대와 1980년대의 사회문화적 분석으로부터 영향을 받은 탓이었다. 이전의 집단 프로그램들은 주로 문제를 관계의 기능장애로 규정하고, 배우자와 함께 작업하고, 부부가 갈등에 이르는 경로를 파악하고 가해자의 압력을 검토하며, 희생자의 심리적 혼란이 어떤 관계를 갖게 했는지를 다루었는데, 덜루스 모델은 이에 대한 직접적인 반응이었다. 과거 프로그램과 달리 덜루스 모델은 직접적으로 남성 행동의 책임을 묻고, 폭력을 야기한 원인 제공자로서 여성을 다루는 편견을 제거하며, 공개적인 포럼을 통하여 아내 학대를 지배하는 근본적 태도를 시험하면서 남성을 돕는 남성을 발견하게 한다. 당시 이 프로그램은 반응이 좋고 가치 있는 성과를 거두었다. 남성들이 보이는 학대에 대한 부정, 학대의 영향과 심각성에 대한 최소화, 합리화, 그리고 그들이 변명거리로 내세우는 외부적 요인들에 대해 지속적으로 직면을 해야만 하도록 되어 있었다.

그러나 1980년대와 1990년대 사회문화적 관점에 기초한 프로그램들이 확대되면서 효과에 대한 문제들이 발생했고, 또한 사회문화적 관점에 대한 많은 비판들이 정당한 것으로 간주되기 시작했다. 사회문화적 관점에 기초한 프로그램들이 비판을 받게 된 이유는 지나치게 직면적 스타일에 의존하면서 여성이 미친 영향이나 폭력의 쌍방향성을 평가절하하고 남성 폭력만을 인정하게 했던 탓이었다. 스토스니(Stosny)는 "대부분의 치료 프로그램들이 남성의 지배가 가정폭력을 어떻게 야기했는지에 대해서만 초점을 맞추고 있다. 실제 성역할이라는 변수에만 초점을 맞추면 남성들에게 부정적 감정을 조절하거나 믿음, 공감, 그리고 사랑을 지속할 수 있도록 하는 능력을 가르치지 못한다. …… 가정폭력을 마치 다른 성들 간의 전쟁(a gender war)으로 취급해서는 안 된다. …… 구타자를 악마처럼 만들면 그는 더 고립될수 있다"고 말했다(Jacobson & Gottman, 1998a: 82). 또 그런 프로그램들은 필요한 기술의 습득을 충분히 강조하지 않고 어떠한 종류의 부부치료도 금하므로써 더 비판을 받게 되었다.

이 책의 목적은 가부장적 테러리즘의 치료적 접근과 일반적 부부폭력에 대한 치료적 접근 사이의 차이 중 중요한 것을 밝혀내고 양대 입장에서 추려진 개입방법들을 통합하여 적용하는 데 있다. 하지만 몇몇 근본적인 철학적 차이는 여전히 간과할 수 없는 채로 남아 있다.

직면적 접근의 효과

가정폭력 범죄자들을 다루는 데 지난 몇 십 년 동안 지지되었던 접근방법들의 초점은 항상 성역학과 권력 논쟁이었다. 문제를 "심리학적으로 만드는" 모든 시도는 남성 책임성의 부정(denial) 또는 포기(abdication)라는 비판에 직면해야 했다. 이런 관점에서, 가해자는 일관적으로 합리화, 부정, 피해자 비난이라는 입장에 접하게 된다. 집단 성원들은 과거에 폭력과 학대 행동들을 저질렀다는 것을 인정하고 최소화하지 않고 합리화하지 않으며 부정하지 않고 세부적으로 행동을 묘사하도록 압력을 받는다. 공격에 대한 분석은 기본적으로 남성-여성 관계에서 권력과 통제를 유지하는 도구적 가치에 입각하고 있다. 이 접근들은, 많은 점에서, 남자들이 관계(rapport)의 확립 또는 남성 경험의 인지보다 앞서 위법행위를 인식해야만 한다는 점에서, "수치심에 기초하고 있다".

그러나 개인정신치료를 연구한 헨리 등(Henry, Schacht, and Strupp, 1986, 1990)은 자기-존중감의 상처를 깊이 받고 인격적 수치심의 이슈가 있는 내담자(많은 가정폭력 가해자들의 경우처럼)들은 치료자로부터 받는 부정적인 메시지에 매우 민감하다고 했다. 헨리 등은 사람들은 자신을 다루는 다른 사람들에 의해 학습이 되고 그것을 함입하기 때문에 타인이 자신을 다루는 방법에 의해 안정적 구조를 얻을 수도 있다고 했다. 그들은 안정적으로 긍정적인 지지와 긍정적인 재구성을 제공하는 치료자들과 내담자의 자율성을 인정하고 용기를 북돋아주는 치료자들이 내담자의 자기표현 증가와 더불어 고양된 자존감을 갖게 한다고 주장했다. 와이스와 샘슨(Weiss and Sampson, 1986)의 통제-지배(mastery)이론과 상당히 유사하게, 그들은 치료자들이 여러 가지 다른 접근들, 즉 거부보다는 수용, 수치심보다 존중, 통제보다 자율성의 경험을 클라이언트들에게 제공함으로서 그들의 무의식적 "시험들(tests)"을 통과할 방법을 찾아야만 한다고 결론을 내리고 있다.

머피와 백스터(Murphy and Baxter, 1997)는 치료 상황에서 모순되는 접근들을 관찰했다. 그들의 결론은 치료자의 비판과 내담자에 대한 공격적인 대립이 종종 역효과를 낸다는 것이다. 매우 공감적인 치료자는 매우 대립되는 치료자보다 더 효과적이다. 강간 교육 프로그램에 대한 연구를 검토한 피셔(Fischer, 1986)의 결론에 의하면, 남자를 짐승으로, 여자를 힘없는 희생자로 강조하는 모순적인 사회문화적 프로그램은 현실적으로 성공할 확률이 낮다는 것이다. 심지어 바람직하지 않은, 반발하는 효과가 산출될 수 있다. 더 대립적인 접근들이 왜곡된 인지와 태도에 도전하는 관점에서 논리적으로 보일지라도, 좋은 의도와 좋은 결과물 사이에는 잔을 입으로 가져가는 사이에 있을 수 있는 실수가 얼마든지 있다. 존중감을 제공하고 형성하도록 하는 중요한 치료적 변수는 이런 접근 방법에서 빠져 버린다. "그런 실천과 태도는 구타자들을 권력과 통제, 희생과 희생자라는 오래됐고 익숙해진 게임에 빠지게 한다"(Murphy & Baxter, 1997: 609). 존중하는 관계를 다루고자 할 때 그들에게 설교도 해야 하지만 존중하는 관계도 보여 주어야만 한다. 우리가 도달하기 원하는 집단을 이질화시키는 치료 세팅에서 권력적 위계를 세운다는 것은 위험하기도 하다.

더튼(1998)은 학대적 남성은 수치심에 매우 예민해지는 경험을 갖고 있기 때문에 너무 강하거나 너무 빠르게 직면시키는 것은 바람직하지 않다고 했다. 수치심을 증가시키는 공개포럼과 같은 치료 환경을 경험하면 할 수록 구멍을 파고 들어가듯이 방어하는 경험이 더 늘어갈 것이며 분노가 증가되고 폭력을 합리화하고 비난의 투사를 할 가능성은 높아질 수도 있다.

가정폭력의 사회문화적 분석이 모든 경우에 적용될 수 있다 하더라도—실상 그렇지 않지만—그들이 남성의 가부장적 문화를 재현하고, 배우자를 힘과 통제의 전술로 속박하고, 그들을 향한 배우자의 폭력이 엄격히 자기-방어적인 행동이었다는 것을 주장하는 치료는 그들 상당수를 소외시킬 것이다. 방어를 강화시키는 것은 우리가 치료하는 남성들이나 궁극적으로 우리가 보호하려고 하는 그들의 배우자에게도 도움이 되지 않을 것이다.

내담자 중심의 접근법 : 존중

자기심리학적 관점에 초점을 두면서, 유사한 원리와 가치를 강조하는 접근들이 많이 있다. 이 접근들은 치료의 기간, 심리교육적 내용 또는 기술-습득, 테크닉의 사용 등 강조점은 차이가 나지만, 남성 학대자의 인격적 경험에 대하여 근본적으로 존중하는 태도를 지닌다는 점에서는 공통적이다. 이 접근 방식들은 가정폭력의 심각성을 부인하지 않으며, 그들의 책임을 회피하도록 부추기지도 않는다. 이 접근 방식들은 가정폭력 남성과 접촉하는 방식에 있어 그들의 변화를 유도해내기 위해 좀더 용이한 접근을 제안하는 것이다.

이런 접근 방식은 권력과 통제 이슈와 함께 인지행동적 기술 훈련을 통합하는 치료 전략과 상당히 대비되는 방향성을 갖는다는 것이 중요한 점이다.

되돌아보기와 이끌기

특정 이론과 프로그램을 초월하는 한 치료적 접근은 "되돌아보기와 이끌기"라는 치료 전략에 입각해 있다. 이 접근은, 밀튼 에릭슨(Milton Erickson)의 저작과 신에릭슨주의(neo-Ericksonian) 실천가들(Erickson & Rossi, 1979; Gilligan, 1987)에 의해 발전된 것인데, 다른 사람의 경험을 신중하게 거울 비추기를 하고, 생각하거나 행동하는 새로운 방식을 "이끄는" 제안이 뒤따르는 형태를 갖고 있다. 간접적이고 자연적인 최면요법을 사용한 에릭슨의 원저작에 기초하면, 되돌아보기는 감정이입을 발전시키고 신중한 묘사에 의해 다른 사람의 경험에 자신을 일치시켜 보는 것이다. 이는 어떤 교정 혹은 제안하기, 새로운 관점을 개발하기, 새로운 행위를 안내하기보다 선행하는 것이다.

가정폭력 집단들에서, "되돌아보기"는 남성 경험의 이해를 신중하게 반영하는 것이다.

> 파티에서 카렌이 다른 남자에게 말하고 있었을 때, 당신은 정말로 매우 중요한 무언가를 빼앗기고 있는 것처럼 위협감을 느꼈던 것이 틀림없다. 그리고 "어떻게 그녀가 내게 이렇게 할 수 있지?"라는 식으로 배신감을 느꼈음이 틀림없다. 다른 사람들 앞에서 그런 일이 있었으므로, 당신의 자존심은 위태로웠다. 그리고 당신이 무력하게 느꼈다면, 아마도 "바로 지금 벌어진 것에 대해 나는 어떤 행동을 해야만 해"라고 생각했기 때문이다. 당신은 아마도 줄곧 온몸으로 그렇게 느꼈고, 매우 끔찍함을 느끼지만, 무엇을 해야 할지를 몰랐다. 바로 그것이 당신이 이런 식으로 느끼고, 다시 힘있게 느끼기 위한 무엇인가를 시도해야 한다는 압박을 느끼도록 만든 것이다.

바로 그리고 나서야, "이끌기"가 진행된다.

> 그리고 바로 그 시점에서, 아마도 가장 강력한 영향을 미치는 것은 당신이 불안정해질 수 있

다는 것을 기억하는 것과 카렌이 당신에게 어떤 행동을 하려고 하는 것은 아니라는 점을 아는 것이다. 그리고 당신이 이후에 카렌에게 어떻게 이야기를 할 것인지를 생각해야 한다. 당신은 당신이 카렌에게로부터 필요로 하는 것이 무엇인지를 카렌에게 알려주어야 한다.

이런 과정, 남성의 경험에 대해 공감적인 이해와 존중을 상호교환한 후, 새로운 시각 혹은 생각이 제기되는 방식을 제공하는 것은 남성들이 새로운 생각과 행위를 준비하는 데 영향을 미친다. 샌더스(Saunders, 1982)는 치료자들이 "내담자는 받아들여야 하지만 그들의 행동은 거부할 수 있다"라는 기본적인 원리를 알고 있어야 한다고 지적했다. 또한 그는 대부분의 경우 각각의 남성들에게서 회복의 양상을 찾기 위해 멀리서 바라볼 필요가 없다고 했다. 남성의 공포와 상처, 무력감과 분노를 이해하고 있다는 것을 보여주는 것은 치료적 진보를 줄 뿐 아니라 치료자를 향한 어떠한 폭력의 폭발에 대한 잠재성들을 제거해주기도 한다.

"정지 화면(freeze-frame)" 접근(Wexler, 1991, 1994)은 이런 남성들에게 아주 큰 접근성을 만들어내는 최고의 가치가 있다. 이 접근법은 파괴적인 혹은 자기-파괴적인 결과로 판명된 행동적 결정을 할 수 있는 때에 자기심리학적 접근법에서 제공하는 방식(존중하는 방식)으로 자신의 근본적인 정서적 욕구를 인지하게 하여 남성을 돕는다. 진실한 감정에 대한 일차적 관심 혹은 감정적 필요들(예컨대, 관심, 자기-존중, 감사함, 안정성, 자기-유효성, 등등)에 대한 관심은 잠재적 방어를 희석시킨다. 그렇게 했을 때, 우리의 경험에 기초해보면 가정폭력 프로그램에서의 훈련과 교정은 더 나아질 수 있게 될 것이다.

자기 심리학적 접근: 자기대상 관점

자기심리학(self psychology)으로부터의 몇몇 개념은 아내 학대자의 경험과 치료적 개입의 안내지침으로서 특별히 가치가 있다. 우선 거울대상(Shapiro, 1995; White & Weiner, 1986; Wolf, 1988; Wolfe, 1989)은 가장 우선적이고 중요한 개념이다. 한 아이가 부모의 눈을 바라보고 사랑스럽고 수긍받는 눈빛을 받았을 때, 아이의 자신에 대한 기본적인 인지는 자신이 상당히 인정을 받고 있다는 것이다. 그래서 그는 생기와 가치감을 갖게 된다. 어떤 관계에서 한 성인 남성이 상대의 눈을 보고 사랑과 기쁨, 깊은 존중의 눈빛이 반사됨을 보았을 때, 그는 역시 생기와 가치로움을 느낀다. 그러나 이런 거울 비추기는 완벽할 수 없기 때문에 점차적으로 사그러 들고, 그의 거울은 깨지고 곧 자기가 깨지게 된다. 거울 비추기야말로 동일시와 배우자에 대한 승인을 얻고자 하는 경험이다. 하지만 그들은 자신의 뿌리 깊은 불안과 심원한 분노의 기원을 이해할 필요가 있고, 그래서 그들 스스로 책임감을 가질 위치에 서 있어야 한다. 대부분의 다른 심리적 경험들처럼 증명되고 익숙해진 경험들은 심대한 조직적 효과가 있고 개인이 중요한 문제에 좀더 성숙하고 적절하게 반응하도록 한다. 쌍둥이 자기대상(twinship selfobject)은 관계의 이런 지점에서 좀더 적응적인 경험이 된다. 다음은 한 남편이 아내에게 말하게 한 것이다.

> 당신이 알다시피, 나는 정말 우리가 함께 있던 특별한 시간들을 제외하고는 때때로 상실감을 느껴. 그것은 아이를 갖고, 서로 익숙해지고, 돈 문제가 손해를 보게 하는 것의 문제로 나타나는 것처럼 보이지. 나는 나와 당신이 똑같은 식으로 느끼고 있다고 생각해.

이 대화에서 남성은 배우자의 거울 비추기 기능으로부터 생긴 일차적 욕구를 그들이 마치 하나인 것처럼 느끼고 싶은 욕구로 변환하고 있다. 그녀는 더 이상 적이 아니고 인생의 다른 길을 함께 걸어가는 동지이고, 물론 피할 수 없는 어려운 점이 있지만, 남성 자신보다 근본적으로 더 문제가 있는 것은 아니다.

자기심리학적 관점에서 학대 행위를 촉발시키는 근본적인 자기대상의 붕괴 혹은 자기애적 손상을 파악하는 것이 중요하다. 사실 우리는 치료받기 이전의 과정에서 피할 수 없는 공감실패로 인해 취약한 자기애가 임상적으로 손상되는 결과를 보아왔다. 홀츠워스-먼로와 허친슨(Holtzworth-Munroe and Hutchinson)의 연구(1993)는 특별히 이 점을 강조하고 있다. 그들은 자신의 부인을 학대한 남성들의 "귀인오류(misattributions)"에 관해 비학대적인 남성 집단과 비교하여 연구했다. 그들은 폭력적인 남편들이 부인들의 행위에 대해 가장 부정적인 의도로 그 원인을 귀착시킬 가능성이 높다는 것을 발견해냈다. 파티에서 부인이 다른 남자와 얘기하거나 특별한 날 밤에 성관계에 관심 없는 부인과 같은 상황이 전개될 때, 학대 남성들은 그녀가 자신을 화나게 만들고, 감정에 상처를 입히고, 비굴하게 만들고, 그녀 자신을 위해 무언가를 추구하거나 싸움을 걸려고 노력하는 중으로 확신할 가능성이 높다. 또한 연구자들은 학대 남성들이 포기나 거부의 상황을 지각할 때, 특별히 무능력한 행동의 반응을 양산할 가능성이 높다는 것을 알았다. 이런 상황들은 남성들에게 자기애적 상처를 입히는 것이다. 그리고 모든 자기애적 상처 때문에, 사건에 대한 인지적 해석이 달라진다. 비폭력적 남편들은 똑같은 상황에서 더 온화한 방식으로 해석할 것이다. 부인이 파티에서 다른 남자와 대화하는 데 많은 시간을 보낸다면, 그는 그녀에게 화낼 수도 있고, 아무 것도 아니라고 보거나, 실제로 그녀가 매력적이고 인기가 많아 즐거운 시간을 보낸다는 것에 기뻐할지도 모른다. 자기애적 상처에 대해 취약하다는 것을 인식하고 임상적 상황에도 이러한 이해를 소통할 수 있는 능력이 있다면 치료자들과 학대 남성들은 그들이 느끼는 감정과 반응들을 더 큰 존중을 해가면서 다룰 수 있게 될 것이다.

이런 과정에서 치료의 목표가 되는 것은 "유사 경험"적(experience-near) 개입을 만들어내는 것이다. 이런 남성들이 외관상 강력하게 보인다는 정치적 분석이 있지만, 이들에게서 무기력하게 된 경험을 이끌어내야만 유사경험적 상황을 만들 수 있다. 하웨이와 에반스(Harway and Evans, 1996)는 가정폭력의 기초적인 저작들 중 하나인 워커(Walker, 1984)의 "폭력의 주기" 이론을 비판했다. 폭력의 주기 이론은 특정 배우자들의 구타 유형이 겪는 순환을 말하는 것으로, 허니문기에 폭발하기 전까지 단계적으로 분노가 확대되지만, 허니문기의 달콤함과 만족감 때문에, 남자와 여자 둘 다 여러 다른 단계들의 문제를 부인하는 경향이 있다가 결국 비극적으로 단계적 확대가 이루어져 필연적으로 분노가 재출현하여 언젠가 폭발하도록 축적되고 만다는 내용이다. 워커에 따르면 단계적 확대와 폭발이 더 빈번하고 또 왜곡된 기간을 겪으면서 주기는 더 짧아져 간다고 한다.

최근의 연구결과는 많은 부부들이 이런 빠른 주기적 순환과 더 위험한 강도를 겪지 않는다는 것을 발표했다(Johnson, 1995). 많은 남성들이 더 위험해지는 피할 수 없는 학대의 사건들을 경험한다. 하지만 위에서 기술한 것과 같은 주기를 경험하지 않는다. 그들이 폭력의 주기 이론에 따른 경험을 하지 않기 때문에 이 이론을 치료에 적용하는 것도 다시 평가해볼 필요가 생겼다. 폭력의 주기 패턴에서 남성의 지배와 피할 수 없는 감정의 고조가 강조되면서 이를 학대의 핵심적인 패턴으로 남성들에게 직면시켰을 때 많은 청중들은 이에 동의하지 않았다. 학대 남성의 대부분은 폭력의 주기 이론이 자신을 정확하게 설명하지 못하고 있고 더 방어적으로 되도록 만들 뿐이라고 반응하였다.

차라리 하웨이와 에반스(1996)는 "감정회피의 주기"(cycle of feeling avoidance)를 이용하고자 했다. 이 모델은 더 전형적으로 대인관계가 어려운 남성들의 무기력한 경험을 반영한다. 많은 남성들, 특히 학대 남성들은 어렵고 혐오적인 감정에 대해 매우 낮은 인내력을 갖고 있다(Gottman, 1994). 그들은 어떤 개인적인 상처 혹은 불안정을 경험했을 때 압도당하는 것을 느낀다. 실수는 수치심으로, 위협감은 무력감으로, 감정적 거리감은 외로움으로 전개된다. 이 모델에서, 남성들은 이런 극단적인 우울하고 불쾌한 상태에 저항하기 위해 무엇이든지 행동한다. 그들은 단순히 평화를 유지하기 위해 달래기 또는 과잉적으로 사과하기와 같은 수동성을 가지고 행동할 수도 있다. 아니면 그들은 더 행동을 앞세울 수도 있다. 즉 고통을 야기한 사람을 격렬하게 공격하기, 불안정의 원인을 제거하기 위한 행동을 조절하기 위해 상대방을 속박하기, 감정으로부터 탈출하는 수단으로써 물건을 부수기, 어떤 위안을 얻기 위해(성적 탈선행위 혹은 위험한 운전과 같은) 부주의한 행동하기 등과 같은 행동을 앞세울 수 있다.

> 난 여기서 격앙된 상태로 마치 칼을 들고 설치는 것처럼 하고 있었다. 그녀는 내 손에 칼이 있었다고 생각했다. 그리고 나는 내 머리를 울리는 비명 같은 소리를 들었는데, "너는 나를 돌보지 않아." "나는 내 인생에서 무언가 하나라도 통제하고 싶단 말이야."라는 소리가 맴돌았다. 한참을 지나서 나는 내가 어떻게 입양이 되었는지를 생각해보고 나는 왜 나의 친부모들을 선택해서는 안 됐었는지에 관해서도 생각해보았다. 그러면서 그들은 나를 위한다고 했을 것이다.

이 말들 속에서, 또 이런 상황 속에서 이 남성의 인생에 존재하는 타인들은 잠재적인 자기대상 인물로서만 지각되었을 것이다. 그의 아내가 보이는 행동, 감정, 독립적이면서 주도적인 성향은 아마도 그의 근본적인 자기 안정을 추구하는 것에 도움을 주지 못했다. 그는 부정적 감정을 피하고 평온을 되찾기 위해 어떤 것을 해야만 했다. 종종 이 목적으로 추구되는 행동은 다른 사람을 통제하는 것으로 나타난다. 그리고 그 통제는 감정적, 언어적, 신체적 학대로 표출된다.

치료 상황에서, 치료자들은 이런 남성들에게 새롭고 안정적인 거울비추기 대상을 제공할 수 있다. 그래서 남성들은 더 깊은 자기존중감을 느낄 수 있고 또 많은 애정관계에서 타고난 정서적 문제들을 다룰 때 더 안정적으로 다룰 수 있게 될 것이다. 치료자들은 또한 이런 남성들에게 새롭고 성숙한 쌍둥이 경험(twinship experiences)을 제공할 수 있다. 그래서 남성들은 관계에서 생겨나는 예민하고 어려운 순간에서 우리와 비슷한 여행자가 되어 여행을 이끌어나갈 수 있을 것이다. 우리의 상당수는 비록 신체적 학대나 정서적인 경멸적 행동을 경험하지는 않았지만 최소한 상처받거나 위협받은 경험을 나눌 수 있고 우리가 깊이 후회하는 행동들에 대하여 종종 도움을 청할 수도 있다. 이런 방식으로 치료자와 내담자는 쌍둥이 경험을 할 수 있다.

내담자 중심의 집단 프로그램

몇몇 특별한 집단 형식은 다른 프로그램에서 발견되는 교육적 요소들을 포함하지 않고 심리학적이면서 내담자 중심적인 접근을 채택한다. 이런 프로그램들은 아동기 상처를 치유하고 강점을 신장시킬 수 있는 개인의 능력에 대한 믿음으로부터 출발한다.

과정 중심 정신역동적 치료

샌더스(Saunders, 1996b; Browne, Saunders, & Staecker, 1997)는 과정중심/정신역동적 접근에 기초한 가정폭력 치료 모델을 개발하였다. 샌더스의 모델은 남성의 가해와 성정치학에 따른 직면기법보다는 가해자의 경험을 이해하는 것을 강조하고 남성에게 책임감을 갖게 하도록 하는 접근이다. 이 모델은 남성들은 안전한 환경 하에서 아동기의 고통과 상실을 애도할 필요성이 있다고 본다. 샌더스는 남성들이 경험한 자기감에 대한 위협과 손상을 강조하는 여러 이론과 연구에 기초하여 이 접근을 고안했다고 한다. 플렉(Pleck, 1980)은 남성들은 여성을 감정 표현을 하는 점에서 더 우월한 존재로 지각하고 따라서 남성들은 여성에게 의존적이 되며 여성에게 정서적 욕구와 돌봄에 대한 욕구를 갖게 된다고 주장했다. 남성들은 남성감을 지지받기 위해 여성에게 의존하지만 그럼으로써 그들의 여성 배우자와 자신을 비교했을 때 힘없는 존재라는 경험을 스스로 한다. 그래서 여성이 그들이 필요로 하는 것을 충족시켜주지 않으면 자기대상의 붕괴를 경험하고 분노와 격분으로서 반응할 수 있는 것이다.

샌더스의 연구에서 보다 전통적인 인지행동적 접근과 비교하여 보았을 때, 더 의존적인 인격성향을 갖고 있는 학대 남성은(반사회적 인격 성향의 남성과 달리) 과정중심/정신역동적 접근에서 더 성공적으로 치료된다는 것이 발견되었다. 샌더스는 의존적 남성들은 이러한 과정에 더 잘 관여가 되고 좀더 온정적인 접근에 반응을 더 잘한다는 것을 알려 주었다.

공감 워크숍

스토스니(1995)는 이른바 공감 워크숍이라는 치료 프로그램을 고안해냈는데, 이 프로그램은 대부분의 구타자들이 애착을 지속할 수 없다는 생각에 기초하고 있다. 감정 도피의 순환이라는 하웨이와 에반스(1996)에 의해 주장된 접근과 상당히 유사하게, 이 접근은 남자들에게서 불쾌한 감정의 효과를 참고 조절하는 능력의 결손을 강조한다. 고트만(1944)이 발견했듯이, 남자들은 쉽게 감정을 분출하고, 감정적으로 마음을 닫아버리거나 자기애적 상처를 경험할 경우에는 자신이 인지한 고통의 원인에 대해 격렬하게 덤벼들기를 고집한다. 공감 워크숍은 남자들이 자기에 대한 증가된 공감을 육성하는 데 도움을 주기 위해, 즉 자기-안정성의 결손을 복구하기 위해 일련의 강렬한 운동, 비디오테이프, 집에서 해오는 과제물들을 사용한다. "HEALS" 기술(이 프로그램의 가장 중요한 저작)은 남자들에게 불쾌한 감정상태의 인식과 재구조화를 향한 다섯 단계를 제시한다. 치유(healing), 자신에게 설명하기(explain to yourself), 자기공감하기(apply self-compassion), 스스로를 사랑하기(love yourself), 해결하기(Solve)가 그 다섯 단계이다. 이 기술을 하루단위로 자주 실행함으로써, 남자들은 자기와 다른 사람을 향한 공감이 진정한 힘을 발휘하고 또 치유의 능력이 있다는 것을 알게 된다. 공감 워크숍의 초기 연구들은 시험적으로 유사하게 평가되는 다른 프로그램들보다 더 낮은 탈락자 비율과 치료 후 재범률이 더 낮다는 결과를 보고했다.

해결 중심 접근

해결 중심 치료(O' Hanlon & Weiner-Davis, 1989)는 문제와 기능장애보다 개인의 잠재성과 강점을 강조한다. 해결 중심 치료는 인본주의 관점, 체계 이론, 사회적 구성주의에 영향을 받은 합성적 모델이다. 제안자들은 내담자의 결점보다는 현재의 능력, 유능함, 문제해결 능력의 구축에 초점을 둠으로써 지속적인, 긍정적인 변화들이 일어날 수 있다고 믿는다. 언어는 개인적 의미가 구성되는 매개체로 볼 수 있다. 그런 점에서 언어를 통하여 "결손과 비난"을 하기보다는 "해결과 강점"이 생산될 수 있다. 치료자들은 주저하지 않고 인성과 문제를 재구조화하는 일련의 질문들을 가지고 내담자들을 돕는다.

- (예외) 당신이 화가 나지 않았을 때 다른 점은 무엇입니까?
- (결과) 어느 날 밤, 당신이 잠들었을 때, 기적이 일어나고 이 문제가 해결되었다고 가정합시다. 당신은 어떻게 알 수 있습니까? 무엇이 달라졌을 것 같습니까?
- (대처) 당신은 결혼과 가족에서의 스트레스를 어떻게 대처합니까?
- (척도) 나는 당신이 여전히 때때로 분별을 잃는다는 것을 압니다. 그러나 당신은 이런 폭발이 빈도(강도, 지속성)에 있어서 얼마나 줄어들었는지를 인지하고 있습니까?

리(Lee)와 동료들(1997)은 이런 원칙들에 기초해 가정폭력 가해자들에게 해결 중심 집단치료를 고안했다. 공격적 행동이나 폭력적 행동을 부정하지 않으면서 집단 지도자들은 내담자를 직면하지 않고, 방어를 유발하지 않고, 논쟁을 유도하지 않은 채로 겸손한 자세로 내담자를 전문가로 보고자 하는 훈련을 받았다. 집단 구성원들은 이미 존재하는 개인적 강점과 자원을 파악하도록 격려받고 다중적인 과제들을 부여받으면서 집단 프로그램에 참여하도록 했다. 이 프로그램에서는 학대적 행위 없이 갈등을 해결했던 성공한 과정을 조사하도록 하고 자신에게 능력의 증거를 발견하도록 한다. 그래서 남성들은 능력 있고 폭력을 통제할 수 있는 사람으로 자신을 조망하게 된다. 폭력의 시간에 초점을 두기보다 폭력의 예외에 강조점을 더 두는 접근 방법이다.

역전이 이슈

매우 왜곡되고 파괴적인 행동을 저지른 남성들에게 공감적 연결을 발달시키면서 종종 가해자에게 과잉 동일시가 일어나서 그가 심각할 정도로 감정적이고 신체적인 피해를 입힌 사람이라는 사실을 잊게 되는 경우가 발생할 수 있다. 임상가가 공감적 동맹 관계를 제공하면서도 치료 실패 혹은 위험성의 증가를 점검하는 이중적 역할을 하는 것은 때때로 쉽지 않다. 이러한 이중적 역할이 불편한 임상가는 아마도 이런 집단을 치료하지 않는 것이 나을 수도 있다. 다른 임상적 치료와 달리 이 치료에서 가장 염두에 두어야 하는 것은 내담자보다 내담자와 함께 살아가고 있는 사람의 안녕에 있다.

이 장에서 이러한 목표를 줄이거나 중요하지 않게 다루어야 한다고 제안한 서술은 없다. 일부 소개된 논쟁은 목표에서의 논쟁이 아니라 실행과정에서의 논쟁을 말한다. 치료자가 공감적 거리를 유지할 수 있을 때, 치료자는 구타자를 왜곡된 사회적 기형자로서가 아닌, 애정관계에서 자기애적 상처와 실망을 경험하고 때때로 참을 수 없는 좌절감으로 인해 행동이 폭발적으로 터져 나오는, 상처받은 남성으로 관계할 수 있다. 이런 경험을 모르는 사람은 아무도 없다.

결론 : 통합과 존중

여기서 제시한 철학적, 임상적 관점은 가정폭력 가해자 집단을 위한 성공적 모델로서, 가정폭력 가해자에게 필요한 심리교육적 정보를 제공하면서도 내담자 존중의 자기심리학적 원칙을 강조한 모델들이다. 이 모델은 정치적, 교육적, 심리학적 성격을 갖고 있다. 현재 몇몇 치료 프로그램들, 예컨대 가정폭력 2000(DOMESTIC VIOLENCE 2000)과 폭력없는 생활을 위한 기초(Foundations for Violence-Free Living, Amherst H. Wilder Foundation, 1995)는 심리교육적 형태(학대의 정치학과 인지-행동적 기술 훈련에 대해 가르침)를 자기심리학적 원칙들과 통합시킨 것들이다. 이 프로그램들은 남성들이 학대 행동에 충분히 책임을 져야 하는 것을 강조하면서도, 파괴적인 행위들에 내재적인 심리적 이슈들에 초점을 맞춤으로써 상당한 효과를 거둘 수 있었다. 개인의 역사, 무력함의 경험, 기초적인 관계에서의 감정적인 상처들을 포함하는 가해자들의 경험에 대한 깊은 존중감을 제공할 수 있는 집단 지도자들은 가해자들에게 영향을 미칠 가능성이 더 높다. 우리는 그들의 이야기에 보조를 맞춤으로써 남성들을 성역할 평등과 새로운 자기관리 기술로 이끌 수 있다. 존중을 제공함에 의해 우리는 그들이 스스로와 타인을 더 존중할 수 있도록 하는 모델이 되어줄 수 있다. 깨진 거울의 공감적 이해를 통하여 우리는 다른 남성과 유사 경험의 새로운 방식을 발달시키고 자신의 배우자에게도 이 새로운 방식을 적용하게 할 수 있을 것이다.

가정폭력 남성에 대한 여성주의적, 인지-행동적 집단 치료 원리와 방법에 대한 개괄

다니엘 샌더스 (Daniel G. Saunders, Ph.D.)*

이 장은 가정폭력 남성에게 일반적으로 사용되는 여성주의와 인지행동 치료의 원리와 기술을 간략히 소개하기 위한 것이다. 앞부분에서는 부부치료나 남녀혼성집단보다는 남성 집단에 적용되는 원리를 설명하고 뒷부분에서는 가정폭력 남성 치료의 최근 경향을 소개하고자 한다.

남성 집단에서 남성의 공격성에 초점을 맞추는 이유

피상적으로는 공격성의 대안을 학습하도록 하는 교육이 남성이나 여성 모두에게 유익한 것으로 보인다. 비록 분노관리의 몇몇 기술들이 양성 모두에게 유익을 줄 수 있을 것이나, 보통 분노와 공격성의 근본적인 원인은 남성과 여성이 서로 다르다. 예를 들어, 남성의 경우 질투와 소유욕이 전형적인 살인의 동기가 되나 여성은 자기방어와 관련한 경우가 대부분이다(Saunders & Browne). 대부분의 치료프로그램은 남성의 공격성에 초점을 맞추고 있는데 이는 신체적으로든 심리적으로든 남성의 공격성이 여성의 공격성보다 더 파괴적이기 때문이다(Straus & Gelles, 1990).

심지어 폭행으로 체포된 여성이라 하더라도 "분노조절" 문제가 있다고 추정받지 않는데 이는 경찰이나 검찰이 그녀를 "생리적인 공격성향자"로 보지 않기 때문이다. 폭력

---

* 이 장은 샌더스 박사의 허락하에 요약했다. 이 내용은 P. L. Caesar & L. K. Hamberger가 편집한 〈가정폭력 남성의 치료 : 이론과 실천〉(*Treating men who batter : Theory and Practice*, 1989) 중 "가정폭력 남성의 인지행동적 접근 : 적용과 결과" 편에 실린 것이다.

적인 여성들은 대개 폭력피해를 입은 경험이 있는 것으로 알려졌다(Hamberger & Potente, 1994; Saunders & Browne). 일단 폭력적 관계로부터 벗어나게 되면 그들은 폭력을 덜 사용하는 것이 보통이다(Walker, 1984). 남성들은 자신의 상처나 공포를 분노로 나타내는 것이 일반적인데 반해, 여성들이 그렇게 하는 것은 사회적으로 잘 받아들여지지 않고 따라서 여성들은 좀처럼 분노를 직접적으로 표현하지 못한다. 사회 대처기술 집단 프로그램은 여성들이 자기주장을 잘 하지 못하고 수동-공격성을 갖는 것을 극복하는 데 초점을 맞추어, 분노를 보다 직접적으로 표현하도록 한다. 한편 남성들의 분노는 대개 자신의 권력이 위협받거나 위협받는다고 느낄 때, 또는 버려짐을 두려워하는 것에서 비롯된다(Dutton & Golant, 1995). 남성들이 일반적으로 받아들이고 있는 남성의 성역할에 대해 알아보도록 하는 것은 남성 가해자의 공격성향 패턴을 변화시키는 데 좋은 기회가 될 것으로 보인다.

북미의 주요 남성 가해자 프로그램은 3대 주요 치료 모델인 '여성주의', '인지주의', '행동주의' 모델의 구성요소들이 혼합된 것이 다수이다(Edleson & Tolman, 1992; Saunders, 1996a; Stordeur & Stille, 1989). 이들 프로그램의 대다수는 집단치료에 기초한 사회적 지지의 장점을 강조한다. 집단치료를 하는 또 다른 이유는 성차별주의자와 폭력신념에 대한 직면이 집단 구성원에게 좀더 효과적이고 역할극이 더욱 현실적으로 될 수 있기 때문이다. 이 프로그램들은 어린 시절에 경험한 폭력의 뿌리를 인식하도록 하거나 어린시절의 폭력으로 인한 충격에서 벗어나도록 하는 것을 별로 중요시하지 않는다. 이러한 인식은 남성 가해자에게 자신의 폭력에 대한 변명거리만을 제공할 것이라고 보기 때문이다. 하지만 이런 입장을 지지하는 모델들도 최근에는 늘어나고 있는 실정이다(Browne, Saunders, & Staecker, 1997; Stosny, 1995).

이 프로그램들은 부부치료를 잘 사용하지 않는데 그 이유는 다음과 같다. 첫째, 많은 증거자료들이 대인관계 기술의 부족, 어린시절의 폭력 충격으로 장기간 치료가 필요하다고 판단되는 사람들은 여성이 아닌 남성들이라는 점을 지적하고 있다. 둘째, 여성들은 남성이 함께 있으면 자신의 바램이나 느낌을 자유롭게 표현하지 못한다. 셋째, 여성들은 단지 같이 치료를 받는다는 이유로 은연중에 폭력에 대해 공동책임이 있는 것으로 느끼게 된다는 것이다(상세한 논의는 Tolman & Edleson, 1995; Saunders, 1995). 대다수의 남성 집단프로그램은 부부치료는 부인이 함께 참여하기를 원하거나, 부부가 관계개선을 시도하려고 하거나, 남성이 자신의 폭력조절에 대해 충분한 치료를 받은 경우에 한정해야만 한다고 주장한다. 부부치료의 장단점에 대해서는 학계에서 치열한 논쟁이 벌어지고 있는데 몇몇 주에서는 부부치료를 매우 제한하거나 금지하는 원칙을 세

위두고 있다. 부부치료의 긍정적인 효과를 제시하는 연구들도 있으나 대개 아주 극단적인 사례에 관한 것이거나 아주 적은 표본을 대상으로 한 것들이다.

여성주의적, 인지주의적, 행동주의적 접근방법

여성주의적 접근은 많은 증거들에 근거해 남성의 공격성의 대상은 대개 여성이나 아이들이고, 남성의 분노가 다른 기원에서 비롯된 것이라 하더라도 여성을 대상으로 한다고 본다. 여성에 대한 공격성은 남성의 우위를 당연시하는 사회에서 남성의 우위를 유지하거나 회복하려는 시도로 여긴다. 여성주의적 접근에서는 강의식 방법을 많이 사용하며 분노조절기록, 토론, 직면 등도 함께 사용한다. 이 접근방법은 인지적 재구조화를 결합하기도 하는데, 예를 들어, 여성의 유능함과 독립성이 남성에게 얼마나 유익한지 깨닫도록 하는 것이다.

인지주의적 접근은, 분노는 공격성의 전조이며 인지왜곡과 비이성적인 사고가 분노를 야기한다는 가설을 근거로 한다. 마이첸바움(Meichenbaum, 1977)의 스트레스 치료와 엘리스(Ellis)의 합리적 정서치료(rational emotive therapy)는 초기 인지주의적 접근방법이다. 이 접근방법은 강의, 일상사와 관련한 과제 부여, 인지적 연습 등을 사용한다. 인지주의적 접근은 남성이 지배할 자격이 있다고 느끼게 하고 지배욕을 갖도록 하는 근거가 되는 신념들이 변화될 수 있는 것이라고 본다. 이러한 접근은 남성의 사고방식과 중심적 가치관 사이에서 일어나는 내면의 갈등이 폭력 신념과 남성 지배에 맞부딪친다는 사실을 전제한다(Russell & Frohberg, 1995).

행동주의적 접근은 남성의 공격성이 대인관계 기술의 부족이나 특정 상황에 대한 과민반응에서 비롯된다고 본다. 예를 들어, 남성 가해자는 자기주장 기술이 부족하다는 실증이 있다는 것이다(Holtzworth-Munroe, 1992). 행동주의 모델은 책임있게 자기주장을 하도록 가르치고 훈련시킨다. 체계적인 과민성 감소 훈련은 스트레스를 받거나 분노가 일어나는 상황에 대한 과민반응을 극복하도록 한다(Saunders, 1984; Stordeur & Stile, 1989).

"인지주의-행동주의적"이라고 부를 수 있는 하나의 이론이나 통합된 절차는 없다. 다만, 이 용어는 많은 실무자들이 이론적인 연결을 시도하지 않는 여러 원칙과 절차들을 포괄하고 있다. 인지행동치료는 '조작적 조건형성', '고전적 조건형성'의 원칙과 절차에 바탕을 두고 있다. 반두라(Bandura, 1973)의 사회학습이론은 이들 두 가지 조건형성 원칙의 인지적 측면을 강조하고, 대부분의 행동은 모방을 통해 배우는 것이며 조건형성 없이도 이루어진다는 것을 논증하였다. 현대 사회학습이론은 사람과 환경의 상호작용, 인간의 자발적인 변화능력을 강조한다. 오리어리(O' Leary, 1988)는 사회학습 모델을 아내학대와 관련 있는 요인들에 적용하였고, 이 모델에 잘 들어맞는 개인적 공격성향의 많은 요인들을 발견하였는데, 예를 들면 일상적인 스트레스 요인이나 가계의 폭력성과 같은 것들이다.

인지행동적 접근, 특히 자기주장훈련이나 긴장이완훈련은 남성 가해자 프로그램에서 매우 널리 활용되고 있다. 가해자 프로그램에 관한 조사를 보면 이러한 절차의 활용이 쉼터 프로그램을 포함함 모든 형태의 셋팅에서 광범위하게 이루어지고 있으며, 전통적인 복지시설에서도 마찬가지이다(Eddy & Myers, 1984). 인지행동적 방법과 함께 사용되는 방법은 자기감정 파악, 성역할 재사회화, 지지망 발전시키기 등이 있다. 어떤 연구는 이상의 모든 방법들을 '여성주의-인지주의-행동주의적 접근방법'으로 통합할 수 있다고 보기도 한다(Saunders, 1996b). 비록 각 프로그램들이 '여성주의적', '인지행동적'이라고 스스로 부르고 있다 하더라도, 실제로는 다른 접근방법을 혼합한 것이며 강조하는 정도가 각각 다를 뿐이다.

물론 위에서 살펴본 이론들이 전형적으로 개인치료나 집단치료에 적용될 때에도 교육의 틀로서 잘 적용될 수 있다. 이하에서는 각각의 접근방법을 확대해 보기로 한다.

인지행동적 원칙의 적용

인지행동적 방법의 적용이 무엇인가는 다양한 형태의 문제완화를 위해 발전되고 검증되며 적용되어 온 일반원칙들 속에 그대로 나타나 있다. 남성 가해자에게 사용되는 인지행동적 방법은 대개 자기주장훈련, 이완훈련, 몇 가지 인지치료 등으로 이루어져 있다(Edleson & Tolman, 1992; Ganley, 1981; Saunders, 1984; Sonkin & Durphy, 1989; Stordeur & Stille, 1989).

상황관리

조작적 조건형성 원칙의 적용은 상황관리라고 불리는데 어떤 행동에 뒤따를 것으로 예측되는 상황을 잘 다루도록 하기 때문이다. 가해자가 어떤 행동으로부터 느끼는 불쾌함과 고통이 지연되어 중요한 시기를 놓치게 된다는 점에서 공격성은 알코올남용 만큼이나 다루기 어려운 행동이다. 한편, 보상은 제멋대로 행동하는 것을 포함할 수도 있고, 배우자가 떠난다고 위협하고는 떠나지 않음으로서 버려지는 두려움을 감소시키는 것일 수도 있다. 보상과 처벌의 분석은 교환/사회통제 모델에 들어맞는 것이다.

가해자 프로그램에 참여한 남성들은 형사처벌이나 배우자를 잃는 것과 같은 처벌의 두려움으로부터 벗어나 프로그램에 참여하도록 동기화된다. 처벌에 대한 두려움은 가해행동 자체에 영향을 미치기도 한다. 여성이 남편에게 치료 프로그램에 들어가 이를 완료하지 않으면 남편에게 돌아가지 않을 것이라고 말하면, 남편들은 아내의 요청을 들어주면 자신의 고통이 끝날 것이라는 부적 강화(負的强化)를 받게 된다. 체포나 체포에 대한 두려움, 법대로 처리할 것이라는 경고가 어떤 유형의 가해자들의 행동을 저지한다는 실증적 결과가 있다(Saunders, 1994). 또 단지 체포하는 것만으로는 충분하지 않고 치료가 병행되어야 보다 효과적이라는 연구결과도 있다(Saunders, 1996a).

스타인필드(Steinfeld, 1986)는 치료자들이 가해자들에게 가능한 한 보상과 공격성의 대가를 잘 인식시킬 수 있는 질문지를 다음과 같이 제시하고 있다.

> A. 공격행동으로부터 얻게 되는 것 : "당신이 부인을 때릴 때 어떤 일이 일어나기를 바라나요?" - 답변은 다음과 같은 내용을 포함하게 될 것이다.
> 1. 혐오스러운 행동의 제거—"부인이 내게 바가지를 긁는다"; "나는 떠나버리고 싶다."
> 2. 복수—"마누라 등짝에다 상처를 내고 싶다."
> 3. 권력—"나는 아내에게 무력감을 느낀다"; "나는 아내를 이해시키고 싶고, 내 말을 듣게 하고 싶다"; "나는 아내를 실컷 패고 싶다."
> 4. 통제—"나는 아내가 무엇을 해야 하는지 말해주어야 한다"; "내가 대장이다."
> 5. 자아상승—"아내가 그렇게 하도록 내버려둔다면, 나는 뭐죠? 아내가 나를 무시하도록 할 수는 없다."
>
> B. 처벌강도 : "당신이 부인을 때리면 어떤 일이 일어날 것이라고 생각하나요?"
> 1. "아무 일도 일어나지 않는다."
> 2. "아내가 나를 때리고 죽일 수도 있다. 나를 떠날 것이다."
> 3. "경찰이 올 것이다.—유야무야 될 것이다."
> 4. "나는 감옥에 가게 될 것이다."
> 5. "벌금을 물게 될 것이다."
>
> C. 발생확률 : "위에서 답변한 내용이 실제로 일어날 가능성은 얼마나 될까요?"

연구에 따르면 행동에 따르는 결과는 즉각적이고 분명할수록 효과가 강력한 것으로 나타나고 있다. 그러므로 프로그램 진행자는 형사 사법제도 내에서 일함으로써 가해자가 폭력행동에 대해 책임을 지게 하는 정책이 지속적이고 신속하게 이루어지도록 할 수 있다. 가해자가 보호관찰을 받고 있을 때가 가장 적절한데, 보호관찰제도는 가해자의 행동에 신속하면서도 유연하게 적용될 수 있기 때문이다. 이 방법은 계획적이고 도구적인 폭력에 가장 적합한데, 이유는 가해자가 폭력행동의 대가를 심각히 생각할 수 있고, 처벌의 억제효과를 알 수 있게끔 하기 때문이다. 가해자가 격렬하게 화가 날 때에는 인식이 희미하여 자신의 행동을 판단하지 못할 수 있다. 사회 내 처우나 수용시설 내 처우가 단지 선택의 문제인 것으로 보일 수도 있지만, 톨만(Tolman, 1996)은 처벌의 범위가 중요하다는 점을 설명하였다. 형사 사법제도 내에서 다른 기관과 함께 지역사회에서 가정폭력 프로그램을 운영하는 것이 "치료"의 범위를 벗어나는 것으로 보일 수도 있으나, 치료를 광의로 해석하여 사회문제에 대한 사회적 대응의 일부로 본다면 그렇지 않다고 할 수 있을 것이다(Fagan, 1996).

소거(消去)를 포함하고 있는—소거는 문제행동의 정적 강화(正的强化)를 제거하는 것을 말한다—남성 가해자 행동치료의 구성요소 중 하나는 "타임 아웃 기술"이다(Sonkin & Durphy, 1989). 타임 아웃 기법을 통해 가해자는 분노가 어떻게 커져 가는지 이해하게 되고, 배우자에게 타임 아웃을 선언하고 냉각기를 갖기 위해 한 시간이나 그 이상 떨어져 있게 된다. 타임 아웃은 갈등과 분노감정으로부터 떨어져 있는 것이며 소거기법으로 작용하여 가해자가 자기 마음대로 하지 않도록 한다. 그러나 이 방법을 이용해 지속적으로 배우자에게 화를 내며 거부하거나, 이 방법을 교묘히 사용하여 학대방법으로 써먹는 자들에게는 타임 아웃기법은 적당하지 않다.

외부적 또는 내부적 원인으로 인해 공격성으로부터 수치심, 죄책감, 불안함을 느끼는 사람들도 있는데, 이러한 감정들은 행동변화의 단기적 요인이 되기도 한다. 실제로 과도한 죄책감을 느끼는 유형의 사람들에게는 무거운 처벌이 공격성을 증가시킬 수 있다. 행동치료자들은 처벌과 함께 가해자에게 긍정적 행동을 가르쳐야 한다고 주장한다.

정적 강화는 남성 가해자 치료에 매우 자주 사용되는데 칭찬을 통해 공격성을 회피할 기술을 배우도록 한다. 당연히 이 방법은 클라이언트와 긍정적 관계가 형성될 때 가장 강력해진다. 이런 관계는 클라이언트의 감정과 속성을 이해하고 받아들임으로써 형성될 수 있다. 집단치료에서 가해자들은 한주일 동안 나아진 점에 대해서 또는 새로운 기술들을 익힌 것에 대해서 격려함으로써 서로를 칭찬하는 것을 배운다. 이러한 동료들로부터의 지지는 가해자들이 가장 강력한 강화로 받아들이는 것 중의 하나이며, 집단치료의 매우 유용한 측면이다. 이런 지지를 통해 가해자들은 그들이 배우자에게 칭찬과 인정을 지나치게 원했던 정도를 줄여나갈 수 있게 된다. 배우자에 대한 가해자의 과도한 의존은 그들이 스스로 자부심을 갖는 것을 배우면 좀더 많이 줄어들 수 있는데 이는 인지치료자들이 강조하는 방법이다.

많은 남성 가해자들이 낮은 자존감을 갖고 있기 때문에 칭찬을 받아들이거나 나아지고 있다고 생각하는 것이 상당히 힘들 수도 있다. 이러한 어려움을 극복하는 한 방법은 집단치료를 시작하면서 각자가 그 집단에서 사용할 기술을 하나씩 말하도록 하는 것이다. 누군가 "없다"고 말하면 성공할 수 있도록 격려하는 조언이 나오게 될 것이다. 다음 회기에 그들은 특유하고 긍정적인 피드백을 각자가 익힌 기술에 대해 주고 받는 것을 배우게 된다.

자극감소

배우자 학대나 다른 형태의 공격성향에 있어 분노가 필요충분조건인 것은 아니나, 분노가 관련 있는 경우가 많다. 분노나 다른 감정의 필수적 구성요소 중 하나는 생리적 자극이다. 그러므로 어떤 자극이 감소될 수 있다면 분노도 감소될 수 있을 것이다. 행동치료자들은 오랫동안 이완훈련, 생체 자기제어 등과 같은 불안조절방법을 사용해 왔다. 이러한 방법들은 분노를 일으키는 자극과 분노에 앞서 나타나는 스트레스 반응을 감소하는 데 활용되고 있다(Deffenbacher, McNamara, Stark, & Sabadell, 1990).

생리적 자극을 감소시키는 가장 일반적인 방법은 "점진적 이완"을 가르치는 것이다. 치료자가 클라이언트를 가르칠 때 처음에는 수많은 근육들이 긴장했다가 풀리기를 거듭한다. 클라이언트가 연습을 되풀이하면서 점점 적은 수의 근육들이 사용되고 마침내는 단순히 이완되는 느낌만을 떠올리거나, 이완상태와 관련있는 말을 반복하기만 해도 쉽게 이완될 수 있게 된다. 이 훈련은 보통 눈을 감고 앞으로 기울인 상태에서 행해지기 때문에 많은 사람들이 실행에 거부감을 느끼기도 한다. 공격성향을 가진 사람들의 집단에서 이런 저항이 있을 수 있다. 앉아 있는 상태에서 또는 집단에서 떨어진 상태에서 보다 편안함을 느끼는 사람들도 있다.

점진적 이완에 부가하거나 대신하여 더 유용한 다른 이완방법을 사용하는 사람들도 있다. 사람들이 흥미를 느낄 만한 이완방법은 매우 많은데, 예를 들면 "하이테크기술"인 생체 자기제어나 신체단련, 이완, 명상의 형태인 태극권 등이 있다.

고전적 조건형성

일단 이완을 익히게 되면 분노를 일으키는 일련의 정황과 연결될 수 있는데, 이것이 다음에 설명할 고전적 조건형성의 원칙(체계적 민감성 제거)과 연관된다(Saunders, 1984). 이 방법을 적용하면서 "민감성 제거"라는 용어보다는 더 이 방법과 관련있는 "분노 사다리"라는 용어를 사용하고자 한다. 과제를 통해 클라이언트는 가장 덜 화가 나는 것부터 가장 화가 나는 것까지 세 가지 정황의 "사다리"를 구성한다. 이완을 하고 나서 치료자는 평온한 상황과 분노를 일으키는 상황을 번갈아 제시하기를 반복하는데, 분노를 일으키는 상황에서 스트레스나 분노가 줄어들거나 없어질 때까지 계속한다. 이 방법은 분노가 아주 적은 상황에서부터 시작하는 것이 중요한데, 그렇지 않으면 효과가 없게 된다. 가해자가 나아지는 것이 없다고 하면, 그는 낮은 단계의 상황을 구성하는 데 도움을 필요로 한다. 예를 들어, 상사가 가해자에게 소리지르는 장면 대신에 일을 마치고 집에 돌아가는 열차를 놓쳐 버린 것과 같이 덜 화가 나는 장면을 찾아내야 한다.

인지치료

인지적 방법은 적용하기에 가장 어려운 방법인데 가해자들이 내면을 들여다보게 하고 "비이성적"이거나 "자동적인" 사고들에 대해 초점을 맞추도록 해야 하기 때문이다. 그러나 이 방법은 분노을 일으킨 책임이 상대방의 행동에 있는 것이 아니라 명백히 행위자 자신에게 있다고 보기 때문에 중요한 의미가 있다. 사회기술훈련과 대조적으로 인지적 방법은 대인관계가 아닌, 예를 들면 좋지 못한 날씨, 열쇠를 잃어 버린 것, 교통혼잡 등으로부터 비롯되는 분노상황에 적용하는 데 효과적이다.

남성 가해자와 관련된 가장 일반적인 인지적 방법은 노바코(Nobaco, 1975, 1978)와 몇 사람들(McKay, Rogers, & McKay, 1989)이 마이첸바움(1977)의 스트레스 예방조치 연구를 기초로 만든 것이다.

노바코는 공격성은 몇 가지 구성요소를 갖는다고 설명한다. 먼저, 충족되지 못한 기대나 불쾌한 사건에 대한 비난이 있고, 여기에서 분노라고 이름 붙여지는 자극이 이어지는데 이것이 공격성으로까지 연결된다. 가해자들은 분노는 대개 자신감 상실이나 위협을 느끼는 것과 관련이 있다는 원칙을 교육받는다. 그들은 좌절하는 것과 스스로 극복하도록 자신감을 불어넣는 말을 하는 것을 구별하는 법을 배운다. 이것이 어려우면 역할극을 통해 분노를 자극받고 분노상황에서 하고 싶은 말을 크게 외치도록 한다.

그리고 나서 가해자들은 여러 가지 전형적인 분노를 일으키는 상황에서 자기주장을 하는 것을 배운다. 이러한 상황들은 준비, 상황 돌입, 자극 다루기, 후속반응 등 여러 장면으로 나뉘어져 보다 쉽게 관리할 수 있게 한다. 노바코는 각각의 예를 들어, 설명한다. "기억해. 주제에 집중하고 개인적인 것이라고 생각하지 마." (준비), "너는 스스로를 시험할 필요 없어. 네가 해야 하는 것 이상으로 하려고 하지마." (충격), "근육이 긴장되고 있어. 긴장을 풀고 서두르지 마." (자극), "나는 그 문제를 잘 해결했어. 멋지게 해치운 거야." (해소된 갈등), "최선을 다해 떨쳐버려. 그 따위 것이 너를 방해하지 않도록 해." (해소되지 않은 갈등) 이와 같은 상황극복을 위한 문구들을 가해자들에게 제시할 수도 있으나, 그들이 스스로 그런 문구를 만들어 내어 연습하면 더욱 효과적일 것이다. 이런 문구들을 가해자들이 믿게 되는 것은 아니고, 이완훈련과 함께 이런 문구들을 되뇌이면 마음에 새겨져 실제로 그런 것처럼 느껴지는 것이다. 한 문구가 어느 정도 믿어질 때까지 치료자가 제시한 여러 문구들을 반복하다 보면 어떤 문구들은 가해자들이 다시 만들 필요성을 느끼기도 한다.

또 다른 인지적방법도 사용되는데 예를 들면 엘리스(1977)의 합리적 정서치료(RET)(Edleson & Tolman, 1992)가 있다. '합리적 정서치료'는 가해자들로 하여금 비현실적인 기대를 자신이나 다른 사람들에게 갖게 하는 비합리적인 신념들에 직면시킨다. 이 방법은 분노란 가해자들이 자신들은 언제나 반드시 가까운 사람들로부터 사랑과 인정을 받아야 한다고 생각하는 것에서 비롯된다고 전제한다. 또한 분노는 가해자들이 그들이 하고 있는 모든 일에 완전할 만큼 유능해야 한다고 생각하거나, 그들이 원하는 대로 일이 되지 않으면 인생을 몹시 비관적으로 보는 것에서 비롯된다고 한다. 엘리스는 "자기분노적 사고"를 이해하고 논의하는 수많은 방법들의 예를 제시한다. 그는 자기주장을 네 가지 범주로 나누어 분석한다. 예를 들어, 계약파기에 대한 반응을 다음과 같이 나눈다.

- 합리적 사고 : "이런 일이 있을 수가!"
- 비합리적 사고 : "지독하군. 이 여자가 나에게 이런 식으로 나오는 것을 나는 참을 수 없어. 저 여자가 내게 이런 식으로 행동할 수는 없는 거야. 나는 그년이 그렇게 할만한 소름끼치는 년이고 처벌받아 마땅한 년이라고 생각해."
- 적절한 반응 : 실망, 거부감
- 부적절한 반응 : 적개심, 복수심, 처벌받게 하고자 하는 마음

마이첸바움(Meichenbaum, 1977)은 대처기술의 부족이 비합리적 신념보다 더 큰 문제일 수 있다고 주장한다. 그러므로 인지행동적 대처기술이 핵심이라는 것이다. 엘리스도 치료 외에 새로운 행동의 연습이 필요함을 강조했다. '합리적 정서치료'와 밀접한 관계에 있는 것이 벡 (Beck)의 '인지기능장애 유형분석'이다. 이 유형들은 근거없는 추측, 사건의 의미를 확대, 경직된 흑백논리 사고, 과도한 일반화(예를 들면, 한번의 실수를 무능력의 징표로 간주하는 것) 등의 경향을 내포한다. 베드로시안(Bedrosian, 1982)은 어떻게 남편에게 그의 자동사고과정을 추적하도록 하는지 보여주고 있다.

> 치료자 : 부인이 집에 왔을 때 무슨 생각을 하셨나요?
> 남　편 : 기억이 안나요. 별 생각 했겠어요?
> 치료자 : 좋아요. 부인이 늦는 것을 처음 알았을 때 당신은 어디에서 무슨 생각을 했나요?
> 남　편 : 나는 일층 소파에 앉아 있었어요. 처음 한 생각은 집사람이 무슨 사고를 당했나 하는 거였죠.
> 치료자 : 그러자 어떤 느낌이 들던가요?
> 남　편 : 겁이 나더군요. 그녀가 지난달에 사고를 당한 것이 생각났어요.
> 치료자 : 그러다가 부인이 집에 들어오자 무슨 생각이 나던가요?
> 남　편 : 우선 안심했지요. 그리고 나서 저 여자는 늘 나에게 이런 식이야, 나에게는 조금도 신경쓰지 않아, 나는 가족을 위해 죽어라고 일하는데 나에게 이따위로 하다니 하는 생각을 했어요.
> 치료자 : 그래서 몹시 화가 나셨군요.

베드로시안(Bedrosian)은 남편이 부인의 안전을 위협할 일이 생겼는지 걱정하다가 공포를 느끼고 이어서 자기에게 전화를 하지 않은 것에 대해 실망하였음을 설명한다. 이러한 감정은 곧 분노로 바뀌었는데 그것은 남편이 부인의 행동을 자신에게 향한 것이라고 받아들였기 때문이다.

또 다른 인지치료적 접근은 '문제해결 치료'라고 불리는 것인데(D'Zurilla & Goldfried, 1971) 가해자에게 직접적으로 사용되지는 않는다. 그러나 많은 남성 가해자 집단에서 나타나는 상호간 문제해결과 지지는 체계적 문제해결의 몇 단계를 활용한 것이다.

인지적 방법들은 특히 여성주의적 접근과 함께 활용될 수 있다. 이 방법들은 여성의 자주성과 능력에 대해 남성들이 느끼는 위협을 변화시키는 데 활용될 수 있다. 인지적 재구조화를 통해 전형적인 남성성의 표상인 소유욕, 경쟁심, 성취지향성이 보다 유연한 행동으로 바뀌도록 한다. 예를 들어, "나는 모든 논쟁에서 이겨야만 한다"는 자기주장을 "내가 이기면, 우리가 진다"는 것으로 바꿀 수 있게 하는 것이다.

남성 가해자 치료에서 성격장애가 매우 중요한 부분이라는 점에 찬성하는 견해가 많아

지면서, 이러한 장애에 대한 인지치료가 활용되고 있다. 가장 흔한 성격장애는 자기애, 수동-공격성향, 반사회성향인 것으로 보이는데(Gondolf, 1999), 하나의 성격 프로파일 만이 두드러지게 나타나는 것은 아니다. 벡과 프리먼(Beck and Freeman, 1990)은 성격 장애에 대한 인지적 개념화, 사정전략, 특정한 인지적 개입에 관해 설명하고 있다. 성 격장애의 사정은 상담자가 과도한 거부태도와 순응 사이에서 균형을 유지할 수 있게 도와준다. 이러한 내담자에 대한 상담자의 통상적 반응을 이해하는 것은 유용하다. 예를 들어, 자기애 성향을 가진 내담자에 대한 초기만족감이 높게 나타나는 수가 많은데 이는 이들이 아첨하는 데 능숙하기 때문이다. 이런 만족감은 이들의 변화가 매우 더딤에 따라 곧 좌절감으로 바뀐다. 반사회성향을 지닌 내담자들은 좌절감과 기대감 상실을 안겨주는데 이는 그들의 저항과 더딘 변화 때문이다. 상담자가 분노에 찬 반응을 보이는 것은 이들의 "게임 전술"에 휘말리는 것일 뿐이다.

인지치료에서 최근의 발전은 어린 시절의 충격으로부터 비롯되는 "부적응 인지도식"에 대한 인식에서 이루어지고 있다. 특히, 영(Young, 1990)은 유기와 불신을 내포한 인지도식과 "나는 영원히 혼자일 거야. 아무도 나를 도와주지 않아," 또는 "사람들이 나를 해치고, 공격하고, 이용할 거야. 나는 스스로 지켜야만 해."라는 등의 일반화된 신념을 표현하는 것 사이에 연관성이 있다는 가설을 세웠다. 이처럼 굳은 인지도식과 표현은 가해자들 가운데 경계선 인격장애 특성을 지닌 집단의 성격을 가장 잘 드러내는 것으로 보인다. 그들이 어린 시절에 대한 심각한 감정적 거부감으로 고통당하며 버려지는 것에 대한 강렬한 공포를 갖고 있다는 증거가 있다(Dutton & Holtzworth-Munroe, 1997).

모델링과 리허설

모델링과 리허설은 새로운 행동을 배우는 수단으로서 커다란 과학적 지지를 받고 있다. 이를 통해 가해자들은 자기주장, 공격성을 드러내지 않는 사회기술을 익히는 데 도움을 받는다. 자기주장은 분노를 정당화하면서도 화가 폭발할 때까지는 전형적으로 피동적인 남성에게 필요하다. 이러한 사회기술은 전형적으로 지배적이고 충동적인 남성에게도 유용하다. 여러 연구들은 남성 가해자들이 일반적으로 단호하지 못하나 집 안 팎에서 지배적이고 공격적인 사람들도 있음을 밝히고 있다(Holtsworth-Munroe & Stuart, 1994). 자기주장훈련은 가해자들이 비난을 극복하고, 단호하게 "아니오"라고 말하며, 다른 사람의 감정을 존중하고, 적절하게 감정을 표현하도록 하려는 것으로서 책임있는 자기주장과 평등한 의사결정을 강조한다(Saunders, 1984). 집단 지도자는 역할극을 통해 각자에게 대처기술의 모델을 제시하고 각 내담자가 미리 준비된 상황에서 연습을 해보도록 한다. 대처기술들은 실제 생활에서 적용될 수 있는 것인데 가해자들은 명확하게 상황을 설명하여야 한다. 가해자들은 "결정적인 순간"에 수동적이거나 공격적이 아닌 자기주장을 분명히 할 수 있도록 도움을 받는다. 역할극을 통해 대처기술을 연습하고 나면, 가해자들은 건설적인 피드백을 지도자와 집단원들로부터 받게 된다. 피드백은 언어적 의사소통뿐만 아니라 비언어적 의사소통에도 초점을 맞춘다. 가해자들은 피드백을 활용해 다시 한번 상황 대처를 연습한다. 대개 이러한 상황에 배우자는 포함되지 않으며 많은 남성들에게 주요 스트레스 요인이 되는 직장에서의 골치 아픈 문제들을 주로 다룬다. 행동연습의 단계에 관한 상세한 내용은 지도자용 지침서에 수록되어 있다(Lange & Jakubowski, 1976; Rose, 1989).

치료의 종결부분에서는 그동안 설명되었던 인지행동 기술을 통합하여 다룰 수 있다. 예를 들어, 새로운 행동을 연습하였으면, 가해자는 공격행동을 계속하는 것의 손익계산을 할 수 있고, 인지왜곡을 확인하고 재구조화할 수 있으며, 긴장을 이완시키고, 분명한 자기주장을 갖고 의사소통할 수 있다. 치료를 통해 구조적으로 체계화된 대처기술들이 새로운 생활습관으로 신속히 자리 잡는 것이 바람직하다.

인지-행동적 접근의 장점과 단점

지금까지 설명한 방법을 활용하는 것은 많은 장점이 있다. 우선, 공격성을 가진 사람들에게 적용하여 과학적으로 얻어진 원칙들에 근거를 두고 있기 때문에 다른 대부분의 방법들보다 쉽게 가치를 평가할 수 있다. 예를 들어, 역할의 사정은 대처기술의 습득 정도에 따라 구성된 집단의 내부 혹은 외부에서 지도자나 집단 구성원들에 의해 이루어질 수 있다. 둘째, 이 방법은 구체적이고 대처기술 중심이어서 가해자들이 저항 없이 받아들일 수 있고 상대적으로 빨리 익힐 수 있으며, 프로그램을 통해 전달될 수 있다. 셋째, 이 방법은 여성주의적 접근 및 형사사법 체계와 전혀 충돌없이 적용될 수 있다. 이 방법은 폭력은 잠재된 정신장애나 관계에 문제가 있는 것의 징표라고 가정하지 않으며, 그보다는 분노와 폭력은 보통 솔직한 의사표현이라고 본다. 마지막으로, 이 방법은 공격성이란 자기통제를 뛰어넘는 학습된 행동이라고 보기 때문에 공격성을 본능이나 유전이론에 의해 설명하는 견해보다는 가해자들이나 프로그램 진행자들이 변화에 대한 희망을 한층 더 가질 수 있다.

단점으로는, 이 방법이 여성주의적 입장과 통합되지 않을 경우 여성학대에 대해 우리 사회가 사회적 강화를 하는 것을 극복하지 못할 위험이 있다. 다른 접근방법들과 함께 적용될 때 인지행동적 방법이 단기효과를 거두게 되면 남성 가해자, 그 배우자, 치료자에게 "즉효약"처럼 느껴질 수 있고 잘못된 희망을 갖게 할 수 있다. 그러나 이 방법은 폭력을 신속히 중단케 하는 데 최선인 것으로 생각되며 그럼으로써 다른 방법들을 적용할 수 있게 한다. 또 다른 단점은 만약 배우자들이 이 방법의 연습에 대해 잘 알지 못할 경우 남성들이 새로운 방법으로 의사소통하려는 새로운 시도들이 이를 가식으로 보는 배우자들로부터 부정적인 반응을 받게 될 수 있다는 것이다. 마지막으로, 대부분의 남성 가해자들이 어린 시절 자신이 폭행을 당하거나 어머니가 폭행을 당하는 것을 목격함으로써 충격을 경험한 것으로 점차 밝혀지고 있다. 핵가족 내에서의 폭력이 어린 시절의 공격성이나 해소되지 못한 분노로 인한 것이라면 인지행동적 방법은 어린 시절의 충격 해결방안의 보완이 필요할 것이다.

여성주의적 접근

여성주의적 접근은 구체적인 절차가 완결된 것이라기보다는 일종의 "변화된 방법"이다. 이것은 우리가 집단의 지도자로서 우리의 이론, 방법, 행동을 비판적으로 검증할 수 있는 시각을 갖게 한다. 이 접근방법은 우리가 우리의 사고와 말이 양성평등이란 목표에 부합하는가, 하는 질문에 답할 수 있게 한다. 인지행동적 접근과 여성주의적 접근은 하나의 유형으로 쉽게 결합되기는 어렵다. 이들은 남성 가해자가 자신의 폭력이 도구적 본질을 갖고 있음을 깨닫도록 하는 교육방법으로서 동등시되는 것이 보통이다 (Pence & Paymar, 1993). 이 접근은 남성에게 자신의 폭력이 고의적이라는 점을 직면시키고, 자신의 모든 폭력행사 정도를 분명히 깨닫도록 한다.

그러나 위에서 언급한 여러 인지행동접근들과 같이 남성의 자존감을 높이고 여성을 동등하게 대하도록 하되 남성의 우월적 지위에는 직면시키지 않는 다른 여성주의적 접근도 있다. 어떤 접근방법은 남성의 역할을 한정하는 것의 악영향을 강조하고, 가사나 육아 등의 역할을 포함하는 역할확대의 유익함을 깨닫도록 하며, 배우자의 짐을 덜어주고자 한다. 많은 개입지침들은 남성 가해자의 성역할 사회화를 변화시키는 데 초점을 맞추고 있다(Gondolf & Russell, 1987; Lindsey, McBride, & Platt, 1993; Stordeur & Stille, 1989). 또 전형적인 남성 성역할에 대해 설명하고 이를 변화할 방법을 알려주기도 한다(Kivel, 1992; Stoltenberg, 1993). 키벨(Kivel)과 동료들은 오클랜드 남성 프로젝트(Oakland Men's Project)를 통해 성차별주의, 인종차별, 계급차별, 동성애 공포증을 갖고 있는 것과 이를 거리낌 없이 드러내는 것의 상관관계를 명확히 하였다.

심지어 양성평등이라는 목표에는 합의를 하면서도 이를 실현하는 현장에서는 수많은 논쟁이 일어난다. 예를 들어, 어떤 프로그램은 남성지도자가 활용되어야 하고 남성-여성 혼성팀은 남성들로 하여금 폭력은 남성-여성 간 "관계의 문제"라고 생각하게 할 우려가 있기 때문에 피해야 한다고 주장한다. 어떤 프로그램은 남성-여성팀이 남성과 여성간의 원만한 의사소통과 갈등해결 모델을 배울 수 있기 때문에 장점이 있다고 본다. 어쨌든 모든 프로그램에서 합의가 이루어진 것으로 보이는 것은 집단에서 등장하는 여성은 구체화되어야 한다는 것이다. 예를 들어, 남성 가해자들은 배우자의 이름을 사용하여야 하며 "그 여자", "집사람"이나 경멸적인 용어를 사용해서는 안 된다. 한편으로 지도자들은 이와 같은 직면기법을 사용할 적절한 시기를 잘 선택해야 한다. 어떤 지도자는 매우 심한 노골적인 성차별주의적 비평을 직면시키기 전에 가해자들과 라포가 형성될 때까지 기다리기도 한다(Browne, Saunders, & Staecker, 1996).

프로그램이 어떻게 변화되어가고 있는가?

지금까지 시행된 치료프로그램의 효과에 관한 연구는 여성주의-인지행동적 접근방법이 폭력의 중지와 감소에 효과가 있음을 밝히고 있다(Saunders, 1996a; Tolman & Edleson, 1995). 또한 분노, 우울감, 경직된 성역할 신념의 정도를 낮추는 데에 효과가 있다는 연구도 있다. 심리적인 학대를 감소시키는 데는 큰 효과가 없는 것으로 나타난다. 이 시점에서 인지행동적 방법의 효과에 대한 확고한 결론은 아직 없는 상태인데 이는 연구설계의 많은 결함 때문이다. 예를 들어, 대부분의 연구는 별거, 가해자의 체포 등과 같이 남성들의 행동에 커다란 영향을 미칠 수 있는 요인들을 감안하지 않고 있다. 여러 실증자료들이 서로 다른 유형의 가해자들에게는 그에 맞는 서로 다른 유형의 치료프로그램이 필요함을 입증하고 있다. 예를 들어, 내가 진행하였던 여성주의-인지행동적 접근방법과 정신역동적 방법을 경험적으로 비교하여 보면 비구조화된 정신역동적 프로그램 집단에서 의존성향을 지닌 남성들은 구조화된 여성주의-인지행동적 프로그램 집단보다 훨씬 낮은 재범률을 보였다(Saunders, 1996b). 남성 가해자 집단 프로그램과 부부 집단 프로그램을 비교하는 소규모 사례연구에 따르면 두 집단 사이에 별 차이는 없었으나, 부부 집단에서 남편이 알코올남용자인 경우가 보다 효과적인 경향이 있었다(Brannen & Rubin, 1996).

집단 지도자는 개입프로그램의 성과에 관한 최신의 과학적 연구결과에 민감하여야 한다. 연구 결과물을 주의 깊게 읽어보면 그 연구의 집단 크기는 적절한 것이었는지, 프로그램을 하고 여러 달이 지나고 난 뒤 부인이 남편의 행동변화에 대해 어떻게 생각하는가 하는 것을 알 수 있다. 현재 보고되는 연구결과의 80%가 치료 1년 후 배우자 면접조사를 실시하고 있는데, 이전의 연구들은 배우자 면접조사율이 40-60%에 불과했다. 그리고 비교를 위해 집단을 무작위할당으로 구성한 연구, 통제집단을 대상으로 한 연구 등이 나오기 시작했다. 더욱 정밀한 연구방법이 현장에 도입되면서 개입 프로그램도 점점 효과가 높아지고 있는 것이다.

최근의 경향

몇 가지 중요한 경향들 덕분에 위에서 살펴본 모든 접근방법들이 더 세련되고 발전하고 있다. 먼저, 가장 위험스러운 남성의 특징에 관한 연구가 있다. 그 결과 어떤 프로그램들은 폭력의 정도를 70단계로 사정하고 가해자들을 서로 다른 치료과정에 편성한다. 콜로라도주 아라파호 카운티의 '제3의 길(the third path)'이 그러한 프로그램 중 하나이다(Healy, Smith, & O' Sullivan, 1998). 초기면접자는 부부관계에서 위험성을 증가시키는 위험요인과 별거 관계에서의 위험요인이 서로 다르다는 점을 염두에 두어야 한다(Saunders & Browne).

둘째, 변화단계라고 불리는(Prochaska & DiClemente, 1992) "이론초월적" 접근이 남성 가해자 치료에 적용되고 있다. 이는 남성의 동기 단계를 인식하는 것이 특정한 접근방법보다 더 중요하다고 가정한다. 동기 단계를 결심하기 이전, 변화를 결심하기, 준비, 행동, 변화유지로 나누어 각자의 동기 단계에 맞춘 치료가 좀더 효과적이라는 것이다.

셋째, 프로그램의 발전속도는 프로그램이 문화적으로 잘 맞는가에 따라 결정된다(Carrillo & Tello, 1998). 이는 유색인종을 상대로 한 프로그램이 크게 감소한 사실에서 어느 정도 입증된다. 윌리엄스와 베커(Williams & Becker, 1994)는 몇몇 조직적 방법을 통해 프로그램의 문화적 적합성을 높이려 하였는데 여기에는 스탭의 훈련, 상담, 자기평가 등이 포함되어 있다. 그들은 또 유색인종 사회로 프로그램의 범위를 넓히는 것을 강조하였다. 어떤 프로그램은 동일한 인종으로 집단을 구성하고 그러한 집단의 응집력이 높아짐을 지적하고 있다(Williams, 1995). 직면기법이 문화적으로 부적절함을 강조하는 프로그램도 있다. 예를 들어, 보스톤에서 EMERGE 프로그램을 운영하는 아시아인 상담자들은 직면기법을 배제한 소크라테스식 문답법을 은유와 비유를 사용하여 발전시켰다. 그들은 심지어 "가해자"라는 용어도 피했다. 어떤 프로그램은 문화적으로 특유한 의식이나 개념을 사용하기도 한다. 상담자들은 일련의 질문을 함으로써 유색인종의 "저항"을 사정한다. 제도적인 인종주의가 낮은 수준의 교육과 열악한 고용기회의 원인인가? 프로그램이 높은 교육수준에 맞추어져 그들을 치료로부터 멀어지게 하지 않는가? 우리는 그들이 매일 인종적인 차별과 싸우고 생존에 필요한 물품의 부족에 당면해 있음을 이해하고 돕고 있는가?

넷째, 지역사회에 가정폭력에 대처함에 있어 중요한 여러 기관들이 크게 늘어나고 있다. 많은 연구가 체포, 벌금, 치료가 병행되는 것이 이들이 각각 행해지는 것보다 효과적임을 지적하고 있다. 여러 기관과 팀이 함께 일하는 것은 몇 가지 기능을 갖고 있는데, 기관간의 연대 정책은 지속적으로 가해자에게 메시지를 줄 수 있고, 적당한 기관을 찾아 배정하는 것이 더 좋아질 수 있으며, 서로 상담하고 훈련하는 것이 전문가들 사이의 불신을 줄이고 모두의 기량을 향상시킬 수 있는 것 등이다. 이에 더하여 여러 기관들이 가정폭력 예방캠페인에 함께 참여하기도 한다. 최근 많은 건강관리 및 아동복지사들이 함께 힘을 모으고 있다.

마지막으로, 많은 프로그램들이 치료국면에서 사회적 행동을 강조하며 지역사회 전체가 반폭력 분위기를 조성하도록 발전하고 있는 것으로 보인다. 예를 들어, 치료의 종결부분에서 가해자들이 지역의 고등학교에서 가정폭력에 관해 이야기하도록 격려한다. 변화된 가해자로 하여금 다른 사람을 후원하도록 지도하는 프로그램도 있다. 우리 프로그램을 마친 가해자는 자신의 친구들, 동료, 아들, 넓게는 지역사회에 긍정적인 "파문효과"를 일으킬 수 있다. 남성 가해자들과 청소년들이 더 넓게 연대할 때 다음 세대에서 폭력이 줄어들 것이라고 확신한다.

표준 서식

주간 생활 점검지

 핸드 아웃

이름 _____   날짜 _____

1. 성공 경험

지난 한 주간(몇 일간) 화를 내지 않고 성공적으로 자신을 조절할 수 있었다든지, 이 그룹에서 배운 방법을
사용해본 적이 있는지를 기술해 보시오. 성공적인 경험은 작은 것일 수도 큰 것일 수도 있습니다. 당신이
잘 해냈다면 당신 스스로를 칭찬해도 좋습니다.

특히 다음의 사항을 잘 점검해 주십시오.

_____ 차분히 내 주장을 펼쳤다.
_____ 책임감을 갖고 내 감정을 표현했다.
_____ 편안한 상태에서 대화를 나누었다.
_____ 부정적인 생각에서 긍정적인 생각으로 변화되었다.
_____ 타임 아웃을 잘 지켰다.

2. 문제 경험

지난 한 주간(몇 일간) 문제가 되었던 상황을 기술해 보십시오.

얼마나 흥분이 되었습니까?

    1   10   20   30   40   50   60   70   80   90   100

거의 흥분하지 않았다.   최고조로 흥분했었다.

3. 공격성

지난 한 주간 누군가에게 언어적으로나 신체적으로 공격적으로 된 적이 있습니까?

       예 _____   아니오 _____

만일 그런 적이 있다면 당신은 어떻게 하셨습니까?

      _____ 뺨을 때렸다.   _____ 목을 졸랐다.

      _____ 발로 찼다.   _____ 성적으로 학대했다.

      _____ 주먹으로 때렸다.   _____ 욕설을 퍼부었다.

      _____ 물건을 던졌다.   _____ 이외에 다른 방법으로 대했다.

당신에게 이와 비슷한 상황이 또 닥쳤을 때, 다음에는 어떻게 하시겠습니까?

4. 당신은 과제를 완성해 오셨습니까?   예 _____   아니오 _____

만약 "예"라고 답했다면,

      유인물(핸드 아웃)을 읽었다.   예 _____   아니오 _____

      과제물 작성을 했다.   예 _____   아니오 _____

      연습을 실제로 해보았다.   예 _____   아니오 _____

집단 과정 기록지

그룹 참여 정도

날짜 _____ 시간 _____

집단명 _____

집단 지도자 _____ / _____

집단 토픽 _____

세션횟수 _____

      참석 _____명

      불참 _____명

자주 개방적 태도를 취했다. _____
자주 피드백을 제공했다. _____
적당히 참여했다. _____
거의 참여하지 않았지만 주의 깊게 듣기는 했다. _____
거의 참여하였지만 다른 생각을 하거나 피곤해보였다. _____
동기가 없어 보인다. _____
그룹을 방해하였다. _____
저항이 심했다. _____
과제를 모두 해왔다. _____
자료를 지니고 왔다. _____

감정

혼란 _____
경계심 많은 _____
화난 _____
조용한 _____
좌절된 듯한 _____
반성적인 _____
부적절한 _____
무감각한 _____
복수심에 찬 _____
슬픈 _____
불안한 _____
자신 있는 _____
후회스런 _____
기타 _____

인지

희망에 찬/희망없는

1   2   3   4   5

긍정적인/부정적인 셀프토크

1   2   3   4   5

명쾌한/혼란스런

1   2   3   4   5

이 세션에서는 정확히 알기 어려웠다.
_____

기타 _____

책임감

책임을 지려고 함/책임을 지려 하지 않음

1   2   3   4   5

다른 사람을 비난함 _____

무력감 _____

이 세션에서는 정확히 알기 어려웠다.
_____

치료적 주의

재학대 발생 _____
자살시도 가능성 _____
재학대의 위험성 증가 _____
적대적, 공격적 행동가능성 _____
우울의 증가 _____
스트레스 증가 _____

아동학대기관 보고사항 있음 _____
피해자에게 경고할 사항 있음 _____
기타 _____

집단 성원 이름 _____
참고사항

서명 _____
작성일자 _____

평가서

집단 참가자 이름 : _____
집단 치료자 이름 : _____
참여 회수 _____ 날짜 _____ 작성일 _____

집단 참가자에게 아래의 척도를 적용하십시오. 이번 집단 프로그램에 참여한 전체 성원들의 분위기를 반영해서 척도의 점수를 결정하십시오. 각각의 문항에서 점수 1이 가장 낮은 점수이고 점수 9가 가장 높은 점수입니다.

참여도

고립	1 2 3 4 5 6 7 8 9	자주 자기를 개방
자발성 없음	1 2 3 4 5 6 7 8 9	자주 자발적으로 시작함
피드백 없음	1 2 3 4 5 6 7 8 9	피드백을 자주 나눔
방어적	1 2 3 4 5 6 7 8 9	피드백에 개방된 태도로 반응함
공격적 혹은 파괴적 피드백	1 2 3 4 5 6 7 8 9	건설적 피드백
과제하지 않음	1 2 3 4 5 6 7 8 9	매번 과제 해옴

행동

감정 표현 어려움	1 2 3 4 5 6 7 8 9	다양한 감정을 잘 표현함
책임을 인정하지 못함	1 2 3 4 5 6 7 8 9	책임을 인정함
충동조절이 어려움	1 2 3 4 5 6 7 8 9	충동조절을 잘 함
피해자 혹은 가족에 대한 공감이 어려움	1 2 3 4 5 6 7 8 9	공감을 잘 함
낮은 자기 존중감	1 2 3 4 5 6 7 8 9	높은 자기 존중감
정서적 욕구나 긴장에 대해 알아차리지 못함	1 2 3 4 5 6 7 8 9	자기 인식이 잘 됨
통제 하고자 하는 행동을 자주 사용	1 2 3 4 5 6 7 8 9	타인의 행동을 잘 안내해줌
자기주장의 어려움	1 2 3 4 5 6 7 8 9	욕구나 감정에 대한 자기주장을 잘 함

이번 집단 프로그램에서 다른 동료들과 비교했을 때 전체적인 진행과정에서의 경과를 척도로 산출해보십시오. 1점은 낮은 향상을, 9점은 최고의 향상을 의미합니다.

1   2   3   4   5   6   7   8   9

이 프로그램을 마친 후 추천하는 경로를 점검해 주십시오.
보호관찰을 추천 ____
프로그램의 종료를 추천 _____

기타 기록 사항

집단 치료자 서명 _____

집단 치료자 서명 _____

남성 집단 오리엔테이션

 핸드 아웃

가정폭력 치료를 위한 집단 상담에 오신 것을 환영합니다. 다음은 집단 프로그램을 운영하면서 참가자들이 흔히 하는 질문에 대한 답입니다. 신중하게 이 정보들을 살펴보시기 바랍니다.

1. 왜 가정폭력 집단상담에 오게 되었습니까?

당신은 가정폭력 사건으로 인한 행정적 절차가 진행되어 이 상담에 참여하게 된 것입니다. 이 집단에 의뢰가 되었다는 사실은 가정폭력 문제를 상담받아야 할 상황이라는 것을 의미합니다.

2. 이 집단 상담은 언제 얼마나 자주 만납니까?

이 프로그램은 일주일에 한 번 씩 32주를 만나고 한 번 만나면 2시간 정도의 프로그램에 참여하게 됩니다.

3. 집단 상담에서는 무엇을 합니까?

각각의 회기는 가정폭력의 중요한 면들을 담고 있습니다. 집단은 참가자들에게 가족문제, 파괴적인 행동을 이끌었던 감정들, 폭력의 가족에 대한 영향 등을 다루고 나눌 것입니다. 우리는 여러분들이 의사소통하고 스트레스를 다루고 갈등을 해결하는 새로운 방법을 배워야 한다는 것을 강조합니다.

4. 집단 상담이란 무엇입니까?

많은 회기에서 특별한 기술, 가령 의사소통 기술이나 스트레스 관리와 같은 기술을 배우지만 그 방식은 집단 상담을 통해서 이루어집니다. 이는 집단 구성원들이 스스로 생각하고 감정을 토론하고 다른 동료집단 구성원에게 도움을 주는 과정을 통해 이루어진다는 것을 말합니다. 집단으로부터 도움을 받는 것은 가장 최선의 도움이 될 것입니다.

5. 매주 참석해야만 합니까?

집단 구성원들은 매주 참석해야만 합니다. 지속적인 참여와 상담의 경과는 직접적인 관계가 있다고 알려져 있습니다. 이 프로그램으로부터 도움을 받기 위해서는 출석은 가장 기본적이고 우선적인 것입니다. 집단에 참여하면 할수록 당신은 참여하고자 하는 동기도 생기고 이익도 생기며 집단 성원으로부터 지지도 받을 수 있다는 것을 알게 될 것입니다.

6. 결석하면 어떻게 됩니까?

모든 결석에는 사전 통고가 서류로 이루어져야만 합니다. 사전 통고가 없는 결석은 양해될 수가 없습니다. 갑작스런 질병이나 응급상황을 제외한 사전 통고 없는 결석은 당신이 프로그램에 집중하거나 흥미를 가지지 못한다는 것을 반영하는 것입니다. 따라서 사전 통고 없는 결석을 하면 우리는 당신의 상황을 재검토해야만 합니다. 만일 사전 통고 없는 결석이 연속되면 당신은 이 프로그램에서 제외될 것입니다. 회기 동안 세 번까지 미리 예고된 결석이 가능합니다. 그러나 첫 8주 동안에는 오직 한 번만 가능합니다.

7. 만일 지각을 하면 어떻게 됩니까?

10분 이상의 지각은 불참으로 처리됩니다. 그리고 세션에 참여할 수 없습니다.

8. 집단을 이끄는 사람들은 어떤 사람들입니까?

모든 집단 상담자들은 인증받은 의사나 정신보건 전문가들, 사회복지사, 심리사, 혹은 심리학과, 사회복지학과 인턴이거나 혹은 가족상담소나 부부상담소에서 일하는 사람들로 가정폭력 상담에 대해 특별히 훈련받은 분들입니다. 집단 상담은 보통 남성 지도자와 여성 지도자가 한 팀을 이루어 진행할 것입니다.

9. 집단 참석 이외의 다른 활동이 더 있습니까?

대부분의 세션은 과제를 부과합니다. 이 과제들을 완성해서 가져와야 합니다. 집단 상담가들은 매 회기 과제를 점검할 것이며, 다음 회기에 해당하는 과제를 부과할 것입니다. 과제를 해오지 않으면 치료 서비스나 보호관찰 서비스 등의 종결여부에 영향을 미치게 될 것입니다.

10. 비밀보장은 이루어집니까?

이 집단 프로그램은 집단 상담가들에 의한 팀 접근으로 이루어집니다. 당신이 집단 내에서 발언하거나 질문한 것은 다른 집단 상담가나 보호관찰관들에게 때로는 전달될 수도 있습니다. 하지만 이는 상담 목표와 관련된 것만으로 제한되고 집단에서 당신이 발언한 개인적인 정보나 감정들은 비밀보장이 이루어집니다.

특정한 경우 집단 상담가들이 집단에서 나타난 정보를 반드시 보고해야만 하는 상황들이 있습니다. 누군가를 죽이고자 한다거나 상처를 주려고 하는 발언이나 자살이나 자해, 아동 학대가 시사되는 중요한 단서들은 비밀보장에 포함되지 않습니다.

부가적인 정보와 규칙들

1. 집단은 정해진 시간에 시작됩니다. 집단 성원들은 집단 프로그램이 시작되기 10분 전에 도착해서 한 주일간의 생활 점검하기를 작성해야 합니다. 집단은 이 질문을 모두가 완성하기 전까지 시작되진 않을 것입니다. 만일 설문지 작성을 하지 않으면 결석으로 처리될 수도 있습니다.

2. 집단에 약물이나 술을 먹고 참석해서는 안 됩니다.

3. 모든 프로그램 비용은 사전에 납부가 되어야 합니다 .

4. 집단 구성원은 어느 때라도 상담가나 동료 구성원들에게 위협을 가하거나 상처를 주려는 행동을 해서는 안 됩니다. 상담가와 동료 구성원들이 안전하게 할 수 있는 모든 조치를 할 것입니다.

5. 집단 상담가들은 여러분들의 경과를 정기적으로 평가할 것입니다.

나는 이 정보를 읽고 검토하였으며 동의하는 바입니다.

이름 _____

날짜 _____

초기기반

Session 1
학대의 집

□ **자료물**

가해 남성 집단 오리엔테이션 서식

"학대의 집"

"정서적 학대와 심리게임"

□ **목표**

기본적인 학대의 정의와 가해행동의 분류를 집단 구성원에게 소개하기

□ **과업**

1. 집단 구성원과 집단 지도자 소개하기
2. 집단 오리엔테이션을 실시하기
3. 각 집단 구성원에게 서약서를 받기
4. 그룹 소개 활동하기
5. "학대의 집"을 설명하기
6. 학대의 집에 있는 "방들"의 차이점을 알아보기
7. "정서적 학대와 심리게임" 살펴보기
8. 주간 점검표를 기록하는 방법을 설명하기

□ **프로그램**

1. 집단 지도자들은 각자 자신을 소개한다.
2. 가해 집단 오리엔테이션을 한다. 모든 부분에 대해서 큰 소리로 읽도록 할 필요는 없

다. 하지만 내용의 대부분은 강조해서 전달해야 한다. 과제, 출석, 비밀보장 등 규칙들을 명시한다. 모든 집단 구성원들에게 이런 내용에 대한 서약서를 받도록 한다.

3. 첫 회기에서는 개인적인 학대나 폭력 정보에 대해서 최소한으로 공개하도록 한다. 다음의 지시에 따라 간단한 집단 소개 활동을 한다.

> 2명씩 짝을 지어보세요. 그리고 여러분과 짝이 된 분들에게 기본적인 신상을 물어보도록 하십시오. 이름이 무엇인지 물어보십시오. 현재 결혼했는지, 배우자와 함께 살고 있는지 물어보십시오. 배우자의 이름도 물어보십시오. 아이들은 어떻게 되는지 물어보십시오. 아이들의 이름과 나이도 물어보십시오. 고향이 어디인지 물어보십시오. 어떤 일을 하는지 물어보십시오. 취미는 무엇인지 물어보십시오. 상대방이 이 집단에서 어떻게 목표를 달성할 것인지에 대해서 모두 상세히 아실 필요는 없습니다. 우리는 차차 알아나갈 시간이 많이 있습니다. 그리고 여러분 자신을 소개하지 말고 여러분들의 짝에 대해 사람들 앞에서 간단히 소개해주십시오.

이 소개활동의 끝 무렵에서 그리고 초기 집단활동을 통하여 집단 지도자들은 집단 성원들 간의 관계를 확립해나갈 방법을 꾸준히 찾아나가야 할 것이다. 예를 들어, 부모는 누구고 출신이 비슷한 지역인지 등등.

4. "학대의 집" 그림을 판에 그려서 그 기본적인 개념을 설명한다. 이 프로그램의 목적에 따라서, 다음 분류는 다른 방들에 기록 할 것이다.

신체적	언어적/감정적/정신적
사회적 고립	남성의 특권
협박	종교
성적	아동학대

집단 지도자들은 이 토론을 하면서 다음의 질문들을 되풀이해서 묻도록 한다.

> 이 집에 당신은 살고 싶은가?
> 여러분이 살고 있는 집의 방과 학대의 집의 방들이 어떻게 비교되는지 살펴보도록 하십시오.
> 다시, 여러분이 자라고 성장한 집의 방과 학대의 집의 방들이 어떻게 비교되는지 살펴보도록 하십시오.

"100% 규칙"을 반복해서 강조하는 것이 중요하다. 이 규칙은 우리 자신의 행동에 대해 우리 자신의 책임이 100%임을 말하는 것이다. 화나고 상처받는 것이 모두 학대나 협박이 되지는 않는다. 이 활동에서는 가능한 한 중립적 태도로 기술하는 것이 더 도움이 된다. 성학대를 제외하고는 대부분의 학대 유형들은 남성뿐만 아니라 여성에 의해서도 발생할 수 있다. 여기에서의 목표는 가치 있는 토론이 되도록 하는 것과 집단 구성원들이 방어적이지 않은 태도로 집단 구성원들을 돕도록 하는 것이다. 신체적 학대를 포함하여 대부분의 명백한 학대에 관한 정의를 묻는 것으로 시작하라. 다음과 같은 질문을 하라.

"친밀한 성인들의 관계에서 상대방 배우자를 학대하는 것은 어떤 것들이 있나요? 누군가가 다른 사람을 학대한다고 하는 것은 어떻게 하는 것을 말합니까?" 집단에서 각각 다른 주제들을 파악해나가기 시작할 때 가장 적합한 방에 사례를 채우고 표식을 하라. 다음은 학대의 집 각각의 방에 적합한 학대에 관한 설명들이다.

a. 신체적 학대

가장 쉽게 확인할 수 있다. 이것은 신체적으로 때리는 것, 목을 조르는 것, 밀치는 것 등의 여러 종류가 포함된다. 집단에서 발생한 가능한 모든 신체적 학대를 점검하라. 집단 성원들이 처음으로 할 수 있는 것이다.

b. 언어적, 정서적, 심리적 학대

이것 또한 쉽게 규정할 수 있다. 욕하기, 말을 못하게 하기, 비난하기 등이 포함된다. 여기에는 또한 심리게임이 포함된다. 남성이 여성의 몸무게나 몸매를 가지고서 귀찮게 굴고 놀리는 것 또한 심리적 학대에 포함된다. 반대로 여성이 남성에게 공공연히 창피를 줄 때 여성도 남성에게 똑같은 심리게임을 하는 셈이 된다. 종종 남성들은 집에서 특정 메시지를 반복적으로 내뱉는다. 즉 "너희는 나 없이는 살지 못할 걸." 이런 메시지에 반복 노출되면 정말로 믿기 시작할 수도 있다. 능력이나 성공하지 못할 것이라고 창피를 주는 것도 심리적 학대의 한 유형이다. 정서적, 심리적 학대의 또 다른 유형으로 상대방을 무시하는 것이 있는데 이는 조용히 이루어지기도 한다. 하지만 이것은 가장 강력한 심리게임 중 하나로 상대방을 무력화시키는 효과가 있다.

c. 협박

협박은 타인을 죽이거나 상처주기 위해 위협을 하는 것이며 아동에 대해서 혹은 아동을 유괴하기 위한 행동들을 포함한다. 판사에게 배우자가 미쳤거나 일을 하지 않았거나 약물중독이라고 말하여 아동의 후견인이 될 수 없게 할 것이라고 말하는 것도 포함된다. 자살하겠다고 위협하는 것 또한 협박의 또 다른 형태이다. 이것은 심한 죄책감과 심리적 고통을 피하기 위해 택할 수 있으며 누군가를 통제할 때 사용할 수 있는 방법 중 하나이다. 이런 협박의 목적은 두려움을 만들어내는 것이고 이를 통하여 지배와 통제를 유지하려 한다.

d. 성적 학대

성적 학대의 가장 흔한 유형은 강간인데 결혼 상태에서도 성립될 수 있는 것으로 최근에 판명이 되었다. 성적 학대란 단지 성적 관계에서만 일어나는 것은 아니며 배우자에게 음란물을 보라고 강요하는 것도 성적 학대에 포함된다. 배우자가 원치 않거나 혐오하는 특정한 섹스 행동을 강요하는 것도 성학대가 될 수 있다.

e. 사회적으로 고립시키기

이 범주의 학대는 종종 간과되기도 한다. 남성들은 여성의 독립이나 성공을 위협적으로 느끼기 때문에 이를 방해할 수도 있다. 여성이 일을 시작하거나 학교에 가거나 여성 자신을 위해 활동하거나 친구 사귀는 것을 방해하는 행동이 포함된다. 남성들 중 여성이 이런 일을 하면 여성이 남성을 더 이상 필요로 하지 않을 것이라는 생각에 빠지는 사람들이 있다. 여성의 활동을 불안의 징후로 보는 남성들은 여성을 집에 가두어 자신의 지배와 자신감을 유지하려고 든다.

f. 남성 특권 강요하기

남성 특권을 강요하는 학대 형태는 배우자와의 관계에서 남성에게만 독선적인 결정권이 있다고 하는 것이다.

공포를 조장하여 배우자나 가족에 대한 결정권을 자신이 독점한다. 집안의 귀찮은 일은 피하고 배우자의 자유시간을 통제한다. 이런 남성은 여성에게 자신의 행동에 대해 통보만 한다. 예를 들어, 갑자기 자신은 친구들과 일주일 여행을 하고 오겠다고 통보한다. 여성이 남성에게 자녀양육이나 가사를 돌보도록 요구하거나 여성이 남성에게 같은 것을 되풀이하여 말하는 것 등을 허용하지 않는 것 등은 이런 유형의 학대에 속한다.

g. 종교적 학대

학대의 유형 중 종교를 이용하는 것은 종교를 지배의 합리화로 사용하는 것을 말한다. 통계를 인용하듯이 성경을 이용하여 주장한다.(하지만 치료자들은 여기에서 주의를 기울여야 한다. 종교나 성경 자체에 대한 존경이 없는 것처럼 하면 관계가 깨어질 수도 있다.) 배우자가 교회에 참여하는 것을 막거나 남성이 원치 않는 종교를 간다고 해서 이를 방해하는 것도 학대의 유형에 포함된다. 토론을 진행하면서 다음과 같이 질문하라. "누군가가 성경을 학대의 도구로 사용하면 어떻게 하실 것입니까?"

h. 아동 학대
신체적, 성적, 언어적 또는 정서적인 아동 학대의 유형은 결혼 이후 배우자에게서 나타나는 학대와 유사하다. 부모들 사이의 싸움에 아이를 볼모로 하거나 아동에게 상처를 주겠다고 위협하는 것도 학대의 예가 된다. 학대받은 아동이 성장하여 그들 스스로가 다음 세대의 학대자가 된다는 것에 관해 토론할 수도 있다.

i. 지붕
이것은 지배와 통제의 상징이다. 지붕을 강조하는 이유는 이 지붕이 학대의 집에 속한 모든 방들을 지원하고 있다는 것 때문이다. 만일 학대적 행동이 다른 이유가 있는 것처럼 보인다 할지라도 그 모든 학대적 행동은 지배와 통제의 영향으로 일어나는 것이다.

5. 학대의 집에 대한 개념을 하나 더 소개한다면 기초에 관한 것이다. 모든 감정은 학대의 집의 기초가 된다. 감정이 비학대적으로 표현되었을 때 이 기초는 강해질 수 있다. 학대의 집을 깨끗하게 할 수 있는 방법이 무엇인지 상상하게 해보라. 깨끗해진 다음의 집은 어떻게 보일 것인가? 그리고 학대의 집을 깨끗하게 하기 위한 일을 누가 해야 하는지 물어본다.

6. "정서적 학대와 심리게임"을 다시 점검한다.

7. 주간 생활 점검지 작성법을 설명한다.

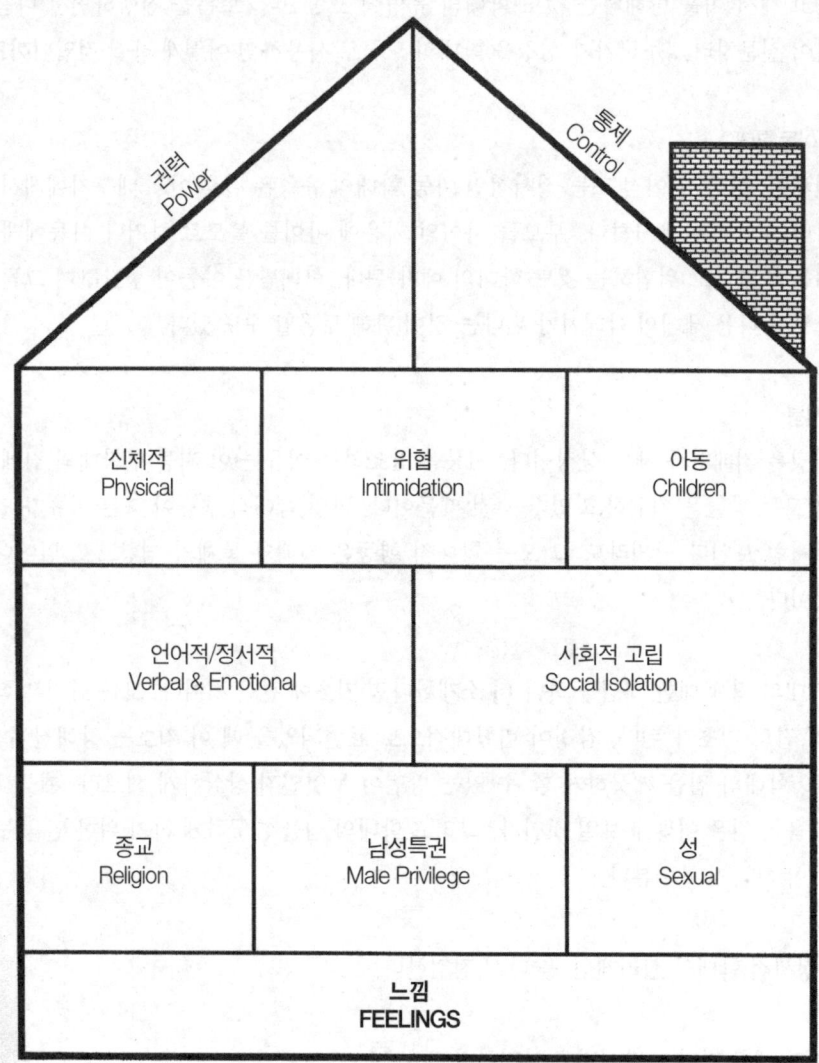

학대의 집*

권력
Power

통제
Control

신체적 Physical	위협 Intimidation	아동 Children
언어적/정서적 Verbal & Emotional		사회적 고립 Social Isolation
종교 Religion	남성특권 Male Privilege	성 Sexual

느낌
FEELINGS

---

*Michael F. McGrane이 개발하고 McGrane의 허락하에 인용함. 허락없이 복사하거나 사용하지 마십시오.

※ 위와 같이 "~의 허락하에 인용함. 허락없이 복사하거나 사용하지 마십시요." 라는 문구는 필자, 번역자나 나눔의집출판사의 허락이 아니라 저작권자의 허락을 가리키는 것이므로, 해당하는 내용을 인용하거나 사용하고자 할 경우에는 반드시 나눔의집출판사를 통한 원저자의 허락을 얻어야 합니다. 이하 모두 동일하게 적용함.

정서적 학대와 심리 게임

 핸드 아웃

신체를 때리는 것과 같은 반복적인 정서적 학대는 자신과 피해자의 의식과 현실에 가혹한 결과를 불러온다. 정서적 학대를 받는 사람은 그가 남성이든 여성이든 현실에 대한 혼란, 무력감, 과잉 의존상태에 빠지게 된다. 여기에 정서 학대와 심리 게임의 대화 예를 제시한다.

강요

- "만일 네가 나를 떠난다면 나는 자살할 것이다."
- "네가 나를 내보내거나 내가 나가버리든가 하자."
- "나는 아이를 키울 권리를 빼앗을 것이고 너는 다시는 그들을 볼 수 없을 것이다."
- "나는 네가 미쳤고, 너를 정신병원에 집어넣겠다고 의사에게 말할 것이다."

경멸

- "너는 꼭 너의 엄마 같다. 뚱보, 어리석은 바보!"
- "너는 꼭 너의 아버지 같다. 게으름뱅이, 멍청한 바보!"
- "내 아내는 빌어먹게도 음식을 지질이 못한다." (사람들 앞에서)
- "나의 엄마는 너를 반대했다. 너는 아무 것도 못할 년이라고."
- "돈도 못 벌어오면서 덩치만 크고 힘만 세냐?"
- "너는 바보 같다."
- "너는 미친 짓만 하느냐."
- "거기에 다시 가면 아기처럼 울게 만들어주마."
- "어느 누구도 너 같은 것이 오기를 바라지 않아."

고립

- "나는 네가 하루 종일 어디에 있었는지 알고 싶다.!"
- "너는 어디다 푼돈을 다 써버리고 돌아다니냐?"
- "나는 네가 여자 아이나 꼬시기 위해 학교에 간다는 것을 알고 있지."
- "너의 가족들이 너를 엉망으로 만든다. 나는 다시는 그들에게 너를 데리고 가질 않을 것이다."
- "안 돼. 너는 그 차를 쓰지마. 나야 차가 필요하지만 너는 차가 무슨 필요가 있냐?"

- "너는 밖에 나갈 수 없다. 나는 네가 나와 함께 있길 원해."

비난

- "내 평생 너를 만난 것 같은 실수는 찾아 볼 수 없어."
- "아무도 나를 난폭하게 하지 않는데 유독 너만 나를 난폭하게 만든다."

남성 특권과 통제

- "너는 내 보살핌 없이는 스스로 살아갈 수 없다는 것을 알지?"
- "너는 집안 청소도 제대로 못한다."
- "이 집에서 돈을 어떻게 쓸지는 나만이 결정한다."
- "내가 일하러 나가고 안 나가고 하는 것은 내가 결정하지 아내와 상의할 문제가 아니다. 그것은 그저 내 일일 뿐이다!"
- "내가 도박하는 것에 대해서 너의 생각은 중요하지 않다. 그 돈은 내 돈이고, 나는 원하는 대로 쓸 수 있다."
- "내가 너랑 상의하지 않고 차를 샀다는 것이 문제란 말이냐?"

Session 2
타임 아웃(Time-Out)

□ **자료물**

주간 생활 점검지

"9가지 법칙"

"타임 아웃"

"배우자를 위한 타임 아웃 정보"

"배우자가 당신의 타임 아웃에 협력하지 않을 때"

"책임감 있는 행동 계획하기"

□ **목표**

각 집단 구성원들이 스트레스를 받는 가족적 상황들을 다루는 특정한 계획을 발달시켜, 폭력을 피하게 하거나 최소화할 수 있도록 한다.

□ **과업**

1. 주간 생활 점검지를 작성하기

2. "9가지 법칙"을 설명하기

3. "타임 아웃"을 설명하기

4. "배우자를 위한 타임 아웃 정보"를 검토하기

5. "배우자가 당신의 타임 아웃에 협력하지 않을 때"를 점검하기

6. 분노의 가속화를 감지할 수 있는 초기 경고 신호를 점검하기

7. "책임성 계획"의 각 단계를 점검하기

8. 책임성 계획을 작성하도록 모든 구성원을 돕기

9. 과제 부과하기

□ 프로그램

1. 아홉 가지 법칙을 검토한다. 이것은 전체 프로그램을 통해 반복되어야 하는 가장 핵심적인 내용이다. 아홉 가지 법칙의 두 번째(핸드 아웃 참조) 사항은 자기방어나 군대에서의 행동은 제외된다. 아홉 가지 법칙의 여덟 번째의 경우(핸드 아웃 참조) 집단 성원 전체가 동의할 수 있도록 준비가 되어야 한다. 남성과 여성의 능력과 권한이 다르다고 생각하는 태도가 실제로 집단 내에 존재하지만 이는 동의가 되어야 한다. 집단 성원들이 무시당하지 않도록 집단 지도자는 아홉 가지 법칙을 검토하는 동안 관계의 문제들을 통해 사례들을 예시할 수 있어야 한다.

2. 통제를 잃고 행동할 때 대처할 수 있는 계획을 생각해보도록 한다. 이 계획에는 통제를 잃은 상황에서 책임감 있게 행동하고 분노의 징후를 인식할 수 있도록 하는 책임감을 필요로 한다. 성공적이기 위해서는 더 많이 생각하고 더 많이 계획하고 반복적인 리허설을 해야 성공적일 수 있다고 이야기한다.

3. 타임 아웃 기법을 검토해본다. 만일 분노의 초기 징후를 알아차려서 공격적이지 않은 방식으로 이야기하고 잠시 자리를 떠났다가 온다면 공격성은 낮아질 것이다. 이것은 문제 자체를 해결해주는 방법은 아니다. 단지 멈추게 할 뿐이다. 이 방법의 일차적 목표는 폭력을 예방하는 것이다. 폭력의 두려움을 사라지게 하는 의사소통 기술은 나중에 배울 기회가 있을 것이다.
집단 구성원 중 한 사람의 남성이나 공동 진행자가 이 기술의 모델 역할을 하도록 한다. 가능하면 집단 구성원 각자가 타임 아웃을 실천해본다. 각자가 리허설을 하고 서로에게 간단한 피드백을 주도록 한다. 리허설 동안 실제 상황처럼 장소를 떠났다가 돌아오게 해본다.
남성들은 자신의 배우자에게 타임 아웃의 목적과 단계를 설명하고 배우자의 협조를 얻어야 한다.

다음과 같은 질문을 한다.
- 당신은 돌아다니며 걸었을 때 분노가 사그러드는 것을 느낄 수 있었습니까?
- 이 기술을 사용하게 될 때 무엇이 문제가 되리라 생각합니까?

4. "배우자를 위한 타임 아웃 정보"를 검토한다. 배우자가 타임 아웃을 결코 참지 못할

것이라는 구성원의 주장에 대해 집단토의를 준비한다. 많은 사례를 통하여 타임 아웃은 효과가 입증되었기 때문에 강조하는 것임을 설명한다. 타임 아웃의 효과는 폭발의 가능성을 감소시키는 데 있음을 강조한다.

5. "배우자가 당신의 타임 아웃에 협력하지 않을 때"를 검토한다. 집단 구성원 중의 한 사람을 프로그램 장소 입구에 서게 한 다음 나가려고 하는 사람의 진로를 방해하도록 해본다. 폭발적인 상황에서 아내나 배우자가 나가지 못하도록 방해할 때 밀쳐내지 않고 해결할 수 있는 방법을 토론한다. 이는 매우 논쟁거리가 될 수 있는 주제이다. 집단에서 남성들은 이런 상황에서 정당한 방법으로 현명한 선택을 하지 못하기 때문에 종종 불만을 이야기하게 될 것이다. 여기에서 우리가 할 일은 나가기 위해 가장 최소한의 위험과 파괴적이지 않은 방법을 찾는 것이고, 이런 상황에서 어려움이 따르는 것은 사실임을 강조한다. 하지만 이 모든 전략은 위험을 포함하고 있고 만일 다시 폭력을 사용하게 되면 더 상황이 악화될 것임을 분명히 기억하게 해야 한다.

6. 집단토의에서 초기분노 경고 신호를 검토한다.

> 분노의 초기 경고를 알게 되는 것은 폭풍이 다가올 하늘을 읽는 방법과 같다. 우리는 우리 자신의 신체적 암시에 주의를 기울임으로써 분노의 초기 경고신호를 배울 수 있다. 초기 경고신호를 배우면 우리는 폭풍을 피할 수 있게 된다! 이완훈련은 이런 신호를 더 쉽게 인지하도록 돕는다. 단순히 신체적 암시를 인지하는 것만으로도 분노가 더 공격적인 방향으로 상승하는 것을 막을 수 있다. 위협을 느낄 때 우리는 싸우거나 도주한다. 이런 반응을 유발하는 강력한 생리적 반응들이 있다.

집단 성원들에게 스스로가 느끼는 분노의 단서들에 대해 묻고 칠판에 열거해본다. 흔한 단서들로 목소리가 커지는 것, 마루를 왔다 갔다 하는 것, 머리에 열이 나는 느낌, 근육의 긴장, 심박동이 빨라지는 것 등이 있다.

7. "책임성 계획"에서 열거된 여러 범주들을 설명한다. 이 범주들은 핸드 아웃을 통해 분명하게 설명해야 한다. 집단에서 많은 사람들의 생각을 모아 각각의 범주들을 채워 넣도록 한다.

8. 집단 구성원에게 각자 자신의 "책임성 계획"을 작성하도록 요구한다. 각자가 자신의 핸드 아웃에 이를 기록한다.

9. 각자가 작성한 "책임성 계획"을 집단 구성원에게 발표하고 검토하도록 한다.

과제

1. 당신이 아내나 배우자에게 타임 아웃에 대해 배운 것을 설명하고, 필요하다면 이를 어떻게 사용하는지 시연해보시오. **타임 아웃은 공격적 행위나 회피가 아닌 배우자와 의 관계를 존중하여 실행하는 것임을 명확히 해야 한다.**

2. "배우자를 위한 타임 아웃 정보" 안내서를 아내나 배우자에게 보여 주도록 하시오. 배우자에게 읽어주고 이해를 표현하도록 하시오. 만일 배우자가 이를 거부하면 **강 요하지 마시오.** 이는 다음 집단 회기에서 토의하도록 한다.

3. 이 정보를 함께 검토한 후 타임 아웃을 일주일에 두 번 정도 연습해보시오. 만일 상 황이 여의치 않으면 생각하거나 혹은 리허설을 해보시오. 당신이 사용한 단어나 행 동들을 적어 보시오. 만일 당신과 당신의 배우자가 현재 함께 살지 않는다면 과거를 떠올리면서 두 가지 정도의 예시를 만들어 보시오.

아홉 가지 법칙

 핸드 아웃

1. 우리는 우리 자신의 행동에 100% 책임을 져야 한다.

2. 폭력은 문제를 해결하는 데 받아들일 수 없는 방법이다.

3. 우리는 다른 사람을 통제할 수는 없지만 우리 자신은 스스로를 통제할 수 있다.

4. 타인과 의사소통할 때, 비난하거나 협박하기보다 직접적으로 감정을 표현하도록 한다.

5. 셀프-토크, 신체적 암시, 감정 인식의 증가는 우리 자신을 개선하고 향상시키는 데 필수적인 것이다.

6. 우리는 행동하기 전 언제나 타임 아웃을 할 수 있다.

7. 과거에 대해서는 아무 것도 할 수 없지만 우리는 미래를 변화시킬 수는 있다.

8. 남성과 여성 사이의 차이는 있더라도, 욕구와 권리는 근본적으로 같다.

9. 상담가와 사례관리자들은 사람들을 변화시킬 수는 없지만 변화가 생길 수 있는 상황을 만들어 줄 수는 있다.

타임 아웃

핸드 아웃

타임 아웃은 갈등이 격화되어 위험한 상황이 발생하는 것을 방지하기 위해 사용하는 응급 전략이다. 따라서 이것은 위기에만 사용해야 한다. 앞으로 자기관리 기술을 포함해 더 나은 의사소통을 배울 것이기 때문에 타임 아웃을 언제나 사용해서는 안 된다. 타임 아웃을 효과적으로 사용하는 방법을 살펴보도록 하자.

또한 타임 아웃은 배우자에게 대항하는 무기로서 사용되어서는 안 된다. 갈등을 회피하는 방법으로 사용되어서도 안 된다. 배우자가 버림받았다고 느껴지도록 사용해서도 안 된다.

타임 아웃은 관계를 존중하는 신호로 사용되어야 한다. 타임 아웃의 메시지는 다음과 같은 것이다. "우리가 서로에게 상처를 입히지 않기 위해 우리를 충분히 돌보는 행위이다."

당신의 아내나 배우자가 이 메시지를 이해하는 것이 필요하다. 당신의 역할은 타임 아웃을 올바르게 사용하고 당신의 행동을 배우자가 파악할 수 있도록 배우자에게 명확히 타임 아웃에 대해 설명하는 것이다.

1. "자제력을 잃고 있다고 느끼기 시작했어."
2. "나는 우리의 관계가 혼란스러워지길 원치 않아."
3. "그래서 나는 지금 타임 아웃하길 원해."
4. "근처 (친척집이나 체육관 등등)를 산책하고 올 거야."
5. "금방 돌아올 거야." (5분이나 1시간 등)
6. "다시 돌아왔을 때 이야기해 봅시다. 알았죠?"
7. "좋아요. 타임 아웃."

그녀가 인정하지 않는다 하더라도 어떤 신체적 접촉이나 위협을 하지 말고 어쨌든 타임 아웃을 시작하십시오.

- 조용히 떠나라, 문소리도 내지 말고.
- 떨어져 있는 동안 술이나 약물을 사용하지 말고, 자제력을 잃었다면 운전하지 않는다.
- "셀프-토크"를 사용하는 것은 당신의 기분을 안정시키는 데 도움이 될 것이다.

- "나는 기분이 나아지고 있어. 그러나 냉정함을 잃어서는 안 돼."
- "나는 좌절된 기분이지만 그렇다고 해서 다른 누구를 가로막거나 항상 내 뜻대로 나가서는 안 돼."
- "나는 이 상황을 생각해서 스스로 진정시킬 수 있어."
- "나는 미래의 중요성을 고려해서 신중히 행동할 거야."

■ 신체적 활동을 하라(산책, 운동 등). 긴장을 낮추는 데 도움이 될 것이다. 다른 활동으로 관심을 돌리는 것은 다툼의 긴장감을 잠시 완화시키게 될 것이다.

■ **다시 대화를 하고 싶거나 확인하고 싶은 것, 물어보고 싶은 것이 있을 때 돌아와 다시 대화를 할 수도 있다.** 대화를 계속 할 것인지에 대해서는 함께 결정한다. 이 때 중요한 다음과 같은 사항이 있다.
- **지금 토의하라 :** 이것은 보통 가장 최선의 행동이다. 그러나 몇 가지 예외는 있다.
- **쟁점을 더 다루지 마라 :** 아마도 이 쟁점들은 지금 실제로 큰 비중을 차지하지 않고 있다는 것을 알게 될 것이다.
- **쟁점을 정리하라 :** 이는 대화에서 중요한 부분을 차지한다. 하지만 나중에 다루는 것이 더 나을 수도 있으며 충분히 시간을 갖고 모든 부분을 동의해가면서 한다면 할 수도 있다.

■ 서로는 대화를 연장할 수도 있으며 다른 대화의 시간을 제의할 수도 있다. 물론 이 제의에 대해 부정할 권리도 있다. 만일 분노가 다시 격화되면 타임 아웃을 다시 시작하라.

배우자를 위한 타임 아웃 정보 *

 핸드 아웃

1. 가족문제를 해결하기 위하여 타임 아웃이 어떻게 유용한가요?

배우자가 타임 아웃을 사용하게 되면 신체적, 심리적 학대가 격화되는 것을 방지할 수 있게 된다. 타임 아웃만으로 갈등을 해결할 수는 없지만 타임 아웃이 잘 사용만 된다면 신체적 폭력이 감소될 수 있다. 구타 자체를 멈추게 하는 것이 문제해결의 첫 단계이다. 가족문제는 대화로 해결되어야 하고 해결방법 또한 서로가 동의를 해야 한다. 한 사람이 다른 사람을 때리기 시작한다면 가족문제는 해결될 수 없다. 학대가 발생하면 의사소통은 이루어지지 않는다. 타임 아웃은 의사소통을 가능하게 하는 필수적인 첫 단계이다.

2. 배우자가 중요한 이야기를 하고자 할 때마다 타임 아웃을 하자고 하면 어떻게 해야 하나요?

어쨌든 그가 타임 아웃을 하도록 하라. 그가 분노해서 학대적으로 변하게 되면 당신은 그 문제에 대해 더 이야기할 수 없게 된다. 초기에는 많은 타임 아웃이 남발될 수도 있다. 이는 나아지기 위한 과정이고 그가 차후에 조금 더 나은 다른 방법을 사용하게 될 것이다.

3. 타임 아웃 이후도 대화를 거절하면 어떻기 해야 하나요?

타임 아웃 이후에도 몇 가지 선택을 할 수 있다는 것을 명심한다. 당신에게 중요한 쟁점을 배우자가 응하지 않을 수도 있다. 하지만 그가 조용히 이야기할 수 있고 당신의 이야기를 경청할 수 있을 때까지 기다리는 것이 중요하다. 만일 배우자가 중요한 쟁점에 대한 대화를 거절한다면 당신의 주장은 소통되기 어려울 것이다. 당신이 대화하고 싶어한다는 것을 배우자에게 알리고 그가 대화에 임할 수 있도록 냉정을 되찾은 후에 대화하는 것이 낫다.

4. 배우자가 화가 나거나 다시 학대하려 할 때 타임 아웃을 어떻게 상기시켜야 하나요?

배우자에게 타임 아웃을 요구하는 것은 효과적이지 않을 수도 있다. 배우자는 자신의 감정상태를 파악해서 타임 아웃을 스스로 실천할 책임이 있다. 당신이 배우자게에 타임 아웃을 요구하는 한 그는 타임 아웃을 못할 수도 있다. 만일 학대하는 상황으로 인해 혼란스러워진다면 당신이 가장 안전하게 스스로 타임 아웃을 해야 한다. 기억하십시오. 당신이 다른 사람의 행동을 통제하는 것은 불가능하며, 당신 스스로를 우선적으로 보호해야 한다는 것을.

---

* Susan Schecter & Anne L. Ganley, *Domestic Violence: A National Curriculum for Family Preservation Practitioners*, Family Violence Prevention Fund's Publication의 허락하에 인용함. 허락없이 복사하거나 사용하지 마십시오.

5. 대화를 하던 중에 타임 아웃을 신청했다면 어떻게 해야 하는가요?

학대적 행동을 하지 않고 타임 아웃을 하려고 하는 것은 더 나아지기 위한 첫 단계라는 것을 명심한다. 배우자가 돌아오기를 기다리는 것이 당신의 감정을 좌절이나 자포자기의 상태로 만들 수 있다. 당신 스스로 타임 아웃을 사용할 수 있고 일상적인 당신의 일로 돌아갈 수도 있다.

6. 타임 아웃이 나에게 유용한가요?

그렇다. 당신이 당신의 분노가 상승되는 것을 지각한다면 타임 아웃은 갈등이 일어나기 전에 냉정을 되찾는 도구가 될 수 있다. 하지만 당신 스스로를 위해 사용하는 타임 아웃이 배우자의 행동을 반드시 변화시키지는 않을 것이다.

타임 아웃은 타인이나 당신의 자녀들과 갈등이 빚어질 때도 사용할 수 있다. 아동을 가르칠 때도 좋은 도구가 될 수 있다. 많은 학교와 낮치료 센터들도 아동이 자신의 감정과 행동을 조절하는 유용한 방법으로 타임 아웃형식을 사용한다. 여기 기술된 타임 아웃은 아동에게 사용되는 것과는 다소 차이가 있다.

나는 타임 아웃 절차를 이해하였으며 읽었다.

_____   _____   _____
배우자 서명   집단 참가자 이름   날짜

배우자가 당신의 타임 아웃에 협력하지 않을 때

핸드 아웃

때때로 당신의 배우자는 당신이 예의를 갖추어 타임 아웃을 선언했음에도 불구하고 협조하려들지 않을 때도 있을 것이다. 다음은 연속적으로 일어나는 상황이다.

1. (정확한 단계에 맞추어) 타임 아웃을 선언한다.
2. 배우자가 당신의 진로를 방해해서 당신은 떠날 수가 없다.
3. 그러면 이전에 이야기했던 타임 아웃에 대해 배우자에게 상기시킨다.
4. 그래도 배우자가 당신의 진행을 계속 방해한다.
5. 그렇다면 배우자에게 당신 대신 떠날 기회를 제공한다. 그러면 배우자는 당신에게 버림받았다고 느끼지 않게 된다. 예를 들어, 당신은 "좋아. 당신이 잠시 자리를 피해도 나는 괜찮아. 나는 당신이 느끼는 것처럼 생각하지 않으니까. 우리는 지금 서로를 가라앉히기 위해 단지 휴식이 필요할 뿐이야."

이 상황에서 당신은 당신의 배우자를 힘으로 떠밀거나 이동시키려 해서는 안 된다. 위험할 뿐 아니라 당신이 체포될 수 있는 상황이 또 발생할 수도 있다.

배우자와 떨어져 있는 것에 결국 실패했으면 다음의 세 가지 기본 선택을 참고한다.

1. 신체적 탈출
- 다른 출구(목욕탕이나 침실 등)를 통해 피한다.
- 안전하다면 창문을 통해 피한다.
- 배우자가 더 이상 문을 막지 말고 이완될 때까지 이야기하고 머물 것에 동의한다. 그런 다음 피한다.

2. 도움 요청하기
- 응급 구조 요청을 하라. 당신의 가정폭력 관련 사항을 설명하고 배우자가 집에서 나가려는 것을 허락하고 있지 않다고 알려라. 폭력을 피하는 것이 가장 중요하다.
- 배우자와 이야기할 수 있는 사람을 불러서 그녀가 타임 아웃에 협조하도록 진정시킬 것을 시도한다.
- 소리를 질러 도움을 요청한다.

3. 머무르기
- 앉아서 조용히 머문다. "싸우는 것은 별 소용없어." 혹은 "내가 할 수 있는 것은 지금 냉정을 찾고 머

무르는 것이다."와 같은 셀프-토크를 되풀이한다. 깊은 숨을 내쉬어 보는 등 이완기술을 활용한다. 이완기술은 당신이 냉정을 되찾는 데 도움을 줄 것이다.

이 같은 선택들은 특별히 대단한 것은 아니다. 하지만 모두 특정한 위험을 포함한다. 이 상황에서의 선택 행동들은 가장 중요한 목표인 서로가 상처를 입지 않기 위한 전략으로 제안된 것이다. 우리는 이런 상황이 발생하지 않기를 바란다. 하지만 명심해야 할 중요한 전략들을 소개한 것이다.

책임감 있는 행동 계획하기

 핸드 아웃

타임 아웃 계획

당신이 나가야 한다는 것을 어떻게 이야기할 것인가요?

-
-

어디로 갈 것이고 무엇을 할 것인가요?

-
-

좋은 친구의 전화번호
집단 구성원의 전화번호
사전 계획

과거에 당신이 분노를 조절했거나 가라앉힐 수 있었던 3가지 방법을 써보시오.

-
-
-

신체적 연습 계획

스트레스 관리 계획

당신이 이완되기 위해 즐겨하는 방법과 직접적으로 도움이 되는 방법을 세 가지 열거해보십시오.

- ■
- ■
- ■

응급 전화번호
위기 전화번호
아동학대 전화번호
가정폭력 전화번호

Session 3
분노, 공격성, 위험신호

□ **자료물**

주간 생활 점검하기

"분노 이해하기"

"폭력에 대한 적절한 대안들"

이완훈련 오디오테이프

□ **목표**

사람들에게 기본적인 분노 교육과 관리 능력 가르치기

그들의 파트너를 향해 폭력을 사용하지 않도록 격려하기

다른 선택을 찾아보기

□ **과제**

1. 주간 생활 점검지 작성하기

2. 과제 점검하기

3. 이완훈련 설명하기

4. 이완훈련 오디오테이프에 맞추어 이완훈련을 실시하기

5. "분노 이해하기" 검토하기

6. 위험 신호의 개념 소개하기

7. 모델링과 역할극을 통해 분노와 분노 관리에 대한 토론하기

---

* 허락없이 복사하거나 사용하지 마십시오.

8. 과제 부과하기

□ **프로그램**

1. 통제력을 얻기 위해 이완훈련(샌더스 박사가 개발한 방식으로)을 실시한다. 공격성은 항상 분노에 의해 일어나는 것은 아니지만, 공격성에 의해 분노가 자주 발생한다. 분노에 필요한 요소 중 하나가 신체적인 자극이다. 이완훈련은 이러한 자극을 전환하는 방법이다. 또한 전체 프로그램의 다른 기술에 비해 매우 중요한 기술이다. 이완하기를 배우는 것은 다른 기술을 배우는 것과 마찬가지로 하나의 기술을 배우는 것과 같다.

   스트레스는 당신의 에너지를 빼앗는다. 에너지는 신체적 또는 감정적일 수 있다. 만약 당신이 당신 마음을 긴장시킨다면, 당신은 더욱 흥분하거나, 당신의 파트너에게 고함을 지르거나, 또는 기분이 저하될 것이다. 이완훈련은 당신에게 많은 것을 제공할 수 있다. 첫째, 당신은 육체의 긴장을 잘 인식할 수 있어서 분노 또는 불안이 시작되었을 때를 파악할 수 있는 신호를 알게 된다. 둘째, 당신은 몇 가지 근육을 매우 풀어지게 하거나 다른 근육을 긴장하도록 하는 것을 배울 수 있어서, 당신이 신체적인 표현을 할 때 에너지를 아낄 수 있게 될 것이다. 이런 이유로 이완훈련이 때때로 올림픽 운동선수들에게 유용하게 사용되기도 한다. 셋째, 당신의 근육 긴장을 강하게 통제하는 것은 당신이 분노와 같은 감정을 좀더 억제하는 방법을 찾게 도울 수도 있다.
   우선 훈련은 약간의 연습을 필요로 한다. 이후에 이완은 당신의 습관이 될 것이다. 이완이 잠에 빠지는 것은 아니다. 만약 당신이 이완훈련동안 잠이 든다면, 당신은 이완 기술을 발전시키지 못할 것이다. 그러나 이완훈련은 당신이 무엇을 원하든 간에 마음이 자유롭다는 기분을 가져다 줄 것이다.

2. 이완훈련 오디오테이프를 10분간 틀어놓는다. 그리고 이 짧은 시간동안 생길 수 있는 문제, 즉 잠에 들거나 눈을 감고 있고 있는 것 등에 대해 말한다. 다른 형태의 이완 즉 조깅이나 명상과 같은 방법들에 관해서도 이야기한다.

3. "분노 이해하기" 핸드 아웃을 검토한다. 각각의 물음에 대해 집단 구성원들이 답하게 한다. 예를 들어, 배우자가 화가 난 것을 알 수 있는 방법을 물어볼 수도 있다. 다른 부부의 경험이나 자신의 경험에 대한 사례를 나누도록 한다. 가능한 한 남성들의 특별한 요구에 부합되도록 설명하고, 명료화를 통해 상세히 토론하도록 한다. 분노를 효과적으로 다루는 방법의 모델을 제시한다. 역할극을 해보기도 한다. 시간이 허락된다면 "폭력을 대체할 수 있는 적절한 방법들"에 관해 진행해 나간다.

4. 위험 신호의 개념을 소개한다. 분노 형성의 경고 신호를 확인하는 것이 얼마나 중요
한가를 설명한다. 아홉 가지 법칙 중 다섯 번째 법칙을 언급해서 설명한다.
- 신체적인 위험 신호 : 근육긴장, 심장박동, 지남력장애(disorientation) 등.
- 위험 신호 용어들 : 흥분에 대한 용어들. "사람들이 위험신호를 알리는 중요 단어
나 절은 무엇인가?", "그런 용어들은 어디서 왔는가? 학교에서? 가족에게서, 친구
에게서?"
- 위험 신호 상황들 : 돈을 지불하기, 불확실한 질문을 듣기, 아이들 다루기
더 많은 충돌이 발생하는 집안의 장소는 어디인가? 침실, 부엌? 가장 위험한 방은
어디인가?(아마 딱딱한 설비가 있는 화장실이나 잠재적 무기가 있는 부엌이 될 수
도 있다.)
- 위험 신호 셀프-토크
"그녀가 나를 바보로 만들려고 하는군."
"그녀는 더 이상 나를 사랑하지 않는다."

5. 신체적, 언어적, 셀프-토크를 포함하여 모든 위험한 유형을 포함하여 개인적 상황에
서의 역할극을 집단 구성원에게 제시한다. 남성들이 다른 집단 구성원들에게 위험
신호를 볼 수 있도록 진행한다.

과제

1. "폭력에 대한 적절한 대안들"을 읽어 온다.
여기에 소개된 여섯 가지 중에서 분노를 다루는 데 있어서 당신에게 효과가 있다고
생각되는 두 가지를 선택한다. 그 두 가지 방법을 언제, 어떻게 사용했는지 예를 기
록해 가지고 온다.

분노 이해하기 *

핸드 아웃

분노는 정상적인 감정이다. 하지만 분노는 변화를 요하는 잘못된 감정으로 표출될 수도 있다. 과다하게 화를 내는 것은 혈압을 높일 뿐만 아니라 다양한 신체적 문제를 야기한다. 분노에 의해 특정 행동을 표출하는 것은 정상적 행동이라고 볼 수 없는데 파괴적 행동을 하거나 폭력을 휘두르거나 위협, 학대적 언어나 성학대적 언어를 사용하는 것은 특히 그렇다.

분노는 항상 이차적인 감정이다. 그것은 좌절 혹은 과다한 스트레스, 경멸받은 느낌, 거절에 대한 두려움으로부터 생겨나는 것이다.

분노의 징후는 어떻게 나타나는가?

신체
- 근육 경직
- 땀 흘리기
- 심장 박동의 증가
- 호흡이 빨라짐
- 떨림
- 얼굴이 빨개짐

정서
- 긴장
- 흥분되거나 동요됨
- 정신적인 고통
- 난폭해지거나 분개하게 됨
- 모욕하거나 공격하게 됨

---

* Geffner & Mantooth(1995)의 허락하에 인용함. 허락없이 복사하거나 사용하지 마십시오.

셀프-토크

- "공평하지 않아"
- "똑바로 생각할 수 없어!"
- "아무도 나를 이런 식으로 다루지 않아!"
- "나를 이렇게 취급하는 군!"

분노의 기능은 무엇인가?

긍정적

- 어떤 주장이 있다는 단서로 작용한다.
- 행동에 동기를 부여한다.
- 창조적이고 힘있는 에너지의 원천을 제공한다.

부정적

- 신체적인 문제, 병을 유발할지 모른다.
- 자존감을 더 낮춘다.
- 폭력의 원인이 되고 문제행동을 유발하게 된다.

분노를 다루는 어떤 방법들이 있는가?

- 위험 신호를 인지하기 : 당신의 신체 단서를 인식하기.
- 분노의 원인을 알기 : 당신은 왜 분노하는가?
- 분노의 원인이나 상황에 대처하기.
- 누군가에게 이야기하기.
- 정상적인 분노를 받아들이기. 하지만 부적합한 행동은 정상적인 것이 아니라는 것을 기억하기.
- 때로 기다릴 줄 아는 것이 필요하다.

폭력에 대한 적절한 대안들[*]

 핸드 아웃

1. 조깅 또는 활발하게 걷기

이것은 스트레스 감소와 종합적인 건강 둘 모두에 이점이 있다. 당신이 신체적으로 건강한 상태일 때, 스트레스를 더 잘 극복할 수 있다. 또한 신체적 운동은 스트레스가 있는 환경으로부터 벗어나 기분을 전환하도록 돕는다. 활발하게 걷는 것은 조깅할 수 없는 사람에게 좋다.

2. 육체적 작업하기

육체적 작업은 같은 시간에 어떤 것이 성취되도록 하면서 조깅과 같은 효과를 거둘 수 있다. 육체적 작업은 회사나 집에서 모두 할 수 있다.

3. 조용한 시간 갖기

잠시 동안 홀로 쉬는 것도 도움이 된다. 음악을 듣거나, 조용히 앉아 공상에 잠기거나, 또는 홀로 공원이나 호수가, 숲 등의 휴식을 취할 수 있는 곳을 걷는 것이다. 또한 당신은 잠시 동안 모든 것으로부터 벗어날 수 있는 공간을 집 어딘가에 둘 수도 있다.

4. 숨을 깊이 쉬기

긴장을 하게 되면 잠시 동안 모든 것을 멈추고 깊이 숨을 쉬어라. 이것은 당신의 몸에 산소를 공급하여 당신이 좀더 명확하고 차분하게 생각하도록 돕는다. 그리고 그 상황으로부터 당신의 초점을 옮긴다. 깊이 숨을 쉬는 동안 스트레칭을 하거나 주위를 산책하는 것도 도움이 된다.

5. 말하기

다른 사람에게 스트레스에 대해 말하는 것도 도움이 된다. 당신이 신뢰하는 누군가에게 당신이 고통받고 있는 것에 대해 말하라. 만약 당신이 분노에 대한 이전의 증상을 알고 행동화하는 대신 그것에 대해 이야기한다면, 당신의 스트레스는 감소될 것이다.

6. 이완훈련하기

근육을 긴장시키거나 이완시킨다. 또는 이완훈련 오디오를 이용하여 이완훈련을 실시해 본다.

---

[*] Geffner & Mantooth(1995)의 허락하에 인용함. 허락없이 복사하거나 사용하지 마십시오.

Session 4
학대의 주기

□ **자료물**

주간 생활 점검지

"학대의 주기"

이완훈련 오디오테이프

□ **목표**

가정폭력의 전형적인 단계를 이해하도록 돕는다.

□ **과업**

1. 주간 생활 점검지 작성하기
2. 과제 점검하기
3. 간단한 이완훈련 실시하기
4. "학대의 주기" 개념 설명하기
5. 과제 부과하기

□ **프로그램**

1. 5분 동안 이완훈련을 실시한다.

2. '학대의 주기"에 대한 자료물을 나눠준다. 자료물은 가정 폭력의 3가지 주요단계에
   초점을 둔다.
   (1) 긴장 형성단계, (2) 폭력(폭발)단계, (3) 허니문 단계가 그것이다. 이 주기는 학대

가 일어나는 일부 부부 사이에서는 상당히 정확하게 들어맞는다고 설명한다. 학대를 당하는 여성에게도 유용한데, 행동 패턴을 인식할 수 있도록 도와주기 때문이다. 하지만 학대적 행동이 고양되는 것을 항상 막을 수 있는 것은 아니다. 대안적인 모델로서 감정 회피의 주기가 다음 장에서 소개될 것이다.

3. 우선 세 단계에 대한 대략적인 개요를 제시하고 그룹 구성원들이 각 단계로부터 어떠한 징조를 인식하고 있는지 묻는다.

4. 다음으로, 긴장형성 단계에 대해 논의한다. 긴장을 고조시켜 가는 자극이나 요인이 무엇인가를 파악하도록 한다. 전 시간에 논의되었던 위험신호를 재검토해본다.

5. "긴장을 완화시키는 의식"(withdrawal ritual, Jacobson and Gottman, 1998a)에 대하여 토론한다. 물러서는 습관이란 긴장이 고조되는 것을 멈추거나 긴장을 완화시키는 습관을 말한다. 어떤 부부들은 잠시 휴식을 취하고 어떤 부부들은 협상을 하고 어떤 부부들은 둘 모두를 이루기도 한다. 일단 폭력이 일어나면 여성들은 더 큰 위험을 감지하는 어떤 순간에 멈추기도 하지만 남성들은 지속적으로 흥분이 고조되어 폭력을 멈출 수 없게 되는 경우가 있다. 남성들에게 그들이 혹은 부인들이 이전에 사용했던 긴장을 완화시키는 방법을 사용해보았는지 물어본다. 여기에서의 목표는 전형적인 위험신호를 지각하고 성공적인 전략을 사용할 수 있는 인지를 향상시키는 것이다.

6. 허니문단계에 대해서 논의한다. 이 단계에서는 상황이 전환되고 지배적 남성들이 의존적인 상태로 변한다. 남성들은 배우자가 얼마나 필요하고 필사적으로 매달리게 되는지를 알아야 한다. 이 단계에서 배우자에게 저항하기란 매우 어려운데 이는 취약한 감정들이 나타나서 호소하기 때문이다. 행동심리학의 기초적인 원칙에 따라 배우자 모두는 폭발단계에 대한 강화가 일어난다. 그들은 무의식적으로 이런 **서로의 중요한 감정상태가 오직 폭력 발생 후에 생겨난다고 믿게 된다.**

과제

1. 과거에 당신을 공격적으로 만들었던 3가지 위험상황에 대해서 적으시오.
2. 알코올 및 약물사용 질문지를 기입해오라. 다음주 집단 모임에서 이 질문지를 가지고 토론할 준비를 한다.

학대의 주기

 핸드 아웃

학대의 주기*					
긴장 형성 ➡		**심각한 폭발** ➡		**후회, 죄책감**	
학대자	희생자 반응	학대자	학대자 반응	학대자	학대자 반응
변덕스러운	파트너를 침착하게 하도록 시도	때린다	자신을 보호한다	사과·용서를 구한다	머물거나 되돌아오도록 동의한다
흠잡기	돌보기	목을 조른다	경찰을 부른다	꽃을 보낸다	행복을 느끼고, 희망적
파트너를 난폭하게 다룬다	조용/수다스러운	자존심 상하게 한다	학대자를 안정시키려 시도한다	선물을 가져온다	법적 절차를 멈추려고 한다
감정을 철회한다	친구/가족으로부터 멀어진다	강간한다	논리적으로 설명하려 노력한다	상담받겠다고 약속한다(교회단주모임 등)	파트너를 위한 상담 약속을 잡는다
파트너를 헐뜯는다	아이들을 조용히 시킨다	무기를 사용한다	떠난다	사랑을 원한다	
화/고함친다	동의한다	매질한다	싸워서 저지한다	운다	
술이나 약물을 한다	논리적으로 설명하려 노력한다	억누른다			
위협한다	달걀 위를 걷는 듯한 느낌	전화선을 뽑는다			
재산을 파괴한다	철회한다	언어적으로 학대한다			
비난한다					
시무룩한					
미칠 듯한					

---

* Walker, L.(1984)의 허락하에 인용함. 허락없이 복사하거나 사용하지 마십시오.

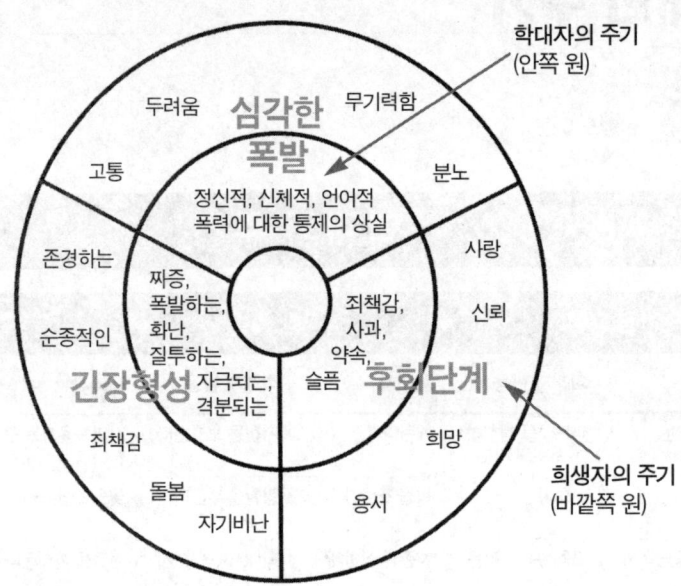

부정

부정은 학대의 주기가 지속되도록 모든 단계에 작용한다. 오직 이 부정이 깨져야만 학대의 주기도 깨어질 수 있다.

긴장형성

- **희생자**는 긴장을 부정하거나, 혹은 집 밖에서의 스트레스, 일 등에서 생긴 것으로 양해를 해주거나, 긴장이 더 악화되는 것에 대해 부정할 수 있다. 희생자는 자신의 행동에 대해 자신을 비난한다.
- **학대자**는 긴장을 배우자, 일, 교통, 음주 등에 대한 탓으로 돌림으로써 자신의 행동에 대한 책임을 부정한다.

폭발

- **희생자**는 자신의 상처를 부정하고 "사소한 일이야", "조금 멍든 거야", "이런 일로 경찰이나 병원의 도움을 바라지는 않아"라고 말한다. 차라리 음주를 탓하면서 "아마 자신이 한 짓이 무엇인지도 모를 걸"이라고 말하면서 남편이기 때문에 폭행이라고 볼 수 없다고 말한다.
- **학대자**는 폭발을 배우자, 스트레스 등의 탓으로 돌려 비난하고 "배우자나 스트레스가 나를 폭발하게 했다."고 말한다.

후회

- **희생자**는 "다행이야, 더 나빠지진 않았어." 라고 말하며 손상을 최소화한다. 그리고 배우자의 약속을 믿고 이 상태가 유지될 것이라고 믿는다.
- **학대자**는 다시는 그러한 폭력이 일어나지 않을 것이라고 믿는다.

자기관리기술

Session 5
알코올 및 약물과 가정폭력의 관계

□ **자료물**

주간 생활 점검지

"알코올과 다른 물질남용 : 무슨 관계가 있는가?"

"알코올과 다른 물질남용에 관한 질문지"

"나는 왜 술을 마시는가?"

이완훈련 오디오테이프

□ **목표**

집단 구성원의 약물사용 및 남용의 패턴을 사정하도록 돕고 약물 사용과 가정폭력 사이의 관계를 파악할 수 있게 돕는다.

□ **과제**

1. 주간 생활 점검지 작성하기
2. 과제 점검하기
3. 이완훈련
4. "알코올과 다른 물질남용 : 무슨 관계가 있는가?" 토의하기
5. "알코올과 다른 물질남용에 관한 질문지" 점검하기
6. 과제 부과하기

□ 프로그램

1. 이완훈련을 실시한다.

2. 자신이 사랑하는 사람에게 상처를 주는 남성들은 알코올 문제를 가지고 있는 경우가 많다. 또한 어떤 남성들은 대마초나 코카인 같은 다른 약물 문제를 가지고 있는 경우도 있다. 알코올과 약물들은 직접적으로 공격성을 자극하기도 한다. 알코올이나 약물을 복용하면 그들의 기대나 문화적 규범, 인격, 환경 등의 영향을 간접적으로 받아 폭력에 영향을 미친다. 금단기간동안 약물에 중독되었던 사람들은 민감해지고 공격적으로 쉽게 변할 수 있다. 오랜 기간 약물남용을 했을 경우 편집적으로 변하거나 공격적 경향이 강해진다.

   가정폭력을 행하는 남성들 중 일부는 알코올이나 다른 약물에 중독되어 있다. 알코올 중독이 있는 사람들은 술을 각별히 조심해야 한다. 단주만이 최선이다. 일시적인 기억상실은 알코올 남용의 징후이다. 심각하게 알코올을 남용하는 사람들은 이를 기억할 필요가 있다. 사랑하는 사람, 낯선 사람들에게 기억할 수 없는 사건으로 인해 심한 상처를 주기도 한다. 사회는 술로 인해 위험상태에 빠질 수 있기 때문에 술 마신 뒤 일어난 행동에 대해 책임을 지도록 경고하고 있다. 사람들은 많은 이유로 약물을 남용한다고 설명한다. 집단 구성원들에게 그들이 왜 술이나 약물을 사용하게 되는지 물어보고 대답을 칠판에 기록해본다. 그들의 알코올 남용과 신체적 공격성과의 관계에 대해 물어보도록 한다. 다음의 주요 이론들과 비교하여 그들의 반응이 어디에 해당하는지를 함께 비교해본다.

   ### a. 신체적 영향
   알코올의 특성상 알코올은 행동조절 능력을 감소시킨다. 또 마음 속에 채워져 있던 분노를 표면으로 끌어올리게 한다. 약물이나 알코올은 억압을 해제시키는 효과가 있다.

   ### b. 사회적 학습
   우리의 문화는 화가 날 때 술을 먹도록 학습시키는 영향을 미친다. 동시에 술을 마시고 공격적으로 변하는 것을 남성적이라고 가르치기도 한다. 젊은 남성들에게 동료들의 압력은 강력한 영향력이 있다.

c. 변명하기

알코올로 인하여 공격적으로 변하게 되었다는 변명을 사람들은 종종 수용해준다. 하지만 많은 경우 알코올의 영향으로 공격적이 되었다기보다는 화의 영향으로 공격적이 되었다는 것이 맞는 말이다. 사람들은 먼저 화가 나고 그런 다음에 분노를 표출하기 위하여 술을 마시기로 결정한다.

이 이론들 모두는 각각 특정한 약물사용 상황에 타당할 수 있다. 하지만 공격성을 줄이기 위해서는 술이나 약물 사용을 멈추는 것이 최선이다. 물론 술이나 약물을 멈추었다고 폭력도 멈추는 것은 아니다.

다음의 질문을 토론한다.

1. 사람들이 술에 취했을 때 그들이 한 행동에 대한 책임을 져야 합니까? 만일, 책임을 져야한다면 어떻게 해야 합니까?
2. 집단 구성원들에게 이 치료 프로그램에 오게 된 사건이 술이나 약물에 관련되었는지를 물어본다. 집단 구성원들이 각자 생활에서 알코올 또는 다른 약물이 파괴적인 영향을 미쳤던 개인적인 이야기를 공유하도록 요청한다.

과제

1. 핸드 아웃 "나는 왜 술을 마시는가?"를 작성해온다.

알코올 및 다른 물질과 남용 : 무슨 관계가 있는가?

핸드 아웃

사랑하는 사람에게 상처를 주는 사람들 중 알코올 문제를 갖고 있는 사람들이 있다. 또한 어떤 사람들은 대마초나 코카인과 같은 약물 문제를 가지고 있다. 우리 사회는 자주 알코올 남용을 조장하고 이런 문화적 영향력 하에서 공격성을 자극하기도 한다. 술이나 약물의 영향력으로 인해 사람들은 종종 보통의 상황에서는 하지 않는 충동적인 일을 하게 되고 판단력과 조절력이 손상되게 된다.

사람들은 다양한 이유로 술이나 약물을 사용한다. 당신은 술이나 약물을 사용하는 이유에 대해 생각해보아야 한다. 그리고 술이나 약물이 당신의 판단력을 손상시키거나 공격적으로 변하게 만들었던 경험을 확인해보아야 한다. 많은 사람들이 다음과 같은 질문을 통해 자신의 음주나 약물사용에 대해 생각해보고 있다.

1. **사회적 음주** : 동료의 압력 또는 알코올 남용에 대한 문화적 압력이 있을 것이다. 방송 광고에서는 "왜" 다른 맥주를 마시는지를 묻기조차 하고 있다.

2. **습관** : 많은 사람들은 술을 마시는 것과 사회적 활동을 동등하게 생각한다. 또 어떤 사람들은 마음을 편하게 하는 유일한 방법이 술을 마시는 것이라고 믿는다. 그래서 음주는 일상적인 것이 된다.

3. **심리적 의존** : 알코올 사용이 매우 만성화되었을 때, 알코올 없이 생활하는 것을 상상하기 어렵게 된다. 이쯤에서 사람들은 술을 끊기 위한 일시적 시도를 해보기도 한다.

4. **신체적 의존** : 일단 신체적으로 중독이 되면, 금단증상이 심한 영향을 가져올 수 있다. 이 상태가 되면 알코올 중독의 신호들이 나타나서 의학, 법률, 직업, 가족 문제들이 나타나게 된다.

　- 당신은 술로 인해 후회할 행동을 한 적이 있습니까?

---

* 허락없이 복사하거나 사용하지 마십시오.

- 당신은 술로 인해 일시적으로 기억이 끊기거나 또는 "기억 상실"을 경험한 적이 있습니까?

- 당신은 술 문제가 있다는 소리를 주변 사람들로부터 들어본 적이 있습니까?

한 개의 "예"라는 대답이 있어도 이미 당신은 술로 인한 생활관리상의 능력에 손상이 있다는 것을 의미하는 것이다. 책임에 관해서는 100% 규칙이 적용된다는 것을 기억한다. 알코올 문제는 꾸준히 진행하는 문제이고 도움이 없이는 시간이 지날수록 악화되기 마련이다. 당신이 진정으로 당신의 생활을 100% 책임지고 관리하겠다는 약속을 하였다면 과연 알코올이나 약물을 더 사용할 수 있겠습니까?

알코올과 다른 약물에 대한 질문사항

 핸드 아웃

1. 당신은 알코올 또는 다른 약물을 얼마나 자주 사용하십니까?

    a. 전혀 사용하지 않는다.

    b. 몇 개월에 한 번

    c. 최소한 한 달에 한 번

    d. 최소한 일주일에 한 번

    e. 매주 몇 번씩

    f. 매일 마다

2. 당신이 알코올이나 약물을 사용하게 되는 주요 이유는 무엇입니까?

    a.

    b.

    c.

3. 술을 마시거나 약물을 사용하게 만드는 주요 "신호"는 무엇입니까?

    a. 어떤 사람?

    b. 어떤 장소?

---

c. 어떤 생활사건이나 상황들(모임, 업무 스트레스, 스포츠 게임, 등)?

d. 어떤 감정(슬픔, 분노, 축하, 등)?

e. 어떤 대화("이것은 올바르지 않다", "이것은 할만하다", "즐거운 시간이다", "어느 누구도 나를 조절할 수 없다" 등)

4. 당신이 알코올과 약물을 사용할 때, 당신이 점점 중독되거나 공격적이 되어갔던 때를 말하십시오.

5. 누군가 당신의 알코올과 약물 사용 문제에 대해 얘기해준 적이 있습니까?

나는 왜 술을 마시는가?

 핸드 아웃

당신이 알코올 또는 다른 물질을 사용(또는 중독)하는 이유에 대해서 생각해 본다. 비록 당신이 생활의 많은 문제 때문에 알코올이나 다른 물질을 사용하는 것이 아닐지라도 중요한 목적이 있을 것이다. 당신이 알코올이나 다른 물질을 사용하는 다른 이유에 대해서 아래 목록에 체크하십시오.

_____ 긴장을 풀기 위해

_____ 사회적 상황을 더욱 편하게 느끼기 위해

_____ 단지 좋은 맛 때문에

_____ 즐거움을 갖기 위해

_____ 다른 사람들을 피하기 위해

_____ 성생활을 더 편하게 느끼기 위해

_____ 나쁜 감정을 피하기 위해(우울증, 불안, 외로움, 등등.)

_____ 화나는 감정을 피하기 위해

_____ 난폭한 행동을 변명하기 위해

_____ 분노표출을 변명하기 위해

_____ 나 자신에 대해서 더 좋게 느끼기 위해

_____ 문제에 대한 걱정을 멈추기 위해

_____ 취한 쾌감을 갖기 위해

_____ 만취하기 위해

_____ 잠자기 위해

Session 6
나쁜 혼잣말과 셀프-토크(Self-Talk)

□ **자료물**

주간 생활 점검지

"나쁜 혼잣말"

"나쁜 혼잣말 퀴즈"

"화를 돋구는 셀프-토크의 예"

□ **목표**

집단 구성원들에게 셀프-토크의 기본개념을 소개하고 사건에 대한 해석이 감정과 반응을 결정하는 데 미치는 영향을 인지하도록 돕는다.

□ **과업**

1. 주간 생활 점검지 작성하기

2. 과제 점검하기

3. ABCDE 모델에 따른 셀프-토크의 개념 설명하기

4. "나쁜 혼잣말"의 범주에 따른 설명과 토론하기

5. "나쁜 혼잣말 퀴즈" 풀기

6. "화를 돋구는 셀프-토크의 예" 점검하기

7. 과제 부과하기

□ **프로그램 :**

1. "셀프-토크"의 기본 과업 모델을 소개한다. 아래에 설명된 ABCDE 모델을 이용하여, 우리가 어떻게 사건을 해석하느냐에 따라 우리가 느끼고 행동하는 방식이 결정되어

질 수 있다는 것을 강조한다(from Wexler, 1991a).

A. **대상 사건** : 이것이 시작이다. 당신의 부인이나 배우자가 집으로 돌아와 말한다. "나는 내 직업이 싫어!"

B. **셀프-토크** : 당신은 스스로에게 말할지도 모른다. 그녀는 나에게 '일 하기를 원하지 않고, 그렇기 때문에 내가 더 많은 돈을 벌어 와야 한다!' 고 말하려고 하고 있다.

C. **감정과 행동** : 만약 당신이 그 사건을 이처럼 받아들였다면, 당신은 아마도 그녀를 비난하거나 방어적 행동을 취하거나 부루퉁해지거나 괴롭히게 될 것이다. 당신은 아마도 그녀에게 말할 것이다. "불평 좀 그만해! 당신만 힘든 줄 알아?"

D. **새로운 셀프-토크** : 그녀가 말한 것을 해석하는 또 다른 방법이 있을 수 있다. 그녀가 피곤하고 어떤 도움이 필요한 상태일 수 있다. 비난하는 말이나 메시지가 담긴 의도가 아닐 수 있다. 당신은 당신 스스로에게 말할 수 있다. "그녀에게 좋지 않은 날이었나 보군. 내가 뭔가 도와줄 것이 없을까?"

E. **새로운 느낌과 행동** : 당신이 그 사건을 이렇게 받아들였다면, 이처럼 말할 수 있다. "위로가 필요하겠군" 혹은 당신이 그녀에게 용기를 주도록 노력할 수도 있다. 아이들을 잠시 다른 방으로 보내고 그녀를 잠시 동안 혼자 내버려 둘 수도 있다. 오히려 당신의 반응은 당신 스스로 공격적 인식으로부터 방어하는 것에서 벗어나, 그녀가 필요한 것이 무엇인지 생각할 수 있다.

2. "나쁜 혼잣말"의 일곱 가지 범주를 설명한다. 일곱 가지 범주를 교육하고, 다른 예들을 들어보아라. 집단 구성원들에게 그들 자신의 예를 제안해 보라고 요청한다.

3. "나쁜 혼잣말 퀴즈"를 이용하여 집단 구성원에게 테스트를 해본다. 가정불화가 있는 가정의 논쟁에서 이것을 바꾸도록 시도해 보고, 편을 나누어 옳은 답을 위해 경쟁하게 한다. 한 쪽 편이 올바른 범주를 식별하고 진술을 잘 한다면, 그 편에 보상을 하라. 다른 한 편이 진술을 바꾸어 말할 수 있는 기회를 제공하여 경쟁하게 되면 생산적이면서 실제적인 셀프-토크가 일어날 수 있다. 한 편이 틀린 답을 하면 다른 편은 옳은 답을 하기 위해 노력할 것이다. 이 과정을 통하여 그들이 문장 속에서 "잘못된" 셀프-토크를 어떻게 교정할 것인지 배우게 되고 더욱 더 "실제적인" 셀프-토크를 하게 될 것이다.

4. 다음 예를 보고 설명하시오.

여기 한 사람이 있다. 우리는 다른 사람들보다도 그 사람과 이야기를 더 나누고, 그는 다른 누구보다도 우리에게 영향을 준다. 때때로 우리는 그 사람과 논쟁도 하고, 단순히 요구에 따르기도 한다. 그 사람은 바로 우리 자신이다. 우리 자신의 이야기는 종종 숨겨지기도 하고, 매우 빠르게 일어나기도 한다. 그들이 숨기려 할지라도, 그들은 행복과 불행한 삶 사이를 다르게 만들어 낼 수도 있다.

다음 상황을 상상해 보라. 동업자가 매일 아침 당신에게 기쁘게 "안녕하세요"라고 인사한다. 그러나 오늘 아침은 찡그리고, 툴툴대며 "안녕하세요"라고 인사했다. 만약 당신이 그것을 개인적인 것으로 받아들인다면, 당신은 바로 그가 당신에게 싸움을 걸고 상처를 주고 화가 나 있다고 생각할 것이다. 그러나 만약 그가 병에서 회복되어 가고 있는 중이고, 그의 건강이 좋은 않다는 것을 안다면, 당신은 매우 다른 결론에 도달할 것이다. 결론을 비약하는 것은 우리가 분노의 감정을 만들어내는 보통의 방법들 중 하나이다.

여기에 또 다른 예가 있다. 에드는 구체적인 증거도 없이 그의 부인 캐롤린이 그를 떠날 것이라고 걱정하기 시작했다. 그가 캐롤린에 대해 생각할 때, 그의 마음은 다음과 같이 진행된다. "그녀 없이 내가 살 수 있을까? 잘 모르겠어. 나는 좀더 강해져야 해. 내가 강해지지 않는다면 그녀는 나를 존경하지 않을 거야. 그녀는 나를 우선적으로 사랑하는 것이 아니야. 그녀는 나에게 아이들만을 원하는 거야." 당신이 상상한 것처럼, 결국 에드는 슬프고 비참한 감정을 느꼈으며, 아무에게도 말할 수 없었다. 그는 그녀에게 사랑의 표시를 요구했고, 그의 끊임없는 요구는 그녀를 떠나게 했다.

5. "화를 돋구는 셀프-토크의 예"를 설명하고 토론한다.

과제

1. 다음 한 주 동안 "나쁜 혼잣말"의 예를 세 가지 적어 보라. 셀프-토크와 "나쁜 혼잣말"의 범주, 그리고 더욱 더 현실적이고 생산적인 새로운 셀프-토크를 적어 본다.

나쁜 혼잣말 *

핸드 아웃

1. 흑백 논리 : 전부 혹은 전혀 아닌 것으로 보는 것. "결코", "언제나", "전혀", "모두" 같은 단어를 조심한다.

"진정한 남자는 자신의 잘못을 인정하지 않아."

"당신은 내편이든지, 내 편이 아니든지."

"서른 살 이상의 인간들은 누구도 믿을 수 없어."

2. 최소화 : 당신의 성공을 깍아 내리는 것.

"마침내 내가 선임자가 되었지만, 그것은 대단한 건 아니야."

"나도 잘 했지만, 많은 사람들 역시 다 한 것일 뿐이야."

"내 상담자는 단지 내가 대가를 지불했기 때문에 나에게 좋은 피드백을 준 거야."

3. 독심술 : 확인 없이 다른 사람의 생각을 아는 체 하는 것

"나는 내 상사가 나를 싫어하는 걸 알아 - 그는 나를 나쁘게 봐."

"그녀는 나를 피하고 있어 - 그녀는 화났음에 틀림없어."

"나의 여자 친구는 오늘 나에게 전화하지 않았어 - 그녀가 나에게 관심이 없는 게 틀림없어."

4. 공포화 : 그 상황을 당신에게 "두려운" 것으로 바꾸고, 단정하기.

"나의 상사는 결코 다시는 나를 믿지 않을 거야."

"나는 내가 여기에서 그것을 못할 것이란 걸 알아."

"와우, 그는 너무 잘했어 - 나는 결코 잘 하지 못 했을 거야."

5. 실수를 비난하기 : 불공평하게 당신 자신이나 다른 사람을 비난하기.

"그것은 모두 나의 잘못이야." 혹은 "그것은 모두 그들의 잘못이야."

"나의 아들이 실수한 것은 나의 잘못이야."

"당신은 항상 나에게 모든 점에서 실수를 해요."

6. 경멸하기 : 단점이나 실수를 너무 크게 확대하기.

"나는 너무 뚱뚱해, 그래서 나는 게으르고 멍청함에 틀림없어."

---

* Wexler(1991b)의 허락하에 인용함. 허락없이 복사하거나 사용하지 마십시오.

"나는 이 시험에 실패했어, 나는 바보임에 틀림없어."

"나는 상담을 받고 있어, 나는 부족한 사람임에 틀림없어."

"그녀는 나를 좋아하지 않아, 나는 추한 사람임에 틀림없어."

7. **감정적으로 추론하기** : 사실보다 어떻게 느끼는가에 따라 결정하기.

"내가 나 자신을 나쁘게 느끼니까, 나는 나쁜 사람임에 틀림없어."

"나는 거절당했다고 느껴, 그래서 모든 사람이 나를 거절하고 있는 것이 틀림없어."

"나는 죄책감을 느껴, 나는 뭔가 잘못한 것이 있음이 확실해."

나쁜 혼잣말 퀴즈 *

핸드 아웃

1. 상담자가 나에게 더 좋아졌다고 말했다. 하지만 나는 그가 누구에게나 그렇게 말한다는 것을 안다.

2. 린다가 나에게 상처를 준 이후로, 나는 빨간 머리칼의 여성들은 믿을 수 없다는 것을 안다.

3. 아무것도 나를 위해서는 잘 되지 않을 것이다.

4. 그것은 당신의 잘못이고 우리는 결코 어느 것이든 유쾌하지 않다.

5. 우리 부모님은 이혼하셨다 - 나 또한 그렇게 될 수도 있다.

6. 때때로 옳지 않은 행동을 할 때가 있는데, 나는 게으르거나 멍청함에 틀림없다.

7. 나는 외롭다고 느낀다. 그래서 나는 아무도 나를 좋아하지 않는다고 생각한다.

8. 저 선임자는 나를 존중하지 않는다 - 이 조직에서는 아무도 나의 파면에 대해 걱정하지 않는다.

---

* Wexler(1991b)의 허락하에 인용함. 허락없이 복사하거나 사용하지 마십시오.

화를 돋구는 셀프-토크의 예 *

핸드 아웃

그녀가 나에게 반말을 했다.

그녀는 나를 존중하며 보지 않는다.

나는 내 명예를 지켜야 한다.

나는 그녀가 나에게 반말을 했을 때 내 감정이 어떤지 보여주고 말 것이다.

나는 그녀가 나에게 했던 것을 되갚아 주는 것이 옳다고 생각한다.

* *

나는 그녀가 다른 남자와 이야기하는 것을 보았다.

그들은 아마도 서로에게 끌리고 있는 것 같다.

나는 내 아내를 지켜야 한다. 나는 그녀가 유혹 당하도록 놔 둘 수 없다.

그녀는 그를 원하고 있고, 나를 원하지 않는다.

그녀는 내 아내이고, 이것은 나에게 창피함을 준다.

그녀는 나쁜 사람이다.

그녀는 나에게 상처를 주었고, 나는 그녀에게 되갚아 줄 것이다.

나는 그녀가 자신이 한 일이 무엇인지 알도록 해주겠다. 그리고 나는 그녀가 나에게 상처를 준 만큼 그녀
    에게도 상처를 주겠다 - 그것이 무엇이건 간에.

---

* 이 기법을 사용한 Daniel G. Saunders에게 고마움을 표한다. 허락없이 복사하거나 사용하지 마십시오.

Session 7
분노에 대한 셀프-토크의 사용

□ **자료물**

주간 생활 점검지

공감 워크숍 비디오테이프

"HEALS"

"분노 조절을 위한 셀프-토크"

"분노 사다리"

□ **목표**

셀프-토크 기술을 사용하여 분노가 일어나는 상황을 대비하고 더 효과적으로 대처한다.

□ **과제**

1. 주간 생활 점검지를 작성하기
2. 과제 점검하기
3. 셀프-토크의 기본 원칙을 재검토하기
4. 공감 워크숍 비디오테이프를 시청하기. "HEALS"를 검토하고 토론하기
5. "분노 조절을 위한 셀프-토크"를 소개하기
6. 집단 구성원 한 사람 한 사람을 위해 구체적인 "분노 조절을 위한 셀프-토크" 계획을 검토하기
7. 셀프-토크 계획대로 역할연기를 해보기
8. "분노 사다리"를 설명하고 과제 부과하기

□ 프로그램

1. 셀프-토크의 기본 원칙들을 다시 검토해본다. 우리들의 감정과 반응을 결정하는 데, 사건의 해석이 얼마나 강력한 역할을 하는지 다시 강조한다.

2. 공감 워크숍 비디오테이프를 함께 시청한다. 자료물을 검토하면서 "HEALS" 기술을 설명한다. 역할연기 상황에서 이 기술이 사용될 수 있을 것이다. 구성원들이 "HEALS" 기술의 기본원칙을 따라야 할 뿐 아니라 자기 자신의 단어와 문장을 선택할 자유가 있다는 것을 명심한다. 자기 자신의 상처나 분노를 잘 나타내는 사람에게 너무 많은 공감이 보여지는 것에 대한 저항이 있을 수 있으니 이것에 대비를 해야 한다.

3. "분노조절을 위한 셀프-토크"의 4단계 모델을 소개한다. 자기 진술의 예들을 제공하는 유인물을 사용하면 각각의 단계에서 더 낮은 스트레스를 경험할 것이다. 비록 4단계가 사건 후에 진행된다고 하더라도 역시 중요할 수 있다. 이런 마지막 단계에서도 그들이 현실적이고 지지적인 셀프-토크 사용의 중요성을 이해한다는 것을 확실히 한다.

4. 집단 구성원 중 한 명에게 잠재적인 분노상황을 말하게 하고 4단계 각각의 자기 진술을 만들어보게 한다. 자기 진술은 독특하고 개인적일수록 더 좋다.

5. 집단 구성원과 역할 연기를 한다. 예전의 것과 새로운 셀프-토크 모두를 해본다. 새로운 셀프-토크가 주는 차이점과 느낌에 초점을 맞춘다.

6. "분노 사다리" 과제를 준비할 때, 구성원 중의 한 사람의 것으로 칠판에 분노 사다리 예를 만들어 보라. 분노 사다리는 불안이나 분노와 관련된 상황으로 만들어진다. 이 개념을 소개하면서 이것이 분노의 서로 다른 차이와 수준을 이해하는 데 매우 중요하다는 것을 말한다.

다음은 분노 사다리의 예이다.

5. 당신은 당신의 부인이나 파트너가 애인이 생긴 걸 알게 됐다(분노 사다리의 가장 높은 단계).
4. 당신은 해고당했다.

3. 당신의 파트너가 당신에게 빈둥거린다고 했다.

2. 당신의 직장동료 중 한명이 당신을 비난한다.

1. 당신은 신발 한 짝을 찾는 것이 힘들었거나 출근시간에 2분 지각했다(분노 사다리의 가장 낮은 단계).

과제

1. 분노 사다리는 당신이 분노와 관련된 스트레스를 극복하는 데 도움을 줄 것이다. 기존에 경험했거나 있을 법한 일로, 당신을 가장 화나게 하는 상황을 5번 자리에 적어본다. 다음에는 가장 적게 화나게 하는 상황을 1번에 적는다. 그 다음에 점점 더 화나는 상황의 단계대로 2번에서 4번까지 채워본다.

   ⑤
   ④
   ③
   ②
   ①

2. 분노 조절을 위한 셀프-토크를 구체적으로 작성한 후 다음 주에 가져온다. 당신이 알고 있는 화나게 할 만한 위험이 있는 상황을 골라본다. 네 가지 다른 단계에 대한 각각의 셀프-토크의 예를 가지고 계획을 세운다.

3. "HEALS" 기술을 이용하여 3가지 예들을 기록해본다. 먼저 상황을 적고, 당신이 느꼈던, 중심이 되는 불편한 감정을 적고, 그 다음에 당신 자신과 당신의 부인이나 파트너에게 하는 온정어린 진술들을 적어본다. 중심이 되는 불편한 감정을 표현하는 데 온전하게 20초를 사용한다는 걸 확실히 한다.

   ▪ 상황
   ▪ 중심이 되는 불편한 감정
   ▪ 온정 어린 진술들
     - 나 자신에게 :
     - 그녀에게 :

HEALS *

 핸드 아웃

1. Heal : 당신이 당신의 부인이나 파트너를 향해 화가 나는 것을 느낄 때, 그녀로부터 돌아서서 당신 자신을 대면한다. 밝은 불빛으로 "치유"라는 글자들을 본다. 그리고 당신 자신에게 "나는 상처가 아니라 치유가 필요해"라고 말한다. 또는 자기 자신의 말이나 문장을 선정하기 위해 자유롭게 느껴본다. 비난은 무력하나 공감은 실질적인 힘이고 치유할 수 있는 능력이다. 분노는 마음 속 상처의 고통을 마비시키고 치유되지 못하게 한다.

2. 설명(Explain) : 분노가 만드는 마음속의 상처에 대해서 스스로에게 설명한다. 하찮은 느낌, 무시당함. 죄책감, 무가치함, 거부당함. 무력감, 사랑받지 못함.

- 나는 그녀가 그에게 말하는 걸 보고 무의미한 인간 같은 느낌을 받는다. 나의 느낌은 그녀에게 중요한 문제가 되지 않는다.
- 나는 무시당한다고 느낀다. 나는 하찮게 느껴진다.
- 나는 비난당한다고 느끼고 불현듯 질투하는 내 자신을 보게 된다.
- 나는 거절당한다고 느낀다.
- 나는 그녀가 그와 대화하는 것을 막을 수 없고 사랑받지 못함을 느낀다.
- 나는 무력감을 느낀다.
- 아무도 이런 감정을 가진 나를 사랑할 수 없을 것이다.

많은 폭행들이 이런 마음속 상처에 의해 시작된다. 천천히 말해본다. "나는 사랑받지 못한다."
이것을 20초 동안 느껴본다.

3. 공감의 적용(Apply compassion)

   a. 당신 자신에 대해 공감해본다.
- 나는 사랑받을 만하다.
- 나는 이로부터 무언가를 배울 수 있다.
- 나는 뭔가 베풀만한 것을 가지고 있다.

---

* Stosny(1995)의 허락하에 인용함. 허락없이 복사하거나 사용하지 마십시오.

■ 나는 중요한 사람이다.

b. 당신의 배우자에 대해 공감해본다.

■ 지금의 나에 대한 거절이 아니라, 과거의 나에 대한 거절이다.

■ 나는 그녀를 이해할 필요가 있다.

■ 나는 그녀에게 시간을 줘야 할 필요가 있다.

4. 공감을 느끼면서 자신을 사랑한다(Love yourself)

당신 자신을 중요하고 가치있고 내적으로 강하며 존중받을 가치가 있고 사랑스러운 존재로 바라보라. "나는 사랑스러운 존재야."

5. 문제의 해결(Solve the problem)

그녀를 비난하거나 공격하지 않고서 당신의 진실된 상태를 보여준다. "나는 당신을 좋아해, 하지만 당신이 나에게 말했던 것처럼 나는 문제가 있어." 또는 어떤 경우에는, 아무 말 없이, 내적으로 이런 감정들을 잘 다스리도록 한다. 또는 다른 사람에게 말한다. 분노보다는 사랑을 통해서 당신 마음속의 상처를 치유할 수 있다.

분노조절을 위한 셀프-토크 *

 핸드 아웃

제자리

힘든 상황이 될 수도 있지만 나는 분노를 다루는 방법을 안다. 나는 분노를 다루는 계획을 실행할 수 있다. 쉬울 것이다. 기억하자. 이슈를 놓치지 말고 개인적으로 받아들이지 않는다. 논쟁할 필요도 없다. 나는 무엇을 해야 할 것인지 알고 있다.

준비

내가 침착한 만큼, 나는 상황을 통제할 수 있다. 나는 나 자신을 시험할 필요가 없다. 나는 내가 해야 되는 것보다 더 많이 하고 싶지도 않다. 화나는 것에 이유가 따로 없다. 나는 내가 해야만 하는 일들만 생각할 것이다. 긍정적인 것을 기대하고 성급하게 결론내리지 않을 것이다.

출발

근육들은 단단해진다. 이완하고 속도를 늦춘다. 심호흡을 통해 조절한다. 초점을 맞춘다. 나의 분노는 내가 무언가 필요하다는 신호이다. 문제 해결을 위한 시간을 가져본다. 그녀는 내가 화내기를 원할지도 모른다. 그러나 나는 건설적으로 대처할 것이다.

평가

1. 거친 물결

화난 것은 잊어버린다. 그것에 대해서 생각하는 것은 오직 나를 열받게 할 뿐이다. 그것을 털어버리려고 노력한다. 분노가 일을 방해하도록 하지 않는다. 이완기술을 생각해 본다. 그것은 분노보다 훨씬 더 좋을 것이다. 분노를 개인적인 것으로 생각하지 않는다. 그렇게 심각한 것이 아니다.

2. 순항

나는 분노를 매우 잘 조절했다. 아주 수고를 많이 했다. 나는 더 많이 화냈을 수도 있다. 내 자존심을 지켰고 나는 더 문제를 일으킬 수도 있었지만 잘 해냈다. 언제나 나는 잘 해내고 있다. 화를 내지 않고 잘 해내고 있다.

---

* Novaco(1979)의 허락하에 인용함. 허락없이 복사하거나 사용하지 마십시오.

분노 사다리 *

핸드 아웃

분노 사다리는 당신이 분노와 연관된 스트레스를 극복하는 데 도움이 될 것이다.

기존에 경험했거나 있을 법한 일로, 당신을 가장 화나게 하는 상황을 5번 자리에 적는다. 다음에는 가장 적게 화나게 하는 상황을 1번에 적는다. 그 다음에 점점 더 화나는 상황의 단계대로 2번에서 4번까지 채워본다.

당신의 상담자나 집단 지도자는 이 화나게 만드는 상황을 이완기술과 함께 사용해서 당신이 스트레스와 분노를 극복하도록 도울 것이다.

5. 극도로 화났을 때, 폭발할 것 같을 때 : _____

_____

_____

4. : _____

_____

3. 중간 정도의 분노, 긴장이 느껴질 때 : _____

_____

_____

2. : _____

_____

1. 낮은 분노, 약간 안절부절할 때 : _____

_____

_____

---

* 다니엘 샌더스의 허락하에 인용함. 허락없이 복사하거나 사용하지 마십시오.

Session 8
자기 존중감

□ **자료물**

주간 생활 점검지

분노의 사다리 오디오테이프

"자기 가치와 권한 강화의 집"

□ **목표**

자기인식과 인지적 재구조화 혹은 교정된 생활양식을 통하여 가해자에게 자긍심의 변화방법을 찾을 수 있도록 돕기

□ **과업**

1. 주간 생활 점검지 작성하기
2. 분노 사다리 오디오테이프 듣고 연습, 점검하기
3. 과제 점검하기
4. 자기 평가 논의하기 : 기준을 살펴보기
5. "너 자신을 최악으로 느끼게 하는 것이 무엇인가?"
6. "자기 가치와 권한 강화의 집" 논의하기
7. 스스로에 대해서 긍정적으로 말하도록 집단 구성원에게 요구하기
8. 과제 부과하기

□ **프로그램**

1. 칠판에 지난 회기에 다루었던 분노 사다리를 적어 놓는다. 집단 구성원들은 오디오 테이프에 따라 이완훈련을 한다. 이후 집단 구성원들이 긴장된 장면에서 상상되었

던 것을 물어보도록 한다. 그들이 가장 낮은 단계의 분노 장면에서 이용할 수 있는 것을 물어본다. 분노의 사다리 오디오테이프를 틀어 놓는다.

다음 회기에는 분노의 사다리 중 한 단계 높은 분노의 장면에서 어떻게 할 것인지를 집단 구성원들과 이야기할 수 있도록 한다.

2. 집단 구성원의 수행을 평가하는 데 사용되는 평가서식을 검토한다. 각각의 기준을 설명한다. 이것은 초기 오리엔테이션 때 점검한 것이긴 하지만 되풀이하여 설명해야 이 프로그램의 가치와 추구하는 바를 더 명확하게 할 수 있다. 각각의 사항을 점검하면서 최소한 한 명 이상에게 묻도록 한다. 진정한 피드백과 자기 존중감의 강화, 집단 구성원들 간의 상호지지를 증가시키도록 자극할 수 있는 기회를 제공할 것이다.

3. 당신 스스로를 최악이라고 생각하게 하는 것이 무엇인가? 사람들은 그들이 이미 자신을 강력히 비판했기 때문에 타인에 대해서도 비판적으로 반응하게 된다. 자신이 타인에게 두려운 점이 있거나 자신을 최악으로 보는 점들을 알게 되면 비난의 영향을 줄일 수 있다.

우리의 약점을 이야기하거나 우리 자신을 경멸하는 방식에 대해 설명한다. 그러면 기분이 조금 더 나아질 것이다. 때때로 우리는 아이처럼 말한 것을 그대로 믿고 취하는 경향이 있다. 우리 자신을 평가로부터 다소 거리감을 두자. 우리가 어렸을 때 상처받았던 것처럼 상처받지 않도록 해야 한다.

집단 구성원들에게 예를 들어, "나는 어리석다" "나는 게으르다" "나는 형편없다" 등의 꼬리표를 붙여 자신을 경멸하는 경험을 나누어 보게 하라. 그들이 지나치게 불편해 하지 않도록 주의를 기울여야 한다. 만일 누군가가 당신을 그렇게 보았다면 어떻게 할 것인지 물어보도록 한다. 만일 자신이 누군가에 의해 그렇게 불릴 것에 대한 두려움은 없는지 물어보도록 한다.

4. 긍정적인 자기 존중감의 중요성을 강화하고 자기 존중감이 어떻게 변화될 수 있는지 이야기해본다. "자기 가치와 권한 강화의 집"을 칠판에 그려 놓고 토론해보자. (첫 회기에서 학대의 집을 다루었듯이) 학대의 집에서 여러 생각들을 각기 다른 방에 채워 넣었었다. 현재 이 각각의 방들이 집단에 따라 변화되었을 수도 있다. 바뀐 방들의 이름은 다음과 같은 것일 수 있다.

- 일
- 사회생활
- 이완
- 부모역할
- 영성
- 배우자와의 관계
- 개인적인 기술(운동, 지적 능력 등)
- 개인적인 도덕성(예를 들면 선행 쌓기)

질문을 시작해본다.
- 이 집에 거주하는 것에 대해 어떻게 느끼는지?
- 이들 방들의 각각의 장점은 무엇인가?
- 이들 방들을 채우기 위해서 확실하게 필요한 것은 무엇인가?

그리고 마지막 질문은
- 이들 방들을 지원하는 지붕은 무엇인가?

이 대답은 "자기 가치"와 "권한 강화"이다.

5. 이번 회기의 집단활동을 바람직하게 운영하려면 집단 구성원들이 자신을 긍정적으로 느끼도록 해야 한다. 이것은 자기 존중감을 향상시키고 상담자들과의 관계를 강화시키는 데 도움을 줄 것이다. 흔하지 않은 반응들도 충분히 토론하고 자신들에 관해 말하고 싶은 느낌들을 잘 점검해주도록 한다.

과제

당신 자신의 긍정적인 면 다섯 가지와 개인적으로 성취한 것 다섯 가지를 적어본다.

자기가치와 권한강화의 집 그림 *
(The house of self-worth & empowerment)

핸드 아웃

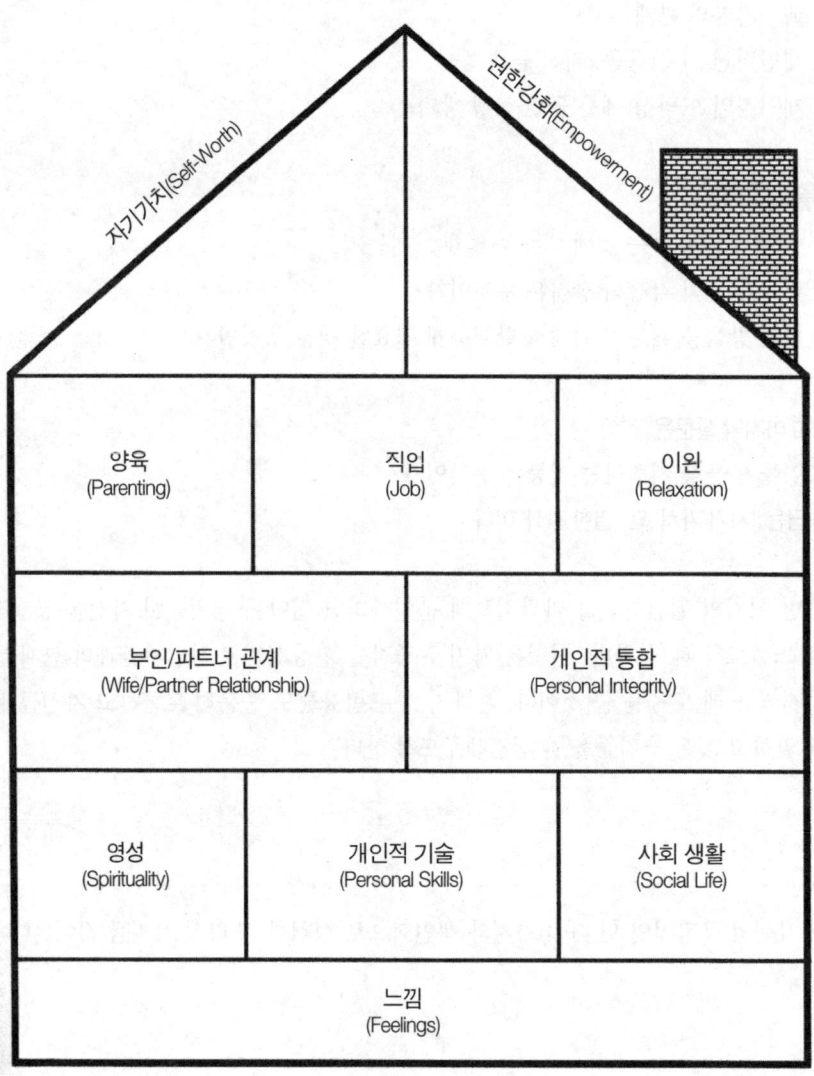

자기가치(Self-Worth)

권한강화(Empowerment)

| 양육
(Parenting) | 직입
(Job) | 이완
(Relaxation) |

| 부인/파트너 관계
(Wife/Partner Relationship) | 개인적 통합
(Personal Integrity) |

| 영성
(Spirituality) | 개인적 기술
(Personal Skills) | 사회 생활
(Social Life) |

| 느낌
(Feelings) |

---

* Amherst H. Wilder Foundation의 허락하에 인용함. 허락없이 복사하거나 사용하지 마십시오.

Session 9
감정 : 적절한 돌봄과 성장의 제공

□ **자료물**

주간 생활 점검지

분노의 사다리 오디오테이프

"감정 목록"

□ **목표**

집단 구성원들이 폭넓은 감정의 범위를 파악하도록 돕고 어려운 감정을 다루는 새로운 방식을 개발하도록 돕는다.

□ **과제**

1. 주간 생활 점검지 작성하기

2. 과제 점검하기

3. 분노의 사다리 오디오테이프를 틀고, 연습하기

4. 남성의 마초(Macho) 역할에 대해 토론하기

5. 감정 개념 소개하기

6. 칠판 위에 주요 감정 적어보기

7. "감정 목록" 검토하기

8. "참을 수 없는 감정의 주기" 개념 설명하기

□ **프로그램**

1. 밑에서 두 번째 칸 사다리부터 분노 사다리 항목의 예를 개별적으로 적는다. 적은 것을 집단 구성원에게 말하고 이완 오디오를 켠 후에 이완훈련을 한다. 긴장된 장면을

상상하도록 요청한다. 그리고 그 상상에 적절히 대처하는 장면을 검토하게 한다. 분노 사다리 오디오테이프를 틀도록 한다.

2. 남성들은 그들을 마초 역할로 이끄는 사회화 과정 때문에 충분한 감정을 표현하지 못하고 억제하고 지낸다. 일반적으로 남성들은 타인에게 표현해야 할 감정을 스스로는 잘 모르는 경우가 적지 않다. 많은 여성들이 가정하는 것처럼 남성들이 감정이 없는 것은 아니다. 상처받은 느낌과 두려움을 약화시키기 위해 감정을 분노와 공격성으로 빠르게 전환하는 일이 남성에게 주로 일어나는 일이다. 남성들은 타인이나 자신에게 생겨나는 그런 감정의 변화를 명백하게 느끼지 못한다. 남성들은 충분히 스스로를 알지 못하기 때문에 자신을 종종 속일 수 있다는 것을 설명한다. 부드러운 감정을 유지하는 경향이나 혹은 격한 감정으로 행동화하는 경향은 왜 남성이 여성에 비해 평균 7년이나 빨리 사망하는지를 설명하는 도구로 이용되기도 한다. 남성이 그들의 상처받은 감정을 표현하는 것 혹은 다른 사람이 자신에게 호감을 갖지 않는다는 것에 대해 두려워한다는 것은 흔한 일이다. 친밀한 관계에서는 그런 현상 중 극단적인 상황이 벌어지기도 한다.

다음을 설명한다.

> 감정은 정서적 상태이다. 4가지 주요 감정, 슬픔, 기쁨, 두려움 그리고 분노가 있다. 많은 사람들은 부끄러움 혹은 수치심이라고 알려진 감정을 다섯 번째 범주에 포함시키기도 한다. 색깔을 나타낼 때 많은 음영과 혼합이 있듯이 감정에도 음영과 혼합이 있다. 감정은 생각, 의견, 신념과 다르다. "나는 당신이 비난하는 것을 느낀다"라는 말은 의견이거나 관찰이다. "나는 당신이 그 이야기를 했을 때 상처받았다"라는 말은 관찰과 더불어 감정의 진술이다.

3. 칠판의 위쪽을 가로질러 5가지 주요 감정을 적어본다 남성들에게 이 다섯 감정과 비슷한 감정을 물어본다. 구성원들이 말한 감정들의 강도를 이야기해본다. 그들이 처음으로 감정이 생겼을 때 그 느낌을 표현하는 것이 중요하다는 것을 강조한다.

4. "감정 목록"을 검토한다. 한 명의 집단 구성원에게 목록으로부터 감정 중의 하나를 고르라고 한 후 그 감정을 행동으로 나타내라고 한다. 나머지 구성원들은 그 감정을 추측한다. 각 집단 구성원들이 감정 목록에서 다른 항목을 선택하여 계속 진행한다. 이렇게 진행하는 것은 재미도 있으며 집단 구성원들이 감정을 명확히 분류하는 데 도움을 줄 수 있다.

5. 다음을 물어본다.

어린 시절 혼날 때 당신은 어떤 감정을 느꼈습니까? 창피하거나 두려울 때 당신 스스로에게 긍정적인 면이 있다고 어떻게 말해줄 수 있습니까?

6. "참을 수 없는 감정의 주기"(Harward & Evans, 1996)의 유인물을 건네 준다. 이 주기는 남성들이 분노와 폭발 형성을 자주 경험하는 방법이라는 것을 설명한다. 이 모델에 따르면 남성들이 견딜 수 없는 감정들을 경험할 때―고통, 부끄러움, 무력함, 두려움, 죄책감, 불충분함, 외로움―그들은 빈번히 압도되는 느낌을 받는다. 남성들은 이 감정들이 나쁜 감정과 나약함의 징후들이라고 가르침을 받았다. 그래서 남성들은 방어가 해결은 아니라 할지라도 이런 감정들에 대해 방어하게 된다.

■ 책임을 부인하고 그녀를 비난한다 : "왜 자꾸 나만 나쁜 놈을 만드는 거야?"
■ 모든 사람과 모든 상황을 지배하려든다 : "잔말말고 이 방에서 나가! 청소나 해! 지금 당장!"
■ 고통을 일시적으로 덜기 위하여 알코올 혹은 약물을 습관적으로 사용한다.
■ 나쁜 감정을 전환시키기 위해 흥분을 추구한다 : "사람을 기분 좋게 만들 줄 아는 사람에게 가서 편히 쉬고 싶어"

이러한 방어가 그들의 고통을 경감시킬 때, 방어는 강화되어 더 선택하기 좋은 행동이 된다. 이 주기는 구타자의 내면에 살아 있게 된다. 물론 모든 일들이 전형적으로 이런 주기를 불러일으킨다 해도 부정적인 감정을 행동화하지 않고 인내하는 것을 배우는 사람들도 있을 것이다.

감정목록

핸드 아웃

아래에 나열된 것은 보다 흔한 감정들의 목록이다. 감정 목록은 더 많이 나열될 수도 있다. 우리가 다른 감정들을 명명할 수 있도록 배울 수 있는 유일한 방법은 우리에게 피드백을 주는 다른 사람들에 의해 배우는 것이다.

예를 들면, 당신이 아기였을 때, 당신이 서로 다른 색의 이름을 알고 있지 못했다. 누군가 당신에게 하늘은 푸른색이고, 소방펌프는 붉은 색이라는 것을 당신에게 계속 말했다. 더 많은 연습이 있은 후 당신은 붉은 색이 다양한 명암을 가지고 있다고 배웠다. 즉 분홍색은 진홍색과 다르며 밤색과는 전혀 다르다고 말이다.

서로 똑같은 것으로 느끼는 것이 있다면 그것은 진실한 것일 가능성이 많다. 많은 남성들은 내적으로 혼란된 기분을 느낄 때 그것을 "성난" 이라고 명명한다. 분노는 조금 자극받은 것부터 좌절한 것 그리고 화나고 격분하는 것까지의 다양한 수준과 명암을 가지고 있다. 성났다는 감정은 남성이 상처받고 위협받으며 창피하다는 것을 말하는 남성들의 방식 중 하나이다.

- 흥분한
- 부드러운
- 슬픈
- 외로운
- 실망한
- 무서워하는
- 만족하는
- 우울한
- 소심한
- 고통받는
- 질투하는
- 사랑스런
- 고양된
- 행복한

앞서 말한 다섯 가지 주요 범주의 감정들을 명확히 골라낼 수 있는지 본다. 몇몇 감정은 단 하나의 범주로 분류하는 것이 분명하지 않을 수도 있다. 여러 가지 감정들에 자신을 더 익숙하게 하고 자신에 대한 경험과 반응의 힘을 늘리도록 한다. 자신의 감정을 아는 것이 곧 힘이 된다.

참을 수 없는 감정의 주기

 핸드 아웃

긴장
(수용할 수 없는 감정으로부터)

· 무력감
· 아프다
· 부끄러운
· 무능력한
· 보잘것 없는

문제들

감정에 대한 방어

(수동적)
· (노여움을) 진정시키다
· 사과하는
· 부추키는

(적극적)
· 타인을 비난하는
· 폭력/학대
· 타인을 통제하는
· 알코올 & 약물
· 흥분 구하기
· 정서적으로 철회

경감
기분전환

---

* 허락없이 복사하거나 사용하지 마십시오.

Session 10
남성다움의 함정 I

□ **자료물**

주간 생활 점검지

"분노 사다리" 오디오테이프

"위대한 산티니" 비디오테이프, 장면 I

"남성다움의 함정"

□ **목표**

남성답다는 것에 관한 셀프-토크의 인지를 향상시킴으로써 파괴와 폭력으로 이끄는 행동을 줄이게 된다.

□ **과업**

1. 주간 생활 점검지 작성하기

2. 분노 사다리 오디오테이프 듣기

3. 셀프-토크와 남성다움의 함정에 대해 토론하기

4. 남성다움의 함정 예를 들어보기

5. 위대한 산티니 비디오 시청 : 장면 I에 대해 토의하기

6. "남성다움의 함정" 자료를 점검하고 토의해보기

7. 남성이 폭력을 격려받거나 폭력적으로 훈련되는 방식에 대해 토의하기

8. 과제 부과하기

□ **프로그램**

1. 밑에서 세 번째 칸 사다리부터 분노 사다리 항목의 예를 개별적으로 적는다. 적은 것을 집단 구성원에게 말하고 이완 오디오를 켠 후에 이완훈련을 한다. 긴장된 장면을

상상하도록 요청한다. 그리고 그 상상에 적절히 대처하는 장면을 검토하게 한다. 분노 사다리 오디오테이프를 틀도록 한다.

2. 남성들의 위치에서 주어지는 역할 때문에 흔히 사용하게 되는 셀프-토크에 대해 설명한다. 남성다움의 함정이라 말하는 기본적인 역할이란 (a) 남성만이 책임질 수 있고 (b) 남성들이 늘 승리해야 하며 (c) 남성은 감정을 표출하기보다는 냉정하게 처신을 해야 된다는 생각을 말한다.

3. 위대한 산티니(Great Santini) 비디오테이프를 본다 : 장면 I(1 : 03 : 22 시작 1 : 12 : 18 종료). 아들이 아버지가 말하는 남성다운 태도로 인해 억압되어가는 과정을 토론한다.

4. "남성다움의 함정" 핸드 아웃을 함께 검토해본다. 다음의 질문들을 사용해서 토의를 권장해본다.
   - 어떻게 경쟁적이고 거칠며 폭력적으로 변합니까?
   - 폭력적인 포르노그래피를 떠올려보거나 실제로 폭력적인 성관계를 해본 적이 있습니까?
   - 거칠어질 것을 어떻게 격려받습니까?
   - 언제 당신이 남성답다는 것을 알게 됩니까?
   - 가족 안에서 남성과 여성의 차이는 어떻게 나타납니까?

과제

남성다움의 함정을 표현하는 셀프-토크를 복습하면서 다음 질문에 답하시오.
1. 당신이 자신을 인정하는 믿음에는 어떤 것들이 있습니까?
2. 당신의 아들이 이런 신념으로 성장하게 하고 싶은가요? 아니라면, 왜 아닌가요?
3. 남성들이 이 신념을 지키려 할 때 어떻게 어려운가요?
4. 당신은 이런 방식으로 생각하는 남자와 친구가 되고 싶은가요?

남성다움의 함정 *

핸드 아웃

남성다움의 함정에 관한 문구들을 보고 셀프-토크를 복습하면서 다음의 질문에 답하시오.

1. 당신이 자신을 인정하는 믿음에는 어떤 것들이 있습니까?

2. 당신의 아들이 이런 신념으로 성장하게 하고 싶은가요? 아니면 왜아닌가요?

3. 남성들이 이 신념을 지키려 할 때 어떻게 어려운가요?

4. 당신은 이런 방식으로 생각하는 남자와 친구가 되고 싶은가요?

"나는 내 감정들을 결코 표현하지 않아. 언제나 강해야 해."

"결코 어떤 약한 모습도 보여서는 안 돼."

"여성스러운 행동을 해서는 안 돼."

"난 항상 통제가 잘 돼."

"난 이겨야만 해."

"모두 이겨야 해."

"난 매사에 성공해야 해."

"싸움에서 물러나서는 안 돼."

"타인의 결점을 찾는 것이 정상에 이르는 것이다."

"진짜 남자는 권한(힘)으로 문제를 해결한다."

"나의 소유와 성공은 나의 존재를 좌우한다."

"내 가치는 봉급과 같다."

"내 차와 옷과 집은 내가 무슨 부류의 사람인지를 증명한다."

＊Daniel G. Saunders의 허락하에 인용함. 허락없이 복사하거나 사용하지 마십시오.

Session 11
남자다움의 함정 II

□ **자료**

주간 생활 점검지

남성들의 행동(Men's Work) 비디오테이프 : 장면 I

"남자는 이래야 하는데……"

남성들의 행동(Men's work) 비디오테이프 : 장면 II

"남성으로서의 권리"

□ **목표**

남성답다는 것에 대한 셀프-토크가 얼마나 파괴적일 수 있는지에 대한 인식을 증가시키고 새로운 방관자적 선택에 대한 인지가 발달하도록 돕는다.

□ **과업**

1. 주간 생활 점검지 작성하기

2. 과제 점검하기

3. 분노 사다리 점검과 토론하기

4. 남성들의 행동 비디오테이프 시청하기 (장면 I)

5. 집단 구성원들이 "남자는 이래야 하는데……"에 대한 연습문제를 쓸 수 있도록 하기

6. 남성들의 행동 비디오테이프를 시청하기

7. 반응들에 대해 토의하기

8. 남성들의 행동 비디오테이프 시청하기 (장면 II)

9. 방관자 이슈와 셀프-토크에 대해 이야기하기

10. "남성으로서의 권리"를 검토하기

□ **프로그램**

1. 남성들의 행동 비디오테이프를 시청한다(장면 I). "남자는 이래야 하는데……"의 대사가 나타나는. 운동하는 장면에서 테이프를 멈춘다. 집단 구성원들 각각에게 "남자는 이래야 하는데……"의 자료물을 채워넣게 한다. 다시 비디오테이프를 틀고 배우들의 연기를 본다. 작성한 내용을 갖고 집단 토의를 한다.

2. 남성들의 행동 비디오테이프를 시청한다(장면 II : 남성이 일터에서 좌절감을 느끼고 돌아와 아내에게 욕설을 퍼붓는 장면). 남성 이웃과 이야기를 나누는 장면까지 계속 시청한다. 집단 구성원들에게 이런 장면이 친숙한지 물어본다. 남성의 셀프-토크를 검토한다. 비디오테이프의 남성 주인공이 장면 속에서 다르게 대처할 수 있는 방식에 대하여 고려해본다.

3. 타인에 대한 개입에 따른 반응을 검토한다. 방관자 이슈를 다룬다.
   - "진정한 남성"은 다른 남성이 어느 여성에게 불량하게 행동하는 것을 목격하였을 때, 이 상황에서 어떻게 행동해야 하는가?
   - 이러한 상황에서 방관자가 할 수 있는 선택들에는 어떤 것들이 있는가?
   - 당신이 피해 여성을 개인적으로 알고 있다면 어떻게 하겠는가?
   - 그 여성이 당신의 누이라면?
   - 무시하는 것이 남성다움에 충실한 것인가?
   - 피해 여성이 당신이 좋아하지 않는 사람이었다면 경우가 달라지는가?

4. "남성으로서의 권리"를 검토한다. "남성다움의 함정"에 빠지는 셀프-토크를 중지할 수 있는 방법들에 관해 토론한다.

남자는 이래야 하는데……

 핸드 아웃

남자는 …… 이어야 한다.
- ■
- ■
- ■
- ■

남자는 …… 해야만 한다.
- ■
- ■
- ■
- ■

남자는 …… 를 가져야만 한다.
- ■
- ■
- ■
- ■

남자는 …… 해서는 안 된다.
- ■
- ■
- ■
- ■

남성으로서의 권리 *

핸드 아웃

1. 남자로서, 나는 나의 느낌과 공포를 표현할 권리가 있다.
2. 남자로서, 나는 변화와 그 변화의 방향을 선택할 권리가 있다.
3. 남자로서, 나는 도움이 필요할 때 도움을 요청할 권리가 있다. 또 내 도움이 필요할 때 도움을 줄 권리
   가 있다.
4. 남자로서, 나는 내가 원하는 것과, 내가 항상 얻을 수 없는 것을 아는 지혜에 대해 물을 권리가 있다.
5. 남자로서, 나는 사람들이 내 기대에 못 미치는 것에 대해 이야기 할 권리가 있다.
6. 남자로서, 나는 생각하고, 행동하고, 사람을 대하는 새로운 방법에 대해 생각할 권리가 있다.
7. 남자로서, 나는 내가 강요당하는 판에 박힌 모습으로 살지 않을 권리가 있다.
8. 남자로서, 나는 내 절망, 실망, 근심에 대해 인정할 권리가 있다.
9. 남자로서, 나는 내 행동에 대한 책임을 선택할 수 있고, 다른 사람들이 내가 원치 않는 것을 강요하지
   않도록 할 권리가 있다.
10. 남자로서, 나는 나를 화나게 하는 누군가에게 폭력을 행사하지 않음으로써 내 힘을 과시할 권리가 있다.

---

* Wachter & Boyd(1982)의 허락하에 인용함. 허락없이 복사하거나 사용하지 마십시오.

Session 12
질투와 오해

□ **자료물**

주간 생활 점검지

"질투심 길들이기"

"오해"

□ **목표**

가해자들에게 그들의 질투적 반응들이 폭력행위의 계기가 될 수 있다는 것을 알도록 돕는다.

□ **과제**

1. 주간 생활 점검지 작성하기
2. 셀프-토크와 질투의 개념 소개
3. "질투" 자료물 점검하기
4. "질투" 자료물에 나오는 4가지 교훈을 요약하여 정리하기
5. 질투의 경험들에 관해 토론하기
6. "오해" 자료물 점검하기
7. 과제 부과하고 경멸에 대한 개념 소개하기

□ **프로그램**

1. 폭력적인 남성들에게서 가장 일치되는, 강력한 특성 중의 하나는 질투심이다. 때때로 질투심은 현실에 의거하기도 하고, 때로는 전적으로 가해자의 불안이나, 술 혹은 다른 약물의 사용에 근거한 환상일 수도 있다. 질투를 다루는 기술을 배우면 질투를

조절 가능하게 할 수 있다. 질투가 문화적 규범의 영향을 받는다는 관점은 중요하게 작용한다.

2. 질투 자료물의 첫 부분에 제시된 핵심을 설명해주도록 한다.

> 질투심은 우리를 붙들어 매는 곤란하고 힘든 감정이다. 특히 우리가 우리와 가까운 사람을 잃을까 두려워 할 때, 사소한 질투심은 자연스러울 수도 있다. 하지만 우리가 사랑하는 누군가를 잃는 것에 대해 지나치게 에너지를 소비하면서 공격적으로 통제하고 손발을 묶어 관계를 억압하면 그 질투심은 문제가 된다.

자료물을 읽고 자료물의 끝 부분에 제시된 네 가지 교훈을 칠판 위에 적어두도록 한다.

다음의 질문으로 토론을 해본다.
- 당신은 그 글에 있는 사람들 중에 누구와 비슷한 감정이나 생각이 들었습니까?
- 어떤 일이 당신에게 질투심을 만들어 내게 합니까?
- 당신의 질투심을 줄이기 위해 할 수 있는 어떤 셀프-토크가 있습니까?
- 당신은 배우자에게 질투심을 줄일 수 있게 하는 행동변화를 어떻게 정중히 부탁하겠습니까?

3. 자료물 "오해"를 검토한다. 사례에 대한 다양한 셀프-토크를 토의해본다. 그리고 다른 결과와 행동이 어떻게 발생할 수 있는지 토의한다.

4. 다음 회기의 과제로 "부모로부터의 경멸"을 설명하고 리더가 경험한 특정한 개인적 억압의 사례나 가족들의 경험을 5-10분간 이야기해준다. 또한 집단 구성원에게 아버지가 자신을 유기했을 때 경험한 것과 같은 이야기를 하되 남성들의 다른 예를 평가하지 않고 이야기하도록 제안한다. 이런 경험을 가능한 한 정상화한다.

과제

1. 다음 한 주 동안 질투심을 경험해본 상황을 세 가지 정도 적어 오라. 높은 단계(예를 들어, 당신의 부인이나 배우자가 다른 사람과 시시덕거리는 것 같은)부터 낮은 단계(당신의 상사가 누군가를 인정할 때)까지 어떤 것이든 포함될 수 있다. 만약 당신이

이번 주에 경험한 바가 없다면, 이전 주간에 있었던 경험을 생각해 작성해본다.

2. "부모로부터의 경멸" 자료물을 완성해 온다. 이 자료물은 점수화되지 않는다. 이 자료물은 과거의 경멸로부터 받은 상처가 현재의 셀프-토크에 어떻게 영향을 미치는지를 토의하고 집단 성원들을 돕기 위하여 활용될 수도 있다.

질투심 길들이기 *

핸드 아웃

질투심은 우리를 붙들어 매는 곤란하고 힘든 감정이다. 특히 우리가 우리와 가까운 사람을 잃을까 두려워할 때, 사소한 질투심은 자연스러울 수도 있다.

다음과 같은 상황에서는 질투심이 문제가 된다.

- 사랑하는 누군가를 잃는 것에 대하여 너무 많은 걱정으로 에너지를 소비할 때
- 공격적으로 다른 사람들을 통제하려고 시도할 때
- 배우자를 꼼짝 못하게 하여 관계를 억압할 때

❖ 피터는 그의 부인 수와 함께 파티에 갈 때마다, 흥분이 되곤 하였다. 수는 왠지 다른 남성에게 끌리는 것 같았고 다른 남성들도 수를 매력적으로 보는 것 같았다. 피터는 수가 다른 남성에게서 더 많은 매력을 발견할까봐 두려웠다. 피터는 수의 사랑을 잃는 것이 무섭기까지 하였다. 피터는 파티에 갔다 온 이후에는 꼭 싸우게 되었는데 표면상 질투 때문에 싸운 것은 아니었다.

어느 날 피터는 이런 싸움이 질투심과 어떤 연관이 있는지 생각하게 되었다. 그는 단지 드러난 사실이 아닌 다른 문제들을 살펴보기 위해 노력했다. 얼마 후 그는 자신에게 이렇게 말할 수 있게 되었다. "나는 내 아내가 매력적이라는 것을 안다. 때때로 다른 남자들이 내 아내가 매력적인 것을 발견하는 것 역시 당연하다. 이런 일이 내가 그녀를 잃는다는 의미는 아니다. 내 공포와 두려움은 나의 의심으로부터 오는 것이다. 다른 사람이 그녀를 좋아하는 것은, 내가 이미 아는 것을 확신시켜 주는 것이다. 그리고 그것은 긍정적이다."

❖ 조의 질투심은 피터의 질투심보다 강했다. 조는 부인이 집에 돌아오면 어디를 다녀오는지, 누구와 있었는지, 어떻게 행동했는지를 자세하게 물어본다. 때때로 조는 부인이 외도를 하고 있다고 의심하는 자신이 괴롭기도 했다. 그래서 조는 부인을 항시 데리고 다니거나 집에만 있어주기를 요구했다. 조는 부인에게 사실을 물어보면 물어볼수록 불신이 생기는 경험을 했다.

조는 친구와 외도에 대한 이야기를 하던 중에 깨달은 것이 있다. 그가 부인을 크게 의심하던 순간은 그가 다른 여성들에 대한 성적인 환상을 하고 난 뒤였다. 그의 질투심을 깨달은 이후 그는 자신에게 물었다. "내가 내 자신에게 죄책감을 느끼기 때문에 부인도 이런 환상을 할 거라고 생각하게 된 것이 아닐까?"

많은 남성들이 질투심에 관해 이야기하는 것을 좋아하지 않는다. 질투심을 느끼는 것 자체가 자신의 나약함을 인정하는 일이라고 생각하기 때문이다. 그러나 만약 질투심이 자연스러운 것이고 배우자와 이야기나눌 수 있는 좋은 주제라고 한다면 부부는 서로에 대해 더 많이 알 수 있는 특별한 기회를 갖게 되는 것이라 할 수 있다.

❖ 칼은 질투심이라는 괴물을 길들이는 가장 좋은 방법은 이를 부인에게 알리는 것임을 깨달았다. 칼은 부인과 질투심에 대하여 이야기하는 것이 편했다. 부인도 칼을 더 편하게 대하고 존경하게 되었다. 그들은 서로 그들이 묵인하기 어려운 행동에 대해서 이야기할 수 있게 되었다. 그들 사이를 가로막는 장벽이 더 많이 없어졌다.

피터, 조, 칼은 질투심을 길들이기 위하여 배운 것이 무엇인가?

1. 어떤 질투심은 자연스러운 것이며, 그것을 숨기는 것보다는 이야기하는 것이 최선이다.
2. 남성들은 배우자의 매력을 긍정적으로 볼 수도 있고 부정적으로 볼 수도 있다. 그의 선택이다. 만일 부정적으로 본다면 그는 스스로 에너지를 낭비하면서 싸우고 있는 것이다.
3. 이렇게 물어보는 것이 도움이 되기도 한다. "내 자신의 공상이나 행동에 대한 죄책감으로 인해 질투심이 생기는 것은 아닐까?"
4. 남성은 배우자의 생각이 아닌 행동에 특별한 제한이 되는 요구나 조건을 제시할 권리가 있다. 이런 권리는 물론 여성에게도 있다.

오해 *

핸드 아웃

폭력을 행사하지 않는 많은 남성들은 그들의 배우자에 대하여 폭력을 행사하는 많은 남성들과 다르게 생각한다. 큰 차이는 배우자의 행동을 얼마나 부정적인 의도로 해석하느냐에 있다. 폭력적인 남성들은 배우자의 행동들이 자신에게 상처를 주고 자존심을 상하게 하려는 의도가 있다고 생각하는 경향이 더 크다. 그들은 배우자의 행동을 그와 다르거나, 생각이 다르거나, 둔감하다거나 하는 의도로 받아들이지 않는다.

그들은 다음과 같이 생각하기 쉽다.
- "그녀는 나를 화나게 만들려고 시도하고 있다."
- "그녀는 나의 기분을 상하게 하려고 시도하고 있다."
- "그녀는 나를 경멸하려 하고 있다."
- "그녀는 자신이 원하는 것을 얻기 위해 시도하고 있다."
- "그녀는 싸움을 걸려하고 있다."

남자가 자기의 배우자를 이와 같은 방식으로 받아들일 때, 그는 자신의 폭력적이거나 공격적인 습관을 더욱 더 정당하게 느낄 것이다.

다른 이들은 이처럼 생각할 수도 있다.
- "나는 그녀가 나와 함께 더 많은 시간들을 보내기를 원한다. 나는 그녀에게 이야기하자고 할 것이다."
- "그녀는 종종 내가 좋은 시간을 잘 마련하지 못한다는 것을 잊고 지낸다. 나는 그녀에게 다음주에 외출하자고 말할 것이다."
- "나는 그녀와 좋은 시간을 보내어 기쁘다. 그녀는 매우 매력적인 여자이다."

다음 상황들을 이용하여, 당신 배우자의 의도에 대한 셀프-토크를 토론해본다.
- 당신은 친목회에 왔다. 당신은 지난 반 시간 동안 당신의 부인이 매력적인 남자와 웃고 이야기하고 있다는 것을 알았다. 그 남자는 당신의 부인과 시시덕거리고 있다.
- 당신은 섹스를 원하고 있다. 배우자에게 이런 욕구를 말했다. 그런데 배우자는 관심있게 반응하지 않고 섹스에 동의하지 않는다. 로맨틱한 분위기를 만들려고 노력을 했지만 배우자는 여전히 반응이 없다. 그녀는 당신의 행동에 무관심하고 흥분도 하고 있지 않다.

---

* Holtzworth-Munroe & Hutchinson(1993)의 허락하에 인용함. 허락없이 복사하거나 사용하지 마십시오.

Session 13
비난

□ **자료물**

주간 생활 점검지

위대한 산티니 비디오테이프 (장면 II)

"부모로부터의 비난"

□ **목표**

원가족으로부터 받은 부끄러움과 경멸이 남성들을 수치심에 매우 예민하도록 만든다는 것을 이해하도록 돕는다.

□ **과제**

1. 주간 생활 점검지 작성하기
2. '질투'에 대한 과제 점검하기
3. 분노 사다리 테이프 듣고 토론하기
4. 수치심 연구에 관해 토론하기
5. 위대한 산티니 비디오테이프 (장면 II) 시청하기
6. "부모로부터의 비난" 점검하기
7. 자료를 이용하여 수치심과 경멸의 개인적인 경험에 대해 토론하기
8. 가족관계에서 기원한 수치심이 현재의 셀프-토크 패턴에 미친 영향 검토하기
9. '책임감 방어'를 설명하고 과제로 부과하기

□ **프로그램**

1. "부모로부터의 비난" 과제를 점검하기 전에, 집단 지도자들은 남성 수치심과 가정폭

력 사이의 관계에 대한 더튼의 연구 결과를 제시한다(Dutton, D., with Golant, S., 1995; Dutton, van Ginkel, & Strazomski, 1995).

이 연구에 의하면 폭력적인 남성들의 기억은 거부, 냉담, 학대하는 아버지들에 관한 회상으로 특징지워져 있다고 한다. 자료를 분석한 후에 살펴본 결과 거부에 대한 측정 수치가 아동기 신체 학대의 측정 수치보다 미래의 학대에 미치는 영향이 더 크게 작용했다. 이 연구에서는 아내 학대자들이 수치심, 모욕, 혼란, 자아 의식에 대한 전반적인 공격으로 점철된 아동기를 경험한 것으로 보고하였다. 그들의 부모는 공공 장소에서도 폭력을 행사하였을 뿐만 아니라 때를 가리지 않고 벌을 주었다.

다음의 전형적인 수치심 내용은,

- 너는 나쁜 놈이다.
- 너는 결코 어떤 것도 이루지 못할 것이다.
- 나는 너를 지웠어야 했어.
- 내 인생이 실패한 것은 너 때문이다.

수치심에 노출되어온 사람들은 미래에도 수치심을 피하기 위한 어떤 행동들을 할 것이다. 그들은 자신이 비난받지 않기 위해 다른 사람들을 비난할 것이다. 그 결과로 그들은 관심을 필요로 하지만 요구할 수 없는 사람, 상처받기 쉽지만 상처를 인정하지 않는 사람, 애정 결핍으로 상처를 입지만 단지 비난만 할 수 있는 사람이 된다.

남성들이 자신의 아버지에 의해 거부당하거나 수치심을 자주 경험했을 때, 그들은 미래의 수치스런 상황들에 대해서도 지나치게 과민한 상태로 있게 된다. 그래서 그들은 수치스런 경험을 하고 나면 좀더 즉각적으로 반응하고 수치심을 없애기 위해 무언가 해야 한다는 느낌을 즉각적으로 갖게 된다. 이런 상황이 되면 남성들은 종종 자신을 수치스럽거나 모욕감을 맛보게 한 부인을 비난하고 자아 의식을 회복하기 위해 부인을 향해 분노를 표출한다. 한 여성이 아니라 여러 여성이 되면 그들은 한 사람의 여성뿐만 아니라 다수 여성에게도 그렇게 한다.

2. 이런 생각에서 수치심, 모욕이라는 말보다는 비난이라는 용어를 사용한다. 수치심 이라는 용어는 너무 많은 부정과 방어를 유도한다. 비난과 같은 단어로 용어를 교정 하는 것이 나을 수도 있다.

3. 위대한 산티니 테이프의 장면 II를 함께 시청하라. 아버지가 그 자신의 불안 때문에 아들을 모욕하는 것에 대해 토론한다. 그리고 아래의 질문으로 집단토의를 한다.

   ▪ 이 상황에서 벤은 어떻게 느낄까요?
   ▪ 이러한 감정을 당신의 아들이 느끼길 원합니까?
   ▪ 산티니의 의도는 무엇이었습니까? 그는 그의 아들을 모욕한 것입니까? 또는 그는 파괴적인 방식으로라도 자녀를 최고가 되게 하려고 한 것입니까?

4. 이러한 일반적인 토론 후에, 지난 주 과제인 "부모로부터의 비난"을 검토한다. 이 영역은 채점하지 않는다. 단지 회상과 토론을 자극하여 돕도록 한다. 만약 영화의 벤과 유사한 경험이 있는 사람이 있는지 질문한다.

5. 특히 부부간의 상황에서, 과거의 수치심 경험과 현재의 셀프-토크 관계를 검토해본다. 아동기에 아버지에 의해 수치심 경험이 많은 사람은 어른이 되어서도 수치심 경험에 취약하다는 것이다. 그래서 그들은 다른 사람들에 비해 훨씬 더 수치심을 많이 느끼고 수치심을 제거하고 벗어나기 위해 무언가 해야 한다는 느낌을 더 강요받는다.

   ▪ 당신은 아동기의 경험 때문에 비난이나 모욕감에 대해 민감해질 수도 있다는 것을 이해할 수 있습니까?

과제

1. "책임감 방어" 완성해오기

부모로부터의 비난 *

 핸드 아웃

당신이 성장하는 과정에서 당신의 부모(양부 포함)로부터 경험한 것을 1번-4번까지의 정도를 비교하여 적으시오. 당신의 성장과정에서 누가 더 강력한 영향을 미쳤는지도 표기하시오.

1. 전혀 발생하지 않았다.
2. 가끔 발생했다.
3. 자주 발생했다.
4. 항상 발생했다.

	부	모
1. 나의 부모님은 내가 다르게 행동하기를 원했다.		
2. 유년기에, 나는 다른 사람 앞에서 신체적으로 맞거나 꾸짖음을 당했다.		
3. 나의 부모님은 다른 사람 앞에서 내가 수치감을 느끼도록 말했다.		
4. 나는 겁쟁이 또는 가족의 죄를 대신 지는 사람으로 여겨졌다.		
5. 나는 내 부모가 행복하지 않았을 때 내 잘못이라고 느꼈다.		
6. 나는 내 부모가 나에게 비열하게 대하고 감정이 있다고 느끼곤 하였다.		
7. 나는 큰 잘못이 없어도 부모에게서 체벌을 받곤 하였다.		
8. 나의 부모는 나를 비난하거나/ 다른 사람 앞에서 내가 얼마나 쓸모없는 사람인지를 말하곤 하였다.		
9. 나의 부모는 이유 없이 나를 때렸다.		
10. 나의 부모는 나에게 수치심을 갖도록 하였다.		
11. 나의 부모는 나에게 이유를 알려주지 않고 화를 내곤 하였다.		

---

* Dutton, van Ginkel, Strazomski(1995)의 허락하에 인용함. 허락없이 복사하거나 사용하지 마십시오.

Session 14
책임감

□ **자료물**

주간 생활 점검지

"책임감 방어"

"책임감 진술"

□ **목표**

집단 구성원들이 가능한 한 자신의 파괴적인 행동을 이해하도록 돕고 자신을 정당화하기 위해 사용한 합리화가 무엇인지를 이해하도록 돕는다.

□ **과제**

1. 주간 생활 점검지 작성하기
2. "책임감 방어" 과제 점검하기
3. "책임감 진술"에 관한 집단 참석자들 각자의 세부사항을 검토하기

□ **프로그램**

1. "책임감 방어" 과제를 검토하고 개인적 답을 토론해보는 시간을 갖는다. 모든 구성원들이 각자의 방어들을 이해하고 자기 자신만의 방식을 이해하도록 돕는다.

2. "책임감 진술"을 소개해준다. 각각의 문장들을 꼼꼼하게 살펴보도록 한다. 집단 구성원들이 집단 토론을 통해 자신의 "책임감 진술" 자료를 채우도록 돕는다. 구조화된 토론을 통해 자신이 얼마나 파괴적으로 행동했는지를 파악할 수 있어야 한다. 이것은 목표가 명확하게 구조화되었기 때문에 어느 누구라도 이 서술에 맞추어 사건들

을 파악할 수 있다. 방어적이지 않은 분위기가 형성되어 구성원들이 자신의 학대 행동을 기꺼이 파악하고 자신을 정당화하는 태도들에 관해 명확하게 파악하기를 바란다.

만일 참가자의 이전 기록이나 자료를 통해 사건 전말에 대한 배경 정보를 알고 있다면 파괴적인 행동을 회상하는 데 도움을 줄 수도 있다. 이런 검토를 통하여 집단 구성원들은 자신의 행동과 셀프-토크를 세밀히 성찰할 기회를 갖고 합리화 과정에 대한 집단 토론을 할 수 있게 된다. 이 토론을 진행하면서 앞서 아홉 가지 원칙 중 첫 번째인 자신의 행동에 대해 자신이 100% 책임진다는 원칙을 상기시키도록 한다.

책임감 방어

핸드 아웃

자신의 배우자에게 파괴적으로 행동하는 사람들 대부분은 자신의 행동을 마음 안에서 정당화하고자 한다. 비록 그들이 항상 가족이나 배우자에게 학대적인 것은 아니라고 하지만 그들은 늘 "예외를 만든다".

그런 다음 나중에, "내가 실수했어. 내가 너무 했던 것 같아. 이건 어느 누구의 잘못도 아닌 내 잘못이야."라고 명백하게 말하는 대신, 어쩔 수 없는 상황이라고 합리화한다.

여기에 몇 가지 전형적인 예들을 소개한다. 당신이 경험한 바 있는 것에 동그라미를 치고 당신이 실제로 당신 자신이나 다른 사람들에게 했던 당시의 말을 구체적으로 적어 보도록 한다.

- 큰 일이 아니다 : "나는 폭력적이지 않았다. 내가 한 건 그녀를 때린 것밖에 없다."

- 의도 : "나는 그녀에게 상처를 주려고 했던 게 아니다. 나는 단지 그녀가 이해하길 바랬다."

- 자기표현 : "내가 겪고 있는 것을 그녀가 알게 해야 된다는 게 내 입장이었다."

- 부정 : "그런 일은 없었다. 그녀가 거짓말을 하고 있다."

- 중독 : "나는 술에 취했었다. 기억도 잘 안 난다."

■ 통제력의 상실 : "나는 단지 가볍게 쳤을 뿐이다. 나는 내가 뭘 하는지조차 몰랐다."

■ 비난의 투사 : "이건 그녀의 잘못이다. 그녀가 날 믿었거나 나한테 조르지 않았거나, 또는 돈을 너무 많이 쓰지 않았다면……."

■ 역할의 왜곡 : "나는 그녀 자신의 안녕을 위해서 그녀에게 손을 대야 했다. 그녀는 미친 듯이 행동했다."

책임감 진술 *

핸드 아웃

책임감이 있다는 것은 자신의 행동을 인식하고 책임을 진다는 것을 의미한다. 이 유인물은 당신이 인간관계에서 보이는 파괴적인 행동을 인식하게 도와줄 것이다. 파괴적 행동들이 늘 신체적 학대로 나타나는 것은 아니지만 때때로 많은 사람들이 친밀한 관계에서 더 학대적 행동을 보인다.

이 자료를 통하여 당신은 지난날의 잘못을 더 잘 인식할 수 있는 기회를 가질 뿐 아니라 당신이 갖고 있는 변화에 대한 열망을 점검할 수 있다. 이 유인물을 작성하면서 아홉 가지 법칙 중 첫 번째 원칙인 "우리는 모두 자신의 행동에 100% 책임을 진다"를 기억해본다. 이 유인물은 되돌려주지 않으며 집단토론에 이용될 것이다. 하지만 당신이 하지도 않은 일을 인정하거나 다른 사람이 저지른 행동까지 당신이 책임질 것을 바라지는 않는다.

■ 나는 내 배우자에게 다음의 파괴적인 행동을 했었다.(해당되는 것에 모두 동그라미를 하시오)

언어적 학대 :		비난	고립시키기	통제하기
	아동을 조종하기	스토킹	경제적 학대	경멸
	위협	편지나 전화 감시	무시하기	심리적으로 괴롭히기
성적 학대 :	성행위 강요	성적 수치감 주기	성교 요구	성적 비난
신체적 학대 :	신체 강박	떠밀기	뺨 때리기	발로 차기 주먹질
	물건 던지기	기물파손	목조르기	무기사용

기타 : _____

■ 나는 위의 파괴적 행동에 책임이 있다. 나의 행동은 내 배우자 때문이 아니다. 나는 선택의 여지가 있었다.

---

* Pence & Paymar(1993)의 허락하에 인용함. 허락없이 복사하거나 사용하지 마십시오.

■ 나는 나의 파괴적인 행동을 합리화하기 위해 아래의 이유를 사용했었다.(예를 들어, 술, 스트레스, 분노, "그녀가 나를 귀찮게 했다." 등)

1._____

2._____

3._____

■ 이런 행동들 때문에 내 배우자가 나에 대해 의심스러워하고 위협을 느끼고 공포스러워 함을 인식한다.

Session 15
SWITCH

□ **자료물**

주간 생활 점검지

"위험한 셀프-토크"

"확신하는 셀프-토크"

"Switch"

□ **목표**

자기관리 영역에서 배운 모든 기술을 연습하고 통합한다.

□ **과업**

1. "주간 생활 점검지" 작성하기
2. "위험한 셀프-토크" 점검하기
3. "자신감에 찬 셀프-토크" 점검하기
4. 집단 구성원의 반수는 "Switch" 연습하기

□ **프로그램**

1. "위험한 셀프-토크"와 "확신하는 셀프-토크"를 점검한다. 이를 통해 셀프-토크의 주제를 강화시키고, "Switch"를 연습하도록 준비시킨다

2. 새로운 기술을 연습하기 위해서 지원자에게 스트레스 상황을 고르게 한다. "Switch" 단계를 밟아가도록 지도한다. 이는 집단 구성원들이 스스로 자신을 평가하고 새로운 생각을 통합할 수 있는지 알아보는 매우 중요한 기회이다. 일반적으로 다음과 같

이 할 수 있다 "역할극으로 할 때, 지금까지 배웠던 모든 기술들을 연관지어 사용해 보세요. 예를 들면 이완기술, 자존감 세우기, '나쁜 혼잣말 하기' 에 대한 도전, 건설적인 사고 등의 기술들."

- "Switch"의 첫 번째 단계는 문제 상황과 셀프-토크를 확인하기 위해서 사용된다. 대상이 되는 구성원은 그가 문제 상황 전후와 그 기간 동안 가졌던 생각에 대해 설명한다.

- 두 번째 단계에서는 대상자가 셀프-토크에 대한 대처기술로서 발전시키고자 하는 내용에 초점을 두고 새로운 셀프-토크를 결정한다. 다른 집단 구성원들은 셀프-토크에 대항하는 내용들이 나오도록 도와준다.

- 모델링을 하는 상황에서 리더들은 자기좌절에서부터 자아회복에 이르기까지의 "Switch" 과정을 설명한다. 대상이 되는 구성원은 "Switch" 기간 동안 이를 연습하게 될 것이다.

- 재구성을 시작한다. 대상이 되는 구성원들에게 예전에 문제가 되었던 상황으로 되돌아 가는 상상을 하게 한다. 리더는 대상이 되는 구성원에게 자기를 좌절시키는 셀프-토크를 큰소리로 말하도록 지시한다. 리더가 구령을 하면 집단은 매우 큰 소리로 "Switch"라고 제창하고 대상이 된 구성원은 새로운 셀프-토크로 바꾼다.

이것은 즐거우면서도 개인의 전형적인 셀프-토크 패턴에 충격을 가하는 의미를 지닌다.

- 자기 평가와 집단 피드백 시간을 갖는다. 집단 구성원들은 개선을 위한 제안에 따라 잘 이뤄졌던 셀프-토크 재구성에 대해 피드백을 준다.

3. 집단 구성원 절반과 함께 "Switch"를 연습한다. 과거에 문제가 된 상황을 정하고, 모든 집단 구성원들이 다음 두 세션에서까지 이 연습을 하도록 한다. 학대행동에 대한 개인의 책임을 시험하는 능력이 그들에게 있는지 평가하고 있는 중임을 명심한다.

위험한 셀프-토크 *

 핸드 아웃

❖ 그녀는 다른 사람과 함께 있길 원한다.

❖ 그녀는 나를 모욕하려고 한다.

❖ 이 상태가 계속될 거야.

❖ 나는 절대로 내 방식대로 하지 못한다.

❖ 아무도 이해하지 못한다.

❖ 나와 함께 잘해나갈 수 사람은 아무도 없다.

❖ 만약 내가 강하게 나오지 않으면 그녀는 나를 약하다고 생각할 것이다.

❖ 그녀에게 나 스스로 통제하고 있다고 보여줄 필요가 있다.

❖ 만약 그녀가 다른 남자와 이야기한다면 그것은 그녀가 그 남자와 함께 자길 원한다는 의미이다.

❖ 그녀는 아무 것도 하지 않고 그저 집에 있으면서 아이들이나 보고 전화로 수다나 떨고 있다.

❖ 만약 다른 남자들이 그녀를 본다면 그것은 그녀가 그들과 사귀고 있으며 나의 인격을 떨어뜨리는 것을 의미한다.

❖ 그녀 때문에 아이들이 나를 존경하지 않는다.

❖ 그녀는 나를 바보로 만들기 위해 외출한다.

❖ 그녀 자신만을 위한 시간을 원할 때 이는 그녀가 나를 원하지 않음을 의미한다.

❖ 내가 그녀를 원할 때 그녀가 내 옆에 없는 것은 그녀가 신경쓰지 않음을 의미한다.

❖ 나는 병자고, 이 모든 개똥 같은 것들로 지쳤다.

❖ 내가 무엇을 하던지 간에 충분하지 않을 것이다.

❖ 그녀가 성 관계를 원하지 않을 때, 그것은 그녀가 진짜로 관심이 없거나 바람을 피고 있다는 것을 의미한다.

❖ 그녀에게는 나보다 아이들이 더 중요하다.

❖ 그녀에게는 나보다 그녀의 친구들이 더 중요하다.

❖ 그녀에게는 나보다 그녀의 가족이 더 중요하다.

---

*Michael Lindsey의 허락하에 인용함. 허락없이 복사하거나 사용하지 마십시오.

자신감에 찬 셀프-토크 *

 핸드 아웃

❖ 이러한 생각들은 나에게는 아무런 쓸모가 없다.

❖ 나는 그녀를 신뢰한다.

❖ 그녀는 나에게 그녀를 믿지 못하게 하는 어떠한 이유도 제공하지 않는다.

❖ 그녀가 옳을지 모른다.

❖ 나는 내 주장을 할 수 있다.

❖ 나는 타임 아웃을 취할 수 있다.

❖ 비록 지금은 그렇게 보이지 않더라도 그녀에게 나는 중요한 존재이다.

❖ 나는 내 자신의 반응을 통제하고 있다.

❖ 내가 그녀를 화나게 하지 않는 한 그녀는 나를 화나게 할 수 없다.

❖ 나는 내 자신을 편안하게 하기 위해 어떤 것을 할 필요가 있다.

❖ 그녀가 화를 내도 나는 괜찮다. : 지금 당장 화난 그녀를 진정시킬 필요가 없다.

❖ 나는 아니라고 말할 수 있다.

❖ 나는 협상을 할 수 있고, 타협을 제안할 수 있다.

❖ 나는 내가 원하는 것을 요구할 수 있다.

---

* Michael Lindsey의 허락하에 인용함. 허락없이 복사하거나 사용하지 마십시오.

SWITCH !

핸드 아웃

1. 무엇이 잘못되었는가?

a. 누가 관련되었는가? 언제 일어났는가? 어디에서 일어났는가? 무슨 일이 일어났는지 정확하게 묘사한다. 구체적이고 객관적인 자세를 취한다.

b. 영화처럼 이것을 재연한다. 구체적으로 어떤 행동을 하였고 무슨 말을 하였는가?

c. 다른 집단 구성원들은 "영화"의 내용이 얼마나 명확한지를 질문을 통해 도와야 한다.

2. 나의 셀프-토크는 무엇이었나?

a. 문제상황 전후와 그 기간동안 있었던 나의 셀프-토크는 무엇이었나?

b. 다른 시점에 멈춰 서서 셀프-토크를 확인할 수 있도록 영화의 장면을 고정시킨다.

c. 집단 구성원들의 도움을 받아 자신을 좌절시키거나 비생산적이었던 셀프-토크를 분석한다.

3. 내가 사용해온 것 중 새롭고, 보다 생산적인 셀프-토크는 무엇인가?

a. 지금 상황 대신에 당신 자신에게 말하고 싶은 것들은 무엇인가?

b. 대안적인 셀프-토크를 찾기 위해 집단은 브레인스토밍(Brainstorming)을 실시한다.

4. 셀프-토크 "Switch"

a. 문제 상황에서 한 걸음 물러선다.

b. 큰 소리로 예전의 셀프-토크를 말한다.

c. 집단이 "Switch" 라고 외치면 예전의 셀프-토크 대신에 생산적인 셀프-토크를 사용한다.

5. 당신은 무슨 생각을 하는가? 집단은 무슨 생각을 하는가?

a. 당신이 고치지 못한, 자신을 좌절시키는 셀프-토크를 사용했는가?

b. 당신은 자신을 좌절시키는 셀프-토크에서 좀더 생산적인 셀프-토크로 효과적으로 전환(switch)했는가?

Session 16
기술 통합하기

□ **자료물**

"주간 생활 점검지"

"조(Joe)의 셀프-토크"

"Switch!" (15 세션에서 다룬)

□ **목표**

자기관리 영역에서 익힌 모든 기술을 연습하고 통합하기

□ **과업**

1. "주간 생활 점검지" 작성하기
2. "조의 셀프-토크" 점검하기
3. 집단 구성원들 반수와 함께 "Switch" 연습하기

□ **프로그램**

1. 핸드 아웃 "조의 셀프-토크"를 보자. 어떻게 "나쁜 혼잣말"이 파괴적인 행동으로 발전하게 되었는지 좀더 많은 정보를 제공하기 위해 유인물을 돌려보며 토론을 한다.
2. 자원자에게 스트레스 상황을 정해 새로운 기술을 연습하게 한다. "Switch" 단계를 밟도록 리드한다.

조(Joe)의 셀프-토크 *

 핸드 아웃

"내 이름은 조(Joe)다. 작년 7월 아내와 나는 돈 문제로 말다툼을 하기 시작했다. 우리의 싸움은 항상 서로의 청구고지서로 인해 생긴다. 그녀는 나를 전혀 존중하지 않는다. 아무튼 아내는 우리에게 돈이 없다고 불평을 해댔고 늘 그것 때문에 싸운다. 아내는 더 이상 참을 수 없을 때까지 언쟁을 하고 소리를 질러댔고 나는 아내에게 입 좀 닥치라고 말했다. 아내는 계속해서 소리를 질러댔고 나는 아내의 목을 움켜쥐고 입닥치라고 말했다. 다음날 나는 법원 출두 명령서를 받았고 판사는 나에게 상담을 받고 이 모임에 나가라고 하여 이 자리에 오게 되었다. 아내가 날 화나게 하거나 미치게 만들 때 가끔 이성을 잃곤 하지만 그렇다고 내가 폭력을 휘두르는 사람은 아니다. 내가 생각하기에 나는 아내 학대자는 아니다. 단지 술을 마셨을 때 몇 차례 아내를 밀친 적은 있다. 단 술을 마셨을 때뿐이다."

여기 조의 셀프-토크와 내적 사고를 순서대로 적어놓았다.

1. 그녀는 언쟁을 하고 소리를 지르고 있었다.
2. 그래서 나는 그녀에게 입 닥치라고 말을 해야만 한다.
3. 그녀는 계속해서 나를 들들 볶아댄다.
4. 그래서 나는 그녀를 움켜 잡고 위협해야만 한다.

조의 이야기는 우리에게 그의 셀프-토크에 대해서 많은 것을 말해준다. 여기에 다음과 같은 태도와 행동을 이끌어내는 몇 가지 셀프-토크가 있다.

■ 그녀가 내게 듣기 싫은 말을 할 때 나한테는 그녀를 입 닥치게 할 권리가 있다.
■ 내가 그녀에게 그만두라고 했는데도 계속 해댄다면 나는 그녀를 신체적으로 그만두게 할 수 있다.
■ 내가 그녀에게 한두 번 혹은 그 이상 뭔가를 하라고 말했는데도 그녀가 하지 않는다면 그녀를 때리라고 나에게 압력을 가하는 것이다.
■ 내가 그녀를 때리게 되는 것의 일부분은 그녀의 잘못이다.
■ 내가 받아들일 수 있는 또 다른 선택의 여지가 나에겐 없었다.

당신은 무슨 생각을 하는가? 당신의 셀프-토크에 대해 약간이라도 인식하고 있는가? 어떻게 셀프-토크가 폭력적이거나 학대적인 행동으로 발전되어 나가는지 알 수 있는가?

---

* Pence and Paymar(1993)의 허락하에 인용함. 허락없이 복사하거나 사용하지 마십시오.

관계 증진을 위한 기술

Session 17
자기주장하기(Assertiveness)

□ **자료물**

"주간 생활 점검지"

"자기주장"

"무엇이 자기주장적인 행동인가?"

"감정 유지하기"

□ **목표**

자기 인식과 인지적 재구성을 통해 좀더 자기주장적으로 되도록 가르친다.

□ **과업**

1. "주간 생활 점검지" 작성하기

2. "자기주장" 점검하기

3. 행동의 네 가지 유형에 대해 토론하기

4. "무엇이 자기주장적인 행동인가?"에 대해 토론하기

5. 자기주장 행동에 관해 모델링하기와 역할극해보기

6. 과제 부과하기

□ **프로그램**

자기주장에 대해 기본적인 교육을 하고 집단 구성원들이 자신의 자기주장의 정도를 알게 하기 위해 "자기주장"과 "무엇이 자기주장적인 행동인가?"를 점검한다. 첫 번째 유인물에 있는 네 가지 유형의 행동에 대해 토론하면서 구성원들이 예를 말하도록 격려한다. 리더는 다른 예들을 보여주고, 다른 주장적인 행동에 대하여 모델이 되어보고 역할

극을 한다. 집단 구성원들이 개인적으로나 대인관계에서 자기주장적인 행동의 이점들을 생각해보도록 격려한다.

집단 성원들에게 이것은 방법이지 규칙이 아니라는 점을 상기시킨다. 때로는 수동적이라는 느낌을 갖게 하기도 하며 또 때로는 공격적이라는 느낌이 들게 한다. 이러한 방법들은 우선적으로 최대한 존중하는 관계를 위해 고안된 것이다.

과제

1. "감정 유지하기"를 사용하여 당신이 화나는 상황에서 다르게 행동하는 것에 대해 묘사해보시오.

자기주장

핸드 아웃

1. 주장적 - 이 행동은 당신이 느끼고 원하는 것이 무엇인지 알고 있는 것으로 또한 이는 다른 사람들의 권리를 무시하지 않고 당신의 감정과 요구를 직접적으로 솔직하게 표현하는 것이다. 언제나 당신은 당신의 느낌과 행동을 책임 있게 받아들인다.

　"난 서둘러 일하러 가야했는데, 당신이 쇼핑갔다 늦게 들어오는 게 화가 났어."

2. 공격적 - 이 행동은 누군가를 공격하거나 통제, 자극하는 것으로 심지어 폭력을 행사하는 것도 이에 속한다. 이러한 행동의 결과는 당신 자신뿐만 아니라 다른 사람들까지 파괴할 수 있다.

　"도대체, 뭐가 잘못됐는데? 너 나 잘해!"

3. 수동적 - 이 유형의 사람들은 뒷전으로 물러나려 하고 불안해하며 문제를 회피한다. 수동적인 사람은 자신에 관해 다른 사람들이 생각하고 결정하고 무엇을 할지 말하게끔 한다.

그는 분하다고 느끼면서도 표현하거나 그 감정을 다루지 않고 소용없는 짓이라고 느낀다 : 더 나아질 가치도 없다고 여기거나 아무도 자기 말을 듣지 않을 것이라고 생각한다. 대개는 우울해지며 배우자가 의도적으로 자기 이익만 취해간다고 믿게 되지만 그 상황에 대해 아무런 조치도 취하지 않는다.

4. 수동·공격적 - 이 유형의 사람은 상대방에게 직접적으로 말하지 않고, 일어난 일에 대해 받아들이지 않는다. 그렇지만 간접적 태도로 앙갚음을 한다. 이 유형은 혼란을 일으킨다. 상대방은 "괴롭다"라고 느끼지만 어떻게, 왜 그런지 정확히 확신할 수 없다. 그리고 괴롭히는 사람은 전혀 아무 짓도 하지 않은 것처럼 행동할 수 있다―그리고 상대방이 단지 "너무 예민하다."라고만 암시한다.
어떤 사람이 자기 여자친구에게 차갑게 대한다. 그리고는 여자친구가 그것에 대하여 말하면 아무 문제없는 것처럼 말한다.

자기 아내에게 인정받지 못한다고 느끼는 사람이 아내의 부재중 전화 메시지를 전하지 않고 "깜빡 잊었다."고 한다. 또는 아내의 체중에 대해 비꼬면서 "농담"이라고 한다.

무엇이 자기주장적인 행동인가?*

핸드 아웃

1. 당신이 원하는 것에 대하여 요청하고, 강요하지는 마십시오.
2. 자기의 감정을 표현하는 것이다
3. 다른 사람들에게 순수하게 피드백을 주거나 칭찬을 해보고, 그리고 그들을 받아들인다.
4. 공격적이지 않은 방식으로 거절한다.
5. 다른 사람들에게 질문하고 정보를 얻는다.
6. 판단이나 비난없이 "나 메시지" 와 "나는 ……라고 느낀다" 진술법을 이용하여 말한다.
7. 이야기하는 동안에 눈을 맞춘다(문화적으로 부적절한 경우를 제외하고).

예시

1. "내가 오늘 밤 아이들의 과제를 어떻게 봐줘야 할지 조언 좀 해주겠소?"
2. "당신이 친구들 앞에서 내 몸무게를 가지고 놀렸을 때, 당황했어요."
3. "엄마, 엄마가 더 자주 전화하길 바라는 거 알아요. 하지만 우리 둘 다 너무 바쁜 걸 엄마가 모른다는 생각이 들어요."
4. "코리, 네 성적표를 봤는데, 걱정이 되는구나. 자 앉아서, 우리 이것에 대해 얘기 좀 할까?"
5. "사라, 우리 서로 화 좀 가라앉힌 후에 얘기를 했으면 좋겠어."
6. 사람의 눈을 보고 말하세요, "나는 진심으로 당신을 생각해요, 우리 잘 해 봐요."

---

* Geffner & Mantooth(1995)의 허락하에 인용함. 허락없이 복사하거나 사용하지 마십시오.

감정 유지하기(KEEPING TRACK)

 핸드 아웃

이번 한 주간 당신에게 일어난 상황을 적어보시오. 아래의 칸에 정보를 적으면서 이 상황에서 최상의 반응은 어떤 것이었을지 적어 보시오.

상황 및 날짜	
신체적 신호(내 자신의)	
셀프-토크	
어떻게 느꼈는가	
나의 행동	
최상의 반응	

* 허락없이 복사하거나 사용하지 마십시오.

Session 18
감정표현하기와 변화 요청하기

□ **자료물**

"주간 생활 점검지"

"요청과 거절"

" '나' 메시지 또는 변화 요청하기"

"감정 유지하기(Session 17)"

□ **목표**

집단 구성원들에게 감정을 표현하고 다른 사람에게 변화를 요청하는 구체적인 기술을
가르친다.

□ **과업**

1. "주간 생활 점검지" 작성하기

2. 과제 점검하기

3. "요청과 거절" 점검, 연습하기

4. " '나' 메시지 또는 변화를 요청하기" 점검, 연습하기

5. 과제 부과하기

□ **프로그램**

1. "요청과 거절" 유인물로 적극적인 요청의 개념을 설명한다. 이 요청들이 진술이나
   명령의 형태가 아니라 질문으로 제시됨을 분명히 한다. 자기주장적 요청의 두 가지
   타입에 대해 토론한다.

2. 각각의 상황에 대해 자기주장적 요청을 시범보이고 역할극을 한 후 토론한다.

3. "요청과 거절" 유인물로 자기주장적 거절의 개념을 설명한다.

4. 각각의 상황에 대해 자기주장적 거절을 시범보이고 역할극을 한 후 토론한다.

과제

1. "당신이 요청할 수 있는 것은?"을 완성하시오. 오늘 배운 여러 가지 기술들을 연습해 보시오. 왜 어떤 요청은 다른 것보다 더 어려운지 적어 보시오.

2. 지난 한 주 동안 당신을 화나게 했던 상황을 "감정 유지하기" 유인물에 적어 보시오. 그것에 대해 생각하면서 그 상황에서 당신이 하고 싶었던 것을 기록해보시오.

요청과 거절

 핸드 아웃

자기주장적 요청 : 진술이나 명령이 아닌 질문으로 제시한다. 두 가지 유형의 자기주장적 요청이 있다.

- 다른 사람에게 행동을 요청한다. 이 요청은 당신이 원하는 행동을 어떤 사람이 하길 바랄 때나 당신이 싫어하는 행동을 그만두게 할 때 사용된다.
- 다른 사람에게 말로 반응하도록 요청한다. 이 유형은 당신이 누군가로부터 정보를 얻고 싶을 때 사용된다. 특히, 누군가가 당신에게 압력을 가하고 있을 때와 당신이 해명을 원할 때 유용하다.

다음 상황에서 자기주장적 요청을 해보시오

- 친구에게 돈을 빌려 달라고 요청한다.
- 대기실에서 담배피우는 사람에게, 당신의 아이에게 해로우니 꺼달라고 요청한다.
- (한달 동안 소식이 없던) 당신의 변호사에게 당신의 사건을 빨리 진행시키라고 요청한다.
- 선생님이나 상관에게 추천서를 요청한다.

자기주장적 거절 : 분명하면서도 정중하게 한다.

- "싫어요."라고 분명하게 말한다.
- "싫어요."라고 말한 데 대해 이유를 설명한다(항상 필요한 것 아니다).
- 상대방의 요구를 만족시킬 수 있는 대안을 제시한다.
- 도움을 줄 것인지 고려한다―단, 다른 시간이나 다른 상황에서.

다음 상황에서 자기주장적 거절을 해보시오.

- "실례합니다―오늘 당신의 차를 빌릴 수 있을까요?"
- "내게 지금 20달러가 정말 필요한데."
- "지금 당장 당신과 이 얘기를 해야겠어요"
- "퇴근 후에 한 잔 하려고 하는데, 모여서 노는 거 좋아하잖아요. 같이 갑시다―딱 한잔인데 뭘!"

'나' 메시지 또는 변화에 대해 요청하기

 핸드 아웃

당신의 감정, 의미하는 바, 의도를 의사소통하고 싶을 때 쓸 수 있는 방법 중의 하나가 '나' 메시지이다. '나' 메시지는 구체적이고 비판단적이며 당신에게 초점을 맞춘다. 반대로, '너' 메시지는 적대적이고 비난조이며 상대방에게 초점을 맞춘다. '너' 메시지를 '나' 메시지로 바꾸는 것은 당신의 의사소통에 도움이 될 수 있다.—왜냐하면 상대방이 공격받는다는 느낌이 없어지기 때문이다.

'나' 메시지 만들기

1. 당신에게 안 좋은 영향을 주는 **행동을 묘사한다**(비난하지 않고).
2. 그 행동이 어떻게 당신에게 안 좋은 영향을 미치는지 **당신의 감정을 설명한다**. 당신은 3과 4단계로 가길 원할지도 모른다.
3. 상대방이 그 행동 대신 해주길 원하는 **새로운 행동을 구체화시킨다**.
4. 그렇게 바꿈으로써 생기는 **긍정적인 결과를 제시한다**.

다음 구문을 이용하여 '나' 메시지를 만드시오.

1. 당신이 (행동) 했을 때,
2. 나는 (더 자세하게 설명하라) 때문에 (감정)라고 느꼈어.
   참고 : 설명하면서 "때문에"란 말을 쓰는 것은 상대방에게 당신을 이해하는 데 더 많은 정보를 줄 수 있다.
3. 나는 (상대의 그러한 행동 대신 내가 원하는 행동)을 원해.
4. 그리고 당신이 그렇게 해준다면 나는 (상대방에게 이득이 되는 점) 할 거야.

'나' 메시지를 위의 형식에 정확하게 맞출 필요는 없다. 중요한 건 당신 자신에게 초점을 맞추고 비난하지 않는 것이다.

- 저녁 식사 때, 당신이 전화를 오랫동안 걸고 있으면, 당신이 나와 얘기하고 싶어하지 않는다는 생각이 들어서 나는 화가 나.
- 우리가 저녁 먹는 동안에는 누구에게 전화가 오건, 당신이 나중에 걸겠다고 했으면 좋겠어.
- 당신이 그렇게 한다면, 난 틀림없이 전화 때문에 나중에 당신과 싸우는 일은 없을 거야.

■ 당신이 집에 들어오지 않고 전화도 걸어주지 않으면, 난 당신한테 무슨 일이 생겼는지 걱정이 돼.

■ 당신이 늦을 때는, 전화를 걸어주면 정말 좋겠어.

■ 당신이 그렇게 해주면, 난 당신이 집에 왔을 때 예전과 같은 태도로 대하지 않겠다고 약속할게.

■ 내가 일하느라 바쁜데 당신이 나에게 고함을 치면 더 당황하게 되고 더 많은 실수를 저지르게 돼

■ 내가 바쁘게 보이면 당신이 밝게 대해줬으면 좋겠어.

■ 당신이 그렇게 하면, 난 일하기 훨씬 쉬울 거야.

Session 19
비난 다루기

□ **자료물**

"주간 생활 점검지"

"비난 다루기"

"감정 유지하기"

□ **목표**

집단 구성원에게 효과적으로 비난을 다루는 구체적인 방법을 가르친다.

□ **과업**

1. "주간 생활 점검지" 작성하기

2. 과제 점검하기

3. "비난 다루기" 점검하기

4. 비난에 대한 자기주장적인 행동 모델링하기

5. 비난 다루기 역할극 하기

6. 과제 부과하기

□ **프로그램**

1. 보통 배우자들은 건설적이든 파괴적이든 서로에 대해 비난적이다. 많은 사람들에게
   비난을 다루는 것은 어려운 일이며 대부분의 경우 방어적인 태도를 취하게 된다. 효
   과적인 의사소통의 중요한 부분은 비난을 받아들일 수 있는 것뿐만 아니라 건설적인
   비난을 하도록 배우는 것이다. 따라서 이 세션의 목표는 비난을 다루는 기술을 가르
   치는 것이다.

집단 구성원에게 "비난 다루기" 유인물을 보여준다. 비난을 다루는 비건설적인 방법이 유머스러운 방법으로 표현될 수 있다. 비난을 다루는 건설적인 방법을 가르칠 때 역할극과 예시를 활용한다.

2. 특히 여자들의 분노에 대한 남자들의 태도에 주목한다. 남자들이 여자들의 분노를 어떻게 "하찮게 여기는지"에 대해 토의한다.
   - "쉴 새없이 지껄이고 있군."
   - "당신 화가 나니까 꽤 귀여운데."
   - 그녀가 화를 낼 때 비웃는다.

과제

1. 배우자나 상대방이 비난한다는 생각이 드는 상황을 2가지 정도 적는다. 그 비난이 건설적이든지 혹은 파괴적이든지 당신의 감정을 적어본다. 이러한 셀프-토크, 감정, 반응 등을 어떻게 다룰 것인지 분명하게 설명한다. 그리고 이들을 좀더 효과적으로 잘 다룰 만한 방법을 토의한다.

   ❖ 비난:
   셀프-토크:
   감정:
   당신의 반응:
   좀더 나은 반응:

2. "감정 유지하기" 유인물을 보고 한 주 동안 당신이 화가 났던 상황을 설명하시오. 이에 대해 생각을 해보면서 당신이 이 상황에서 하고 싶었던 행동을 기록하시오.

비난 다루기 *

 핸드 아웃

A. 파괴적인 반응

모든 사람은 종종 비난을 받게 된다. 당신이 비난을 어떻게 다루는가 하는 것은 친밀한 대인관계에서 더욱 중요한 사항이다. 흔히들 방어적으로 반응한다. 비난에 대한 전형적인 반응은 다음과 같다.

1. **비난을 회피한다.** 무시하고, 주제를 바꾸고, 농담을 하고, 이에 대해 대화하는 것을 거부하며, 너무 바쁜 척 하거나 뒷전에 물러서 있거나 심지어 나가버린다.
   - 누군가가 당신을 비난할 때 말로 대꾸하지 않고 "지옥에나 떨어져라"라는 식으로 쳐다본 뒤 방을 나가버린다.
   - 다른 사람이 당신에게 말을 할 때 바닥을 주시하거나 허공을 응시하거나 단지 그들을 스쳐가듯 쳐다본다. 직접적인 시선 접촉을 피하게 된다.
   - "난 더 이상 이것에 대해 이야기하고 싶지 않아. 이 이야기는 관두자."
   - 지각을 했는데 상사와 마주치게 되었다고 가정해 보라. 차를 수리해서 더 잘 달리게 되었다며 화제를 바꿀지 모른다.

"회피하기" 연습 : 당신 아내가 "당신은 집 안 일에 손 하나 까딱 안 해."라고 말을 한다. 어떻게 하겠는가?

2. **비난의 내용을 부인하기.** 사실, 주장, 드러난 증거를 부인하며 그 어떤 것에 대해서도 아무런 책임을 지지 않는다.
   - 사실에 대해 억지를 쓴다. 세부적인 사항 가지고 싸운다. 예를 들어, "아니야, 당신 어머니를 두꺼비라고 부른 적 없어. 난 당신 어머니가 늘 궁시렁 궁시렁 거린다고 말했을 뿐이야."
   - 일어난 일에 대해 부인한다. "난 그 모임에서 취하지 않았다구."
   - "난 당신이 무슨 소릴 하고 있는지 모르겠어, 이해할 수 없군."

"부인하기" 연습 : 당신의 아내가 둘만을 위해 저녁을 마련했다. 당신이 야구를 하느라 한시간 늦게 집에 도착했을 때 그녀는 "난 내가 왜 당신에게 잘하느라 노심초사하는지 모르겠어. 들어오기로 약속한 시간에 와야 되잖아?"라고 말한다. 당신은 어떻게 할 것인가?"

---

* Geffner & Mantooth(1995)의 허락하에 인용함. 허락없이 복사하거나 사용하지 마십시오.

3. 변명하기. 당신 행동의 세세한 내용까지 설명한다. 미안하다고 하거나 구실이나 변명을 늘어놓는다. 당신 행동의 중요함을 주장한다.

- 당신은 여자친구를 데리러 가는 데 늦자 열쇠를 어떻게 잃어버리게 되었고 찾아야만 했었던 이유에 대해 구구절절 설명한다. 곧 여자친구는 자신이 말한 것조차 잊길 원하게 될 것이다.
- 당신이 또 다시 늦어 여자친구가 화가 났다. "글쎄, 단지 영화에 늦은 거 가지고 뭘 그래. 내가 매일 매일 신경 써야 하는 일이 얼마나 많고 중요한지 몰라서 그래?" 식으로 말한다.
- "그래. 파티에서 내가 그 여자에게 귓속말로 이야기한 거 맞아. 그렇다고 그게 무슨 딴 뜻이 있어 그런 건 아니라구. 당신도 알잖아. 나한테 오직 당신뿐인 걸."

"변명하기" 연습 : 당신은 옛 여자친구에게서 전화를 받았고 그다지 문제가 될 만한 일은 아니었다. 그러나 당신 부인이 "당신은 분명히 나보다 그녀에게 관심이 더 많은 것 같아. 이 집에 다시는 전화하지 말라고 그 여자에게 말해요."라고 한다면 어떻게 할 것인가?

4. 싸우기. 최상의 방어는 공격으로, 불난 데 부채질하는 격이 된다. 공격적으로 되거나 수동-공격적이 된다.

- 아내가 당신이 체중이 불어나고 있는 것에 대해 이야기하고 있다고 가정하자. 아내의 체중이나 살림솜씨, 필체 등을 꼬투리 잡아 공격한다.
- 집안 세간을 파손시키거나 아내가 약속시간에 맞춰 외출하지 못하게 한다.
- "왜 당신은 언제나 말도 안 되는 시간에 이런 문제를 들춰내는 거지? 내가 얼마나 스트레스 받는지 알기나 해?"
- 아내를 움켜쥐거나 입을 손으로 틀어막으면서 계속 입 다물지 않는다면 때리겠다고 위협한다.

"싸우기" 연습 : 당신은 너무 많이 술을 마신 뒤 운전을 하고 집에 왔다. 아내가 말하길, "아니 어떻게 그런 멍청한 행동을 할 수 있죠? 처자식 생각은 눈꼽만큼도 안 해요?"라고 한다. 당신은 어떻게 하겠는가?

B. 건설적인 반응

당신도 잘 알다시피 위와 같이 비난을 다루는 방법들은 원활한 의사소통을 방해하고 대인관계를 망칠 수 있다. 어떤 사람이 무시당하거나 논쟁의 상대가 되거나 공격을 당하게 되기 때문에 싸움의 발단이 된다. 비난에 대한 일반적인 반응들이 의사소통과 인간관계를 망치기 때문에 다음의 대안들을 시도해본다.

1. 세부적인 내용에 대해 물어보기. 비난은 종종 애매하거나 대략적이다. 예를 들어, "당신은 게을러!"라거나 "당신의 행동방식이 싫어."라는 식으로 말하는 것들이다. 자세한 내용을 물어보면서 상대방이 무얼 이야기하고 싶어하는지 정확히 알게 된다.

- "좀더 말해 줄 수 있겠어요?"
- "내가 이해할 수 있도록 좀더 분명하게 이야기 해 주시겠어요?"

- 불만이 있을 수 있다고 제안하고 불만들이 문제가 되는지를 물어본다. "파티에서 당신한테 신경을 써주지 못해서 화가 난 거야?"
- 배우자가 "당신은 무례해요."라고 말을 하면 "그래. 때때로 내가 무례할 수 있어. 나도 알아. 그런데 당신이 나에게 무례하다고 하는데 지금 내가 어떻게 했으면 좋겠어?"

2. **비난의 분명한 내용에 대해 동의하기.** 비난을 효과적으로 다루기 위한 두 번째 단계는 비난의 일부분은 사실임을 동의하는 것이다.
- 영화를 보러 갔는데 당신은 그 영화가 좋았다. 그런데 여자친구가 그런 영화를 좋아한다고 비난한다고 가정해보자. 방어적으로 반응하는 대신 "그래. 난 이런 액션영화가 좋아. 내 생각엔 우린 영화 취향이 서로 다른 거 같아."
- "그래, 내가 담배를 끊는다면 건강에 좋을 거야. 그런데 지금은 끊지 못하겠어."

3. **상대방의 말이 옳다면 사과하라!** 이는 가장 현명한 방법이고 어른다운 행동이다. 실수를 바로잡기 위해 진정한 노력을 하는 한 실수를 인정하는 것은 부끄러운 일이 아니다.

비난을 다루기 위한 일반적인 지침

1. 배우고 성장하기 위한 기회로서 비난을 인식하는 법을 배우자.
2. 방어적으로 반응하는 것을 피하도록 노력한다.
3. 경청한다.
4. 비언어적인 행동을 잘 본다.
5. 신체적 감정적인 신호들을 잘 살핀다.
6. 수동적인 아닌 능동적으로 행동하기.

다음과 같은 4가지 상황에서 "건설적인 반응"을 실행해 본다

1. 당신 아내가 "당신은 집 안 일에 손 하나 까딱 안 해."라고 말을 한다. 어떻게 하겠는가?

2. 당신의 아내가 둘만을 위해 저녁을 마련했다. 그런데 당신이 야구를 하느라 한 시간 늦게 집에 도착했을 때 그녀는 "난 내가 왜 당신에게 잘하느라 노심초사하는지 모르겠어. 들어오기로 약속한 시간에 와야 되잖아?" 라고 말한다. 당신은 어떻게 할 것인가? "

3. 당신은 옛 여자친구에게서 전화를 받았고 그다지 문제가 될 만한 일은 아니었다. 그러나 당신 부인이 "당신은 분명히 나보다 그녀에게 관심이 더 많은 것 같아. 이 집에 다시는 전화하지 말라고 그 여자에게 말해요." 라고 한다면 어떻게 할 것인가?

4. 당신은 너무 많이 술을 마신 뒤 운전을 해서 집에 왔다. 아내가 말하길, "아니 어떻게 그런 멍청한 행동을 할 수 있죠? 처자식 생각은 눈꼽만큼도 안 해요?" 라고 한다. 당신은 어떻게 하겠는가?

Session 20
감정표현과 적극적인 경청하기

□ **자료물**

"주간 생활 점검지"

위대한 산티니(Great Santini) 테이프 : 장면 Ⅲ

"당신의 감정 표현하기"

"적극적인 청취하기"

□ **목표**

감정을 표현하고 다른 사람의 감정을 듣는 것을 배운다.

□ **과업**

1. "주간 생활 점검지" 작성하기

2. 과제 점검하기

3. 위대한 산티니 테이프 보고 토의하기

4. "당신의 감정표현하기" 점검 후 역할극과 토의하기

5. "적극적인 경청" 점검하기

6. 적극적인 경청에 대해 모델링하고 역할극하기

7. 과제 부과하기

□ **프로그램**

1. 위대한 산티니(scene Ⅲ) 테이프를 보고 토론하기(이 토론의 기준은 James A. Reavis 정신과 박사가 제공함)

   a. 아들과의 감정적 교류에 대한 그의 절대적인 능력과 실제의 바람에 대해 토론해

본다. 이 사람은 단순하게 자신의 감정을 인지하거나 표현하지 못하는 사람이다.

b. 아들을 얼마나 사랑하는지 확실히 말할 수 있는 아내의 노력과 그의 노력을 비교한다. 어머니를 통해서 벤은 그가 사랑 받고 있고 이런 식으로 다른 사람들과 교류하기 위한 잠재성을 발전시키고, 정서적인 신뢰와 자아 확신을 발전시키고 있다는 것을 안다.

c. 집단 구성원들은 노출되었던 다른 형태의 감정적인 의사소통 양식에 대해 토론한다. 더톤의 조사연구에서 보여준 가정폭력 가해자들과 그들의 아버지와의 관계를 상기해본다(수치스런 사건들과 감정적 소원으로 가득 차 있다.).

d. 집단 구성원들에게 아들에게 어떠한 감정 표현 모델을 제안하고 싶은지 물어본다.

2. "당신의 감정표현하기" 유인물을 검토한다. 다른 상황들을 역할극으로 한다. 자기 주장적인 감정표현과 그렇지 못한 감정표현을 검토한다. 상황이 반응할 가치가 있든 아니든 간에 우리가 결정한 다른 방식들에 대해 토의한다.

3. "적극적인 경청" 유인물을 검토한다. 기본 개념을 설명하고, 다른 예시들을 들면서 적극적인 경청에 대해 모델을 제시하고 역할극을 한다.

과제

1. 다음 주까지 당신의 "적극적인 경청"에 대해 3가지의 예를 기록해보시오.

❖ 상황 :

당신이 한 말 :

❖ 상황 :

당신이 한 말 :

❖ 상황 :

당신이 한 말 :

당신의 감정 표현하기

 핸드 아웃

각각의 상황에서,

- 당신의 감정을 인지한다.
- 당신의 감정을 어떻게 표현할지 글로 적어본다. "나는 느낀다" 라는 진술을 이용한다.
- 당신이 항상 대답해야 할 필요는 없다. 만약 그 어떤 것도 말할 수 없는 상황이라면, 당신의 감정을 묘사하라.

1. 당신은 여자 친구와 점심 식사를 하기 위해 시내에서 만날 예정이었다. 당신은 한 시간 이상 기다렸다. 마침내 그녀가 도착했고 그녀는 오기 전에 급한 용무가 생겨서 늦었다고 말한다.

2. 친구가 당신의 아내에 대해 "드세다" 고 농담조로 말한다.

3. 아내가 당신의 친구 앞에서 당신이 집안에서 수리하거나 고치는 일에 얼마나 서툰지를 흉을 본다.

4. 당신이 밤늦게 귀가하자 아내가 왜 늦었는지 설명을 요구한다. 그러나 당신이 말을 시작하자마자 가로막고 당신이 얼마나 배려하는 마음이 없는 사람인지 비난하기 시작한다.

적극적인 경청

핸드 아웃

적극적인 경청은 상대방이 계속해서 말하도록 이끄는 의사소통 기술이다. 또한 상대방이 말하는 것을 당신이 확실히 이해하게 해주며 그것을 확인하는 방식이다. 듣는 것뿐만 아니라 당신이 실제로 상대방에게 들었던 내용이 무엇이었는지 적극적으로 다른 사람이 알 수 있게 하므로 적극적인 경청이라 말한다.

A. 적극적인 경청에는 바꾸어 말하기가 포함된다.

1. 바꾸어 말하기란 당신이 상대방이 한 말을 당신의 언어로 진술하는 것이다.
   - "당신이 (상황)＿＿＿＿＿에 관해 (감정)＿＿＿＿＿느끼고 있는 것으로 들린다."
   - "당신은 진짜 (감정)＿＿＿＿＿다고 느끼는군요."
   - "내가 듣기엔 당신이 (＿＿＿＿＿＿＿＿)라고 말한 것 같은데요."

B. 적극적인 경청은 또한 의미를 명백하게 하는 것을 포함한다.

1. 명백하게 하기는 좀더 많은 정보를 얻기 위해 질문을 하는 것을 포함한다.
2. 명백하게 하기는 상황과 감정에 대해 당신이 보다 구체적으로 듣도록 돕는다.
3. 명백하게 하기는 또한 당신이 상대방이 말한 것 중 어떤 것에 관심이 있는지 상대방이 알게끔 도와준다.
   - "무슨 일이 있었길래 당신이 그렇게 화가 났는지 말해줘."
   - "그런 일이 일어났을 때 당신은 어떤 감정이었습니까?

C. 적극적인 경청은 개인화(personalizing)를 포함한다.

1. 개인화란 같은 느낌이라든지 같은 상황에 처해있다는 등 개인적인 경험을 제공하는 것이다
   - "나는 당신이 뭘 말하려는지 알 것 같아. 나 역시 그랬었거든"
   - "나도 직장을 잃었을 때 그렇게 느꼈어. 누구나 그런 일에 처하면 그럴 수 있다고 생각해."

---

2. 개인화는 다른 사람에게 적어도 혼자만 그런 것이 아니라고 느끼도록 돕는다. 그리고 누군가도 이것을 경험했고 그것으로부터 회복되었다는 것을 의미한다.

3. 당신이 당신 자신의 이야기를 지나치게 많이 말해서 상대방이 감정을 표현할 기회를 뺏게 된다면 역효과를 일으킬 수 있다.

D. 적극적인 경청은 분위기를 띄우거나 당신 자신을 방어하거나 사람을 판단하거나 말했던 것을 계속 되풀이하는 것은 아니다.
- 요즘 되는 일이 하나도 없어요
  "날씨가 너무 더워 단지 짜증스러워서 그런 거예요. 그러니 그 일에 대해 걱정하지 말아요."
- 당신은 누구도 믿지 못해요.
  "괜찮아. 앞으로 다 좋아지겠지―당신을 위해서 더 신경 많이 쓸께."
- 가족들이 내가 자퇴한 것에 대해 너무나 화를 낼까 정말로 걱정된다.
  "넌 그런 식으로 여기면 안 돼."
- 언제나 난 아이들 문제에 대해 당신과 대화하려 하는데 당신은 내 말은 전혀 귀담아 듣지 않아요.
  "알았어. 내가 잘못했어. 그러니까 더 이상 따지지 마."
- 여기 진짜 싫다.
  "당신이 여기를 진짜 싫다고 말하는 것으로 들었어요."

훌륭한 적극적 경청자가 되기 위한 지침들: 눈을 맞추기, 앞쪽으로 가까이 다가가기, 고개를 끄덕여 주거나 바꿔 말하기, 질문을 통해 명확히 하기, 방해하지 않기, 들은 내용을 진실로 이해하기 위해 노력하기.

Session 21

공감 훈련 :
나의 배우자가 느끼는 것은 무엇인가

□ **자료물**

"주간 생활점검지"

□ **목표**

집단 구성원들이 싸움을 하거나 학대가 일어나는 상황에서 상대방이 경험하는 것이 무엇인지 가능한 한 분명하게 이해하도록 돕는다

□ **과업**

1. "주간 생활 점검지" 작성하기
2. 과제 점검하기
3. 공감의 중요성 소개하기
4. "공감 훈련" 연습을 통해 지도하기
5. 한명의 집단 구성원과 연습을 통해 배운 점들에 대해 점검하기
6. 몇 명의 집단 구성원들과 계속해서 점검하기

□ **프로그램**

1. 우리가 진행하는 집단의 많은 남성들은 공감이 부족하다. 그들이 자신의 주변 사람들에게 자신의 행동이 미치는 영향에 대해 인식하고 있었다면 아마도 그들의 행동은 상당히 달랐을 것이다. 리더는 세션을 소개하는 데 다음과 같은 내용을 언급하는 것을 고려해 볼 수 있다. 당신은 과거의 어느 시점에서 학대를 했기 때문에 이곳에 와 있습니다. 그때 당신은 단순히 당신의 행동이 당신의 배우자에게 어떻게 영향을 주고 있는지 알지 못했을 것이며 당신 부인의 입장이 어떤지 알지 못했을 것입니다. 우

리는 당신이 이에 대한 지적인 정보를 얻도록 도와주려 합니다. 그래서 다음 번엔 당신이 좀더 많은 정보를 갖고 대처하기 바랍니다. 지금 당신이 지금 배울 것에 대해 알게 된다면 당신은 아마도 다른 선택을 할 수 있게 될 것입니다."

2. 한 명의 집단 구성원이 자신의 대인 갈등 상황을 설명한다. 그런 다음 그 상황에서 자신의 배우자 역을 맡게 한다. 집단 구성원들에게는 자신의 배우자 역을 역할극으로 하게 된다면 어떨지 상상해보도록 한다.

> 여기는 "부인들" 집단입니다. 우리는 지금까지 당신의 남편의 시각에서 당신집에서 어떤 일들이 벌어졌는지 많이 들어왔습니다. 이제부터 우리는 당신이 어떻게 느꼈으며 무엇을 해왔는지 정확하게 듣고자 합니다.

갈등상황은 역할극으로 진행한다. 자원자는 정확하게 자신의 배우자가 느끼는 감정과 생각을 표현해야 한다. 집단 구성원들을 자원자가 진심으로 상대방의 입장이 되어 역할극을 할 때까지 계속해서 피드백을 준다.

이것의 목표는 문제해결이 아니다. 이해하는 것이다. 배우자에게 동의하지 않더라도 상대의 느낌이 어떨지 단순히 이해하는, 공감적인 입장이 될 수 있다는 것을 깨닫게 하는 것이 중요하다.

3. 연습을 진행하면서 그 과정을 칠판에 적어야 하는데, 논쟁에서 배우자의 견해를 적는다. 이는 공감 훈련 연습에 사용한다. 예를 들면 :
   - 다른 여자가 나에게 전화를 했기 때문에 캐리는 나를 의심하고 있다.
   - 데니스는 농구게임을 취소한 것 때문에 나에게 화를 내고 있다.
   - 니나는 지금 스포츠 중계시간임을 알면서도 자기가 보는 드라마를 계속 보겠다고 고집한다.

4. 가능한 한 많은 집단 구성원들과 연습을 계속해본다. 모든 집단 구성원들이 "부인들" 집단에 대해 토론하고 참여하도록 격려한다.

Session 22
부부생활을 파괴하는 네 가지 행동들

□ **자료물**

"주간 생활 점검지"

"아포칼립스의 4명의 기수들"

"대런과 카렌"

"개선방안(repair mechanism)"

□ **목표**

집단 구성원들에게 부부의 의사소통 중 파괴적인 패턴에 대해 가르친다 : 집단 구성원들이 이러한 패턴을 확인하고 이와 함께 수반되는 부정적인 혼잣말을 깨닫도록 돕는다.

□ **과업**

1. "주간 생활 점검지" 작성하기
2. "부부생활을 파괴하는 4가지 행동들"에 대해 읽고 점검하기
3. "대런과 카렌"에 대해 읽고 역할극 하기
4. 혼잣말에 대한 토의가 이뤄지도록 격려하기
5. "개선방안"을 살펴보고 대안적으로 역할극 하기
6. 과제 부과하기

□ **프로그램**

최근 존 고트만 등의 조사연구(1994)는 부부생활을 좌우하는 부부의 의사소통 패턴을 이해하는 데 도움을 준다. 유인물은 이러한 의사소통 패턴의 기본 원칙과 사례들을 설명하고 있다. 유인물을 사용해서 이러한 의사소통 패턴이 어떻게 작용하는지 이해하도

록 토론의 지표로 삼는다. 사례에서 자신과 배우자를 확인해보도록 집단 구성원들에게 요청한다.
(1) 셀프-토크 패턴을 확인한다 (2) 다른 셀프-토크와 다른 의사소통을 어떻게 사용할 수 있는지 대안적인 역할극을 한다.

과제

1. 당신의 배우자와 의사소통 할 때 사용하고자 하는 "개선방안"의 4가지 상황을 확인한다. 다음에 그러한 상황과 당신이 한말을 적는다.

❖ 상황 :

　　당신이 한 말 :

❖ 상황 :

　　당신이 한 말 :

❖ 상황 :

　　당신이 한 말 :

❖ 상황 :

　　당신이 한 말 :

아포칼립스의 네 기수들(The Four Horsemen of the Apocalypse) [*]

핸드 아웃

프레드 : 세탁소에서 드라이크리닝한 거 찾아왔어?
잉그리드 : (빈정거리는 투로) "내 드라이크리닝한 옷 찾아왔어요?" 드라이크리닝 정도는 네가 찾아오라
　　　　구. 내가 뭐야? 네 파출부야?
프레드 : 그러셔, 차라리 파출부라면 적어도 빨래는 할 줄 알겠지.

결혼생활에 대한 최근의 조사연구들은 부부생활을 파괴하는 4가지 행동에 대해 밝히고 있다: 비난, 방어,
경멸, 철벽쌓기.
부부가 이런 행동에 자주 연루된다면 그들은 훨씬 더 불안정할 것이다. 조사연구자들에 의하면 서로에게
위에서 말한 유형의 의사소통을 늘상 하고 지내는 부부들은 대부분 결혼생활이 불행으로 치닫고 있다고
한다. 언어적 혹은 신체적 학대라든가, 이혼 등으로.

비난(accusation)
배우자의 성격을 공격하여 불평을 파괴적인 방식으로 표현한다.

남편이 늦게 들어와 미안하다고 사과를 하자 파멜라는 딸 앞에서 남편에게 "됐어요. 우리가 계획하는 것
마다 파기하는 당신의 놀라운 능력에 대해 한번 이야기 해보죠. 당신은 배려라곤 조금도 모르는 자기만
아는 사람이라구요."

불평과 개인을 비난하는 것 사이의 차이는 단순하다. 불평을 한다면 부인은 왜 자신이 화가 났는지 구체
적으로 말하고 남편 자체에 대해서가 아닌 남편의 행동에 대해 비난한다. 그로 인해 자신이 어떤 기분인
지 이야기하면서.

"당신이 세탁소에서 내 옷을 찾아오는 것을 잊어버릴 때 난 당신이 날 전혀 신경쓰지 않는다는 느낌을 받
아."

강한 비난은 상대에게 수치스럽고 혐오스럽고 비난당하고 기만당한다는 느낌을 받고 떠나게 만든다. 이
모든 것들은 일을 개선시키는 방향으로 나아가지 않고 파괴하는 반응을 초래한다.

------

* Gottman(1994)의 허락하에 인용함. 허락없이 복사하거나 사용하지 마십시오.

방어(defensiveness)

방어는 반응을 되돌리는 싸움이다. 남편이나 부인은 배우자가 말하는 것 중 어느 것도 받아들이는 것을 거절한다. "싸우던지 도망가던지" 식의 전형적인 반응에 해당한다 : 방어를 하는 사람은 오로지 어떻게 싸워야 하는지만 알뿐이다.

방어적인 남편은 자동투구 연습기계로 연습하는 타자와도 같다. 각각의 공은 부인으로부터 받는 비난과 불평인 셈이다. 이런 남편들은 심지어 낮은 수위의 불평(근심, 상심, 푸념)에 대해서도 이런 식으로 반응한다. 부인이 말하는 것에 결코 어떠한 책임도 지지 않은 채 부인으로부터의 불평을 박살내서 되돌리고 그녀를 깎아내린다. 부인의 기분이 어떨지 전혀 관심을 보이지 않는다. 방어적인 남편은 "아마 당신이 옳을 거야. 당신이 말하려는 게 뭔지 알겠어. 난 단 한번도 그렇게 생각한 적 없어. 응 알았어, 내가 생각하기에 당신에게 사과해야겠어." 등과 같은 말을 결코 하지 않는다.

방어적이지 않은 남편들은 단지 참을성을 가지고 들어줌으로써, 또는 화제를 바꿈으로써 의사소통을 효과적으로 한다. 단지 질문을 한다든지 긴장된 분위기를 풀기 위해 친근한 유머를 사용한다든지 심지어 다른 사람에 대한 가십을 꺼내는 것들이 좋은 방법이 될 수 있다. 이와 같은 비방어적인 남편들은 긴장을 고조시키지 않는 길을 발견하게 되는데 그것은 존중하는 의사소통을 하는 것이다.

방어적인 기법의 특별한 유형은 "가스등(gaslighting)" 이라고 알려진 것이다. 한 사람이 "생각 좀 해봐!" 라는 주장에 대해 자신은 아무것도 하지 않았다고 고집하고 있다. 예를 들면 : 한 남자가 이웃 앞에서 배우자의 뺨을 때렸다. 그런 다음 그 일을 부인한다. 자신이 결코 그런 짓을 한 것이 아니라 부인이 잘못 생각하고 있는 일이라고 말한다. 그 일을 목격한 이웃조차도 남편의 말에 동조하고는 아무 일도 없었다고 말한다. 아직도 그녀의 뺨은 맞은 자국으로 벌겋게 부었는데도 그녀는 마치 자신이 만들어 낸 일인 양 의문스러워 한다.

경멸(contempt)

경멸은 대개 단지 말로만이 아니라 목소리의 톤, 분노의 표현 등으로 나타난다. 눈을 희뜩인다든지 경멸의 눈으로 본다든지.

조사연구자들은 일상적으로 경멸을 보이는 남편이 있다면 그의 부인은 아마도 건강 문제를 지닐 가능성이 높다고 지적했다. (위장질환은 물론이고 잦은 감기, 고혈압, 감염 등)

15분 대화도중 부인이 4번 이상 남편을 경멸에 찬 얼굴을 대하는 것을 보인다면 이는 이 부부가 4년이내에 별거할 가능성이 높다는 것을 알리는 징후이다.

습관적인 비난과 경멸은 위험한 사인인데 이는 남편이나 부인이 자신의 배우자에 대해 조용하게 나쁜 판단을 하고 있다는 것을 나타내고 있기 때문이다. 그녀의 머릿속에서 늘 그의 배우자는 유죄선고를 받고 있다.

철벽쌓기(stonewalling)

철벽쌓기란 극단적인 방어를 말한다 철벽을 쌓는 사람은 대화에서 백지상태로 전혀 말이 없거나 뒤로 빠져 있다. 이는 냉담, 건성, 혐오와 같은 강력한 메시지를 보내는 것이다. 배우자가 늘상 철벽을 쌓고 지낸다면 이는 불일치를 해결할 모든 가능성을 잘라내는 것과 같다. 철벽쌓기와 타임 아웃을 혼동하지 않아야 한다. 타임 아웃에는 존중이 포함되어있다. 이는 부인이나 남편이 더 이상의 상처를 일으키지 않기 위해 특별한 노력을 하는 관계에 대해 충분한 관심을 갖는다는 메시지이다. 그리고 타임 아웃에는 토론이 다음에 계속될 것이라는 분명한 계약이 들어있다.

대런과 카렌 *

핸드 아웃

아이들이 시끄럽게 난리를 치며 놀고 있다. 아이들의 아버지인 대런은 화가 나기 시작한다. 그는 아내인 카렌을 향해 날카로운 목소리로 외친다. "애들 좀 조용히 시키지 못하겠어?"

그의 셀프-토크 : "아내는 아이들에게 너무 쉽게 군다."

카렌은 남편의 성화에 끓어오르는 분노를 느낀다. 그녀의 얼굴은 긴장된다. 그리고는 "아이들은 지금 재미있게 놀고 있구, 어쨌든 곧 잘 거예요"

그녀의 셀프-토크 : "또 시작이군. 늘 불평이지."

대런은 몹시 화가 난다. 위협하듯 앞으로 다가서 주먹을 꽉 움켜쥐고는 격양된 목소리로 말한다. "내가 당장 침대로 끌고 갈까?"

그의 셀프-토크 : "그녀는 항상 모든 일에 나한테 맞선다. 눌러버리는 게 낫다."

카렌은 대런의 말에 갑자기 긴장하며 온순하게 말한다. "지금 당장 내가 할게요."

그녀의 셀프-토크 : "그는 통제력을 잃고 있어. 아이들에게 상처를 입힐 수 있어. 내가 양보하고 그만 두는 게 낫다"

이것이 의미하는 바는 무엇인가

카렌이 이 대화에서 한 셀프-토크의 속뜻은 다음과 같다. "그는 항상 화를 내며 나를 못살게 굴고 있다."
대런이 이 대화에서 한 셀프-토크의 속뜻은 다음과 같다. "그녀는 날 그런 식으로 대할 자격이 없다."
카렌이 결혼생활에서 자신을 죄없는 희생자와 같이 느끼는 것, 그리고 대런이 자신을 모욕적이고 굴욕적이라고 느끼는 것은 옳지 않은 판단이다.
이러한 믿음들이 한번 뿌리내리기 시작하면 흔들기가 어렵다. 부부 모두 그들의 관점을 확인시켜줄 증거를 찾으려하거나 긍정적인 점들에 관심을 덜 두게 될 것이다. 아무 악의 없는 말에도 둘 다 이렇게 말하게 될 것이다. "또 시작이군."

---

* Gottman(1994)의 허락하에 인용함. 허락없이 복사하거나 사용하지 마십시오.

개선방안 *

핸드 아웃

갈등이 고조되지 않도록 다르게 할 수 있는 방안들은 무엇인가?

부부대화가 공격적이거나 비난하거나 경멸하거나 회피하거나 냉랭하거나 또는 방어적으로 되기 시작할 때 할 수 있는 구체적인 말들이 아래에 있다. 이 말들은 상호 존중하는 대화가 되도록 도움을 줄 것이다. 목소리 톤과 바디랭귀지 또한 말만큼이나 중요한 영향을 미친다는 것을 명심한다. 다음 중 어떤 것들은 어떻게 말하느냐에 따라 비판적이거나 도전적으로 들릴 수도 있다.

- "내가 말 좀 마치게 해줘."
- "당신, 지금 말하는 주제에서 벗어나고 있어요. 난 진심으로 당신과 이 문제에 대해 이야기하고 싶어요."
- "이것 때문에 돌아버린 것이 아니고, 내 기분이 많이 상했다구요."
- "알겠어. 당신이 말하고 있는 게 뭔지."
- "응, 응, 계속해요."
- "내 생각에 우리가 주제에서 벗어난 것 같은데."
- "당신 기분 어떤지 알아요. 당신 혼자만 그런 기분이 아니라는 걸 당신이 알아주길 원해요."
- "당신의 생각이 맘에 들어요."
- "당신 기분 어떤지 이해해요."
- "내가 아이들에게 충분히 신경 쓰지 못해온 거 알아. 당신 말이 옳아. 지금은 오늘 당신과 나 사이에 무슨 일이 있었는지 그 일로 돌아가 이야기하자구."
- "당신이 이 문제에 대해 말할 수 있게 되어 너무 기뻐."
- "당신이 그것 때문에 얼마나 힘든지 모르고 있었던 점 미안해."
- "내가 늦는 것 때문에 당신이 화난 거 이해해. 하지만 나한테 무슨 일이 있었는지 좀더 말할 기회를 줘. 아마 당신이 이해할 수 있게 될 거야."

---

* Gottman(1994)의 허락하에 인용함. 허락없이 복사하거나 사용하지 마십시오.

Session 23
칭찬 주고받기

□ **자료물**

"주간 생활 점검지"

"칭찬 다루기"

□ **목표**

칭찬을 주고받는 것에 대한 가치를 가르친다. 집단 구성원들에게 그들이 칭찬의 가치에 대해 편견을 가지고 있다는 것을 깨닫게 하고 효과적으로 칭찬을 이용할 수 있는 방법을 알게 한다.

□ **과업**

1. "주간 생활 점검지" 작성하기
2. 과제 점검하기
3. 칭찬의 유형 설명하기
4. "칭찬 다루기"에 대한 유인물 살피기
5. 잘못된 칭찬에 대한 모델 제시
6. 칭찬에 대한 셀프-토크에 관해 토론하기
7. 칭찬 연습하기
8. 과제 부과하기

□ **프로그램**

1. 자기주장적인 행동에는 다른 사람들을 명확하고 직접적인 방법으로 칭찬하는 능력이 포함되어 있다는 것에 대해 설명한다—그리고 다른 사람들의 칭찬을 진심으로 받

아들이는 방법을 모색한다.

칭찬에 대한 정의 내리기 : 외모, 행동, 성격에 대한 내용이 포함된 다양한 종류의 구체적인 칭찬의 예들을 제시한다.

2. "칭찬 다루기" 유인물을 검토한다. 칭찬을 다루는 자기주장적인 행동에 대해 설명한다 : 수용과 보답하기. 연습삼아 집단 구성원에게 리더를 칭찬해보도록 요청한다. 그런 다음 방어적인 반응의 모델을 하나 제시한다. 좀더 흥을 돋기 위해 리더가 5가지 방어적인 반응을 모델로 다 제시할 때까지 집단 구성원들에게 각기 다른 칭찬을 해보도록 요청한다. 이러한 반응에 대한 개인적인 경험이나 사례들에 대해 토의해 보도록 한다.

3. 사람들로 하여금 남을 칭찬하기 어렵게 만드는 셀프-토크를 살펴본다. 예를 들면 "난 결코 남 칭찬 같은 거 안해. 왜 내가 남을 칭찬해야 하는데?" 또는 칭찬을 받아들이기 어려운 셀프-토크를 살펴본다. 예를 들면, "사람들은 날 바보라고 생각해."

4. 다른 사람들을 조정하기 위한 수단으로 칭찬이 이용될 수 있는 것에 대해 토론하고 왜 사람들이 칭찬을 믿지 못하는지에 대해 토론한다. 결혼생활을 진지하게 하는 칭찬과 조정하는 칭찬의 예들을 찾아 집단 구성원들이 역할극을 해보게 한다.

5. 한바퀴 돌아가면서 자신의 오른편에 앉은 3명의 집단 구성원에 대해 진실된 칭찬을 해보도록 한다. 칭찬을 주고받는 것에 집중하도록 지시한다.

과제

1. 당신이 다음 한 주 동안 받은 칭찬 3가지를 적어 보시오. 당신의 셀프-토크와 그에 대한 반응들도 적어보시오.

   ❖ 칭찬 :

   셀프-토크 :

반응 :

❖ 칭찬 :

셀프-토크 :

반응 :

❖ 칭찬 :

셀프-토크 :

반응 :

칭찬 다루기

 핸드 아웃

자기주장적인 반응

칭찬을 받아들인다는 것은 자기주장적임을 알리는 하나의 신호로서 우리 자신에 대해서 긍정적으로 느
낄 수 있도록 도와준다. 이 연습의 목적은 우리가 다른 사람에게 칭찬을 받거나 남을 칭찬할 때 어떻게 반
응할지 시험해 보는 것이다.

수용과 보상 : 이것은 칭찬의 반응으로 가장 자기주장적이고 긍정적인 반응이다. 그것은 "고마워. 감사하
게 생각하고 있어."라는 것과 호감을 의미한다. 이 유형의 핵심은 당신의 기분을 좋게 하고 당신을 칭찬하
는 다른 사람의 기분을 좋게 만드는 것이다. 사람들은 다시 칭찬하고 싶은 마음이 들 것이다.

방어적인 반응

거절하기 : "말도 안돼!" 또는 "나야말로 정말 망가질 대로 망가졌다구—단지 잘 감추고 있을 뿐이지." 이
런 종류의 거절은 칭찬을 한 사람이 잘못되었거나 그의 판단이 틀렸다는 것을 의미한다. 과연 상대방이
당신에게 다시 칭찬을 해주고 싶겠는가?

삐딱하게 굴기 : 여기에는 바디랭귀지가 포함된다; 어깨를 으쓱거리거나 눈을 아래로 내리깐다든지. 또는
칭찬을 완전히 무시하고 아무런 반응도 보이지 않는 것이다.

자동적인 반응보이기 : 이는 사람들이 칭찬받는 것이 불편할 때 이용하는 일반적인 반응으로 만일 당신이
칭찬에 대해 "응 고마워. 너도 좋아 보여!"라고 즉각적으로 반응을 보였다면 이는 허위이고 억지로 한 행
동이다. 칭찬에 대해 반응을 보이는 것이 잘못된 것이 아니라 그 반응이 너무 즉각적이거나 형식적인 것
은 바람직하지 못하다.

의심 하기 : 때로는 사람들이 당신을 조정하기 위해 칭찬을 이용할 때가 있다는 것을 안다. 과거에 이런
일이 있었다면 당신은 의심할 이유가 없는데도 자동적으로 의심을 가질 수 있다. 당신은 "그녀가 지금 나

에게 무엇을 원하고 있는 거지?"라고 항상 의문을 가질 수 있다.

잘난 척 하기 : 칭찬은 당신을 신경질적으로 만들기 때문에 이런 감정들은 덮어놓고 이렇게 말한다. "제기랄! 이 동네에서 날 따를 자가 없지. 당신도 알잖아 여자들이 나만 보면 좋아 미친다는 거! 당신도 이제야 제대로 알았군." 누가 이 사람에게 다시 칭찬을 하겠는가?

Session 24
갈등과 문제해결

□ **자료들**

"주간 생활 점검지"

"존중에 대한 갈등"

"문제 해결"

"누가 결정하는가?"

"결혼에 대한 기대들"

□ **목표**

부부의 의사소통과 문제 해결을 위한 인지적 구조를 소개한다. 강압적이지 않은 분위기를 조성해서 집단 구성원들이 자신의 대인관계와 의사소통에서 느끼는 어려움들을 구체적으로 드러낼 수 있다.

□ **과제들**

1. 주간 생활 점검지 검토하기

2. 과제 검토하기

3. "존중에 대한 갈등"을 검토하기

4. "잘못된" 대처방법을 포함해서 "직접적인 대처방법"의 예를 시범보이고 역할극 하기

5. "문제 해결"을 검토하고 한 예로 역할극을 한다.

6. "누가 결정하는가?"를 설명한다.

7. 과제 부과하기

□ **프로그램**

1. "존중에 대한 갈등" 유인물을 검토하고 이에 대한 예를 "잘못된" 대처방법을 포함해서 시범을 보이고 역할극을 한다. 이 세션에서는 집단 구성원들이 예전에 학습해 온 다양한 의사소통의 원칙들을 살펴본다.

2. "문제해결"을 검토한다. 먼저 모든 단계를 살펴본 후, 문제해결을 시범 보인다. 예들을 시범보이고 역할극을 하고 이전시간에 배운 기술들을 강화한다.

3. 과제를 위해 "결혼에 대한 기대들"을 간략히 소개한다. 기대와 현실간의 차이로 인해 발생되는 좌절에 초점을 맞춰 토론한다. 이 좌절에 대해 배우자의 탓이라고 화살을 돌려 비난하는 일이 얼마나 쉬운지 강조한다.

과제

1. "문제해결" 유인물을 사용해서 문제해결하는 것을 연습한다. 그리고 당신이 토론했던 문제를 쓰고 당신이 생각해 낸 해결책들을 적어본다.

   문제 :

   해결책 :

2. "누가 결정하는가?" 란 유인물을 완성한다. 집단에서 토론할 준비를 해온다.

3. "결혼에 대한 기대들" 이라는 유인물을 읽고 각각의 질문에 대해 간략히 대답을 적어본다.

존중에 대한 갈등

핸드 아웃

논쟁을 벌이는 것이 문제해결에 유용한 방법이 될 수 도 있고, 혹은 학대의 긴장과 위험을 증가시키는, 결코 끝이 보이지 않는 싸움을 할 수 있다. 여기서의 중심 주제는 존중이다. 당신은 당신이 화났을 때조차도 당신의 배우자를 존중할 수 있겠는가? 다음의 지침을 보면 차이를 알 수 있을 것이다.

정당하게 행동하기(존중)

- 배우자가 당신이 토론하고 싶어하는 것에 대해 알게 한다.
- 모든 주제가 다 해당된다. 당신의 생각과 감정을 가지고 "나 메시지"를 만든다.
- 한 번에 한 가지씩 말하고 똑같은 시간을 상대에게 허락한다.
- "적극적 경청"을 한다 : 당신의 배우자가 생각하고 느낄 만한 것에 대해서 곰곰이 생각해 본다.
- 타협점을 찾는다.
- 지금 이 순간, 여기에서 일어나는 일에 대해서 말한다.
- 방금 일어난 일에 대해서만 언급한다―과거를 들먹이지 않는다.
- 타임 아웃과 휴식을 위한 공간을 만든다.
- 당신이 생각하는 이유를 대고 해결책을 제시한다.
- 당신이 잘못했을 때는 인정한다.
- 두 사람이 합의에 도달했으면, 반복하거나 적어서 두 사람 모두 그것에 대해서 명확하게 하도록 한다.
- 타임 아웃을 취하게 되더라도 논쟁을 끝낸다.

부당한 행동(비존중)을 피하는 방법

- 별명을 부르거나 약점으로 상대를 부르지 않는다.
- 과거의 오래된 상처들을 꺼내지 않는다.
- 대화의 요지를 따른다 : 다른 방향으로 나가지 않는다.
- 위협하거나 협박하지 않는다.
- 당신이 이 논쟁에서 이길 것이라든가 질 것이라든가 하는 단정을 하지 않는다.
- 불평을 쌓아놓았다가 한꺼번에 당신의 배우자에게 쏟아 붓지 않는다.
- "독심술"을 조심한다. 배우자에 대해 가장 부정적인 것을 단정짓지 않는다. 물어본다!
- 사실을 부인하지 않는다. 결백해야 한다.

---

* 허락없이 복사하거나 사용하지 마십시오.

■ 당신이 생각한 대로 됐다고 "승리"에 겨워 혼자서 히죽거리거나 하지 않는다.

■ 부루퉁하거나 무시하거나 토라지거나 또는 당신의 파트너에게 묵묵부답이거나 하지 않는다.

계속 노력한다―얼마 동안의 시간이 필요하다.

문제해결 *

핸드 아웃

1. 무엇이 문제인가?

A. '나' 메시지를 사용하여 당신의 요구를 표현한다. 비난을 퍼붓지 않는다.

B. 다른 사람들이 문제를 바라보는 시각에 대해서 경청한다.

C. 모든 사람들이 문제가 무엇이라고 동의했는지 확실히 한다.

D. 당신이 모든 사람의 요구를 만족시킬 해결책을 원하는 것을 다른 사람들이 아는지 확실히 해둔다

2. 가능한 해결책에 대해서 브레인스토밍을 한다.

A. 관련된 모든 사람에게서 가능성 있는 해결책을 구한다.

B. 이 시점에서 어떤 해결책이라도 평가하거나 무시하면 안 된다.

C. 제안된 모든 해결책을 적어본다.

3. 각각의 가능성 있는 해결책에 대해서 장단점을 살펴본다.

A. 모든 사람은 솔직해야 한다.

B. 가능한 해결책에 대해서 많은 비판적인 생각을 해본다.

4. 모든 사람이 받아들일 수 있는 해결책을 결정한다.

A. 다른 사람에게 그 해결책을 강요하지 않는다.

B. 해결책을 말해서 모든 사람들이 명확하게 이해해야 한다.

C. 해결책을 적어놓고 어떤 해결책들이 동의되었는지 나중에 확인할 수 있게 한다.

5. 해결책을 행동으로 옮긴다.

A. 누가 무엇을, 언제 할 것인지 이야기한다.

B. 모든 사람들이 자신의 몫을 수행할 것이라고 믿는다.

C. 개인의 책임성을 높이기 위해서 독촉하거나 귀찮게 하거나 감시하는 일을 피한다.

D. 어떤 사람이 책임을 다하지 않는다면, 그 사람에게는 '나' 메시지로 직면할 필요가 있다.

---

* Geffner & Mantooth(1995)의 허락하에 인용함. 허락없이 복사하거나 사용하지 마십시오.

6. 해결책을 평가한다.

A. 필요하다면 해결책을 수정한다.

B. 해결책에 대한 각각의 느낌을 확인한다.

C. 상당기간의 시간이 지난 후에도 해결책이 제대로 돌아가고 있지 않다면 서로 인정한 다른 해결책을 시도한다.

누가 결정하는가?*

핸드 아웃

아래의 표를 보면서 어떤 항목이 당신의 결정이어야 하는지, 당신의 부인의 결정이어야 하는지, 또는 협상의 여지로 두어야 하는지를 체크한다. 양쪽 모두 의사결정 과정을 동의하는 한 여기에는 옳고 그른 답이 없다는 걸 기억한다

	당신이 결정	대체로 당신이 결정	함께 결정	대체로 배우자가 결정	당신의 배우자가 결정
1. 배우자는 어떤 친구와 시간을 보낼 수 있는가?					
2. 당신은 어떤 친구와 시간을 보낼 수 있는가?					
3. 어떤 경우 배우자는 술을 마실 수 있는가?					
4. 어떤 경우 당신은 술을 마실 수 있나?					
5. 누가 아이를 위한 보모를 결정하나?					
6. 배우자는 직업을 가질 것인가?					
7. 당신은 직업을 가질 것인가?					
8. 배우자는 학교를 갈 것인가?					
9. 당신은 학교를 갈 것인가?					
10. 어떤 친구나 친척이 당신의 집을 방문할 수 있는가?					
11. 아이들은 어떻게 훈육할 것인가?					
12. 당신의 봉급은 어디에 쓰이는가?					
13. 배우자의 봉급은 어디에 쓰이는가?					

---

* Pence & Paymar(1993)의 허락하에 인용함. 허락없이 복사하거나 사용하지 마십시오.

결혼에 대한 기대들

핸드 아웃

1. 당신이 결혼했을 때나 결혼생활이 시작되었을 때, 당신의 꿈과 바라는 것들은 무엇이었나?
   성취한 것은 무엇인가?
   실패한 것은 무엇인가?

2. 당신은 결혼하여 사는 동안에 매우 행복했거나 충만하게 느꼈던 적이 있는가? 그녀가 변한 것 같아서 당신의 부인에게 화가 났던 적이 있는가? 그녀가 당신의 기분을 좋게 해주는 일을 계속해주지 않아 마치 그녀가 약속을 깨버린 것처럼 여겨지는가?

3. 당신의 부모님은 어떤 결혼생활을 했는가? 그것이 당신 자신의 기대들에 어떤 영향을 미쳤는가? 당신은 그것과 같길 원했나? 아니면 아주 다르길 원했나?

4. 당신의 배우자가 "어머니"나 "아버지"와 비슷하지 않아서 화가 나는가?
   당신은 배우자가 "어머니"나 "아버지"와 너무 많이 비슷해서 화가 나는가?

5. 당신의 가족 내에서 뭔가 문제가 생겼을 때 당신의 부모나 다른 식구들이 비난할까봐 걱정하는가? 당신 생각에 당신은 다른 사람에게 실망하지 않는가?

6. 아마 가장 중요한 것일텐데 : 당신은 신체적 학대를 목격했거나 또는 당신 자신이 신체적 학대의 피해자였는가? 이것이 가정생활에 대한 당신 자신의 기대에 어떻게 영향을 미쳤는가?

Session 25
결혼에 대한 기대 : 옛 것과 새로운 것

□ **자료물**

"주간 생활 점검지"

"결혼에 대한 기대들"(Session 24)

"권력과 통제"

"평등"

□ **목표**

남성의 권력과 평등의 이점을 이해시킨다. 각각 집단 구성원들에게 결혼에 대한 처음의 기대감을 돌아보게 한다. 이상적 기대와 실제 관계 사이에서의 차이점에 대해 깨닫게 한다.

□ **과업**

1. "주간 생활 점검지" 검토하기

2. "권력과 통제" 바퀴 점검하기

3. "평등" 바퀴 점검하기

4. 과제물 "결혼의 기대감" 점검하기

5. 과제 부과하기

□ **프로그램**

1. 우리는 모두 존중받는 느낌을 좋아한다. 자아 존중감과 다른 사람들에 대한 존중감은 "평등"이라 불리는 길의 양 끝에 놓여있다. 힘의 시각에 따르면, 남성들은 자신들의 시각에 맞게 수정된 평등을 요구한다.

"권력과 통제"의 바퀴를 점검해본다(47쪽). 또 이를 "학대의 집"의 개념과 비교해 본다. 다음은 "평등"의 바퀴를 보여준다. 그리고 남성들이 여성들과의 관계에서 "평등"을 개선하기 위해 필요하다고 느끼는 2-3개의 영역들을 말해보도록 한다. 집단 구성원들이 목표를 이루기 위한 구체적인 행동들을 말하도록 격려한다.

2. 집단 구성원 개개인이 결혼에 대해 반드시 "해야 한다."라고 믿는 신념에 대해 토론한다. 과제로 내준 "결혼에 대한 기대감" 유인물을 점검한다. 기대와 현실 사이의 차이점으로 인해 좌절하는 것들에 초점을 맞춰 토론한다.

우리는 배우자에게 이런 좌절감의 책임을 얼마나 쉽게 전가하는지를 강조한다. 이는 남성들이 그들만의 고통에 대한 심리적인 책임을 지도록 도와주는 매우 중요한 메시지이다. 여기에 있는 "되돌아보기와 이끌기(pacing and leading)" 모델을 적용해보는 것이 가장 좋다. 첫째, 남성들(가해자들)이 관계 속에서 갖는 실망감의 느낌들을 존중한다는 것을 보여준다. 둘째, 배우자에게 대항하지 않으면서 이 같은 감정을 어떻게 다루어야 할지 가르쳐 준다. 함께 함에 있어 남성과 여성 모두 같다는 것을 강조한다.

과제

1. "성의미 질문지(Sexual Meaning Questionnaire)"를 완성하시오.
2. "나는 내 아내를 강간했다."는 글을 읽어보시오.

권력과 통제의 바퀴 *

핸드 아웃

권력
과
통제

강요와 위협
· 상처주기 위한 위협
· 떠나거나 죽인다고 위협
· 복지혜택 받지 못하게 하기
· 불법적인 일을 강요하기

협박
· 표정, 행동, 제스처로 무섭게 하기
· 물건 던지기
· 재산 파괴하기
· 애완동물 학대
· 무기 보여주기

정서적 학대
· 헐뜯기
· 신경전
· 기분 나쁘게 하기
· 이름 부르기
· 미쳤다고 취급
· 죄책감 갖게 하기
· 모욕감 주기

경제적 학대
· 직장 못나가게 하기
· 돈 요구하지 못하게 하기
· 돈을 빼앗기
· 수입을 알리지 않기

남성 특권
· 하녀 취급하기
· 독단적 결정
· 성주처럼 행동하기
· 남여 역할을 하나로 고정하기

고립
· 외출 금지 시키기
· 일, 대화상대, 읽는 것, 가는 곳을 통제하기
· 행동의 정당화를 위한 질투의 사용

아동
· 죄책감 느끼게 하기
· 메시지 중개시키기
· 쫓아내겠다고 위협하기
· 괴롭힐 사람 부르기

축소 · 부정 · 비난
· 핑계대기
· 관심끊기
· 아무일도 없었다고 얘기하기
· 책임회피
· 원인제공 탓으로 돌리기

신체적 / 폭력 / 성적

신체적 / 폭력 / 성적

---

* Domestic Abuse Intervention Project의 허락하에 인용함. 허락없이 복사하거나 사용하지 마십시오.

평등의 바퀴 *

핸드 아웃

Session 26
섹스

□ **자료물**

"주간 생활 점검지"

"성학대 : 심리적 · 육체적"

"성 의미에 대한 설문지"

"남성다움의 함정 : 섹스"

"나는 내 아내를 강간했다."

□ **목표**

집단 구성원들이 성에 대한 기대와 요구가 친밀한 관계를 파괴할 수 있다는 것을 이해
하도록 돕는다

□ **과업**

1. "주간 생활 점검지" 검토하기

2. 성 학대와 성 폭력의 정의 소개

3. "성학대 : 정신적 · 육체적" 점검하기

4. "성 의미에 대한 설문지" 점검하기

5. "남성다움의 함정 : 섹스" 점검하기

6. "난 내 아내를 강간했다." 토론하기

□ **프로그램**

1. 이번 세션은 특별히 집단 토론을 하기에 어렵고 복잡하다. 많은 수의 집단 구성원들,
   즉 정신적 · 육체적인 학대의 일반적인 행동들에 대해서는 덜 방어적일 수 있는 사람

들이, 우리가 성학대로 묘사하는 것들의 예에 대하여 계속해서 심각한 방어자세를 취할 수 있다.

이들 중 어떤 사람들은 왜 특정행동들이 학대적인 행동으로 간주되는지 거의 알지 못하거나 지나쳐버린다. 우선 성 학대를 정의하는 것이 중요하다. **원하지 않는 어떠한 접촉이나 그 밖의 성적 행동은 학대의 한 형태이다.** 성교를 수반했다면 그것은 강간이다. 만약 신체적 힘을 가했다면 그것은 성폭력이다. 가해자가 술에 취했건, 마약을 했건, 친구들에게 압력을 느껴서 했건 그것은 상관없다. 어찌 되었던 강간이고 성폭력이다. 또한 두 사람이 서로 알고 있고, 예전에 성관계를 가졌었더라도, 혹은 심지어 그들이 결혼했다 해도 여전히 강간이나 성폭력으로 간주된다.

2. 이러한 정의 하에 "성학대: 정신적 · 육체적" 유인물을 살펴본다. 힘의 남용에 의해 일어나는 성적인 행동들의 다양한 방식에 대해 토의한다. 물론 언급되는 모든 사례가 다 범죄에 해당하는 것은 아니다. 그러나 성학대 행동의 연속선상에 있는 것들인 것이다.

3. 리더는 토론을 이끌면서, 집단 구성원들이 경험했음직한 일들에 대해 당혹감이나 불편감을 갖는데 특별히 민감해질 필요가 있다. 어떤 사람들은 여성을 평가절하하는 말을 하면서 농담을 하거나 비웃으면서 동조할 수도 있다. 리더는 집단 안에서 다른 어조를 내는 것이 중요하긴 하지만, 너무 긴장해서 직면하지 않도록 주의한다. 그렇지 않으면 모두 실패할 것이다. 힘겨루기가 이 집단 토론을 판가름 하게 될 것이다. 리더는 진지한 어조를 유지하면서 예를 제시한다. 이러한 주제에 대해 평가하거나 일반화하지 않으면서 토론하는 것이 중요하다는 것을 차분하게 집단 구성원에게 상기시킨다. 만약 집단 구성원들이 "다른 사람들"의 파괴적인 성적 행동들의 예를 묘사할 수 있다면, 이것은 의미있는 토론을 촉진시키는 한 계기가 될 것이다

4. "성 의미에 대한 설문지", "나는 내 아내를 강간했다"(지난 session의 과제), 그리고 "남성다움의 함정: 성"을 점검한다. 이 토론에서는 감지되는 동료들의 압력과 권리라는 이슈에 초점을 두는 것이 매우 중요하다. 질투와 오해에 대한 지난 시간의 토론을 언급한다. 즉, 어떠한 성적인 좌절을 당했을 때 그들의 셀프-토크가 얼마나 잔인한지를 예들 통해서, 집단 구성원들한테 상기시킨다.

성학대 : 정신적, 육체적

 핸드 아웃

성학대는 학대의 집에서 하나의 방으로 이야기하기 어려운 문제이다. 때로 이것은 어떻게 일어나게 됐는지 알기조차 어렵다. 아래의 내용은 성 학대행동들(정신적 · 육체적)의 다양한 형태의 예들이다. 당신은 가능한 한 자신에게 솔직하게 당신의 대인관계에서 어떤 부분들이 있었는지 살펴본다.

모욕

- 당신의 배우자 앞에서 여성에 대한 농담을 한다.
- 그녀의 면전에서 다른 여자와 여관에서 나오다.
- 성적 모욕이 되는 농담을 한다.
- 다른 여자 또는 잡지의 사진과 배우자의 몸을 비교한다.
- 성 행위에 대해 비난을 가한다.
- 성에 대해 만족감을 못 느낀다고 배우자를 비난한다.
- '매춘부' 또는 '불감여성' 이라고 부르는 등 성적인 라벨을 붙인다.

심리게임

- 그녀에게 섹스에 응하는 것이야말로 그녀가 당신을 신뢰하고 여전히 사랑하고 있다는 것을 증명하는 유일한 길이라고 말한다.
- 다른 사람들에게 배우자에 대한 개인적이고 사소한 것을 누설한다.
- 오직 상대를 지배하기 위해 성과 애정을 고수한다.
- 외도를 한다.

강압

- 항상 섹스를 원한다.
- 당신이 원할 때마다 섹스를 당연한 일로 요구한다.
- 위협하면서 섹스를 강요한다.
- 배우자에게 굴욕적인 느낌이 드는 방법으로 옷을 벗으라고 하거나 성적인 이야기를 해댄다.
- 배우자가 질색하는데도 섹스사진이나 포르노프로그램을 보라고 한다.
- 배우자가 질색하는데도 다른 사람들을 애무하라고 한다.

힘/완력

- 강제로 만진다.
- 배우자가 자고 있는 동안 강제로 섹스한다.
- 불쾌한 방법으로 배우자를 애무한다.
- 강제로 불편한 섹스를 한다.
- 신체적 학대 후에 강제로 섹스한다.
- 상처를 줄 의도를 가지고 섹스를 한다.(물건을 사용하거나 무기를 사용)

남성다움의 함정 : 섹스

핸드 아웃

남성다움의 함정들	수정된 생각들

남성다움의 함정들

■ "나는 마땅히 내가 원할 때 섹스할 자격이 있다."

■ "아내가 내가 바라는 대로 섹스에 응하지 않는다면 그건 그녀가 나에게 상처를 입히려고 그러는 것이다."

■ "진짜 남자는 늘 섹스를 한다."

■ "오늘 하루 참으로 힘들었다. 나는 어떤 보상을 받을 자격이 있다."

수정된 생각들

"섹스란 두 사람의 욕구에 의한 것이지 단지 혼자에 의한 것은 아니다."

"아내가 섹스를 하고 싶지 않은 기분인 데는 여러가지 이유가 있을 수 있다."

"많은 남자들이 크기에 대해 말하는데, 진짜 남자는 그들이 사랑하는 사람의 요구와 인격을 존중해야 한다."

"내가 원할 때마다 아내가 항상 준비되어 있기를 기대할 순 없다."

성 의미에 대한 설문지

핸드 아웃

성에 대한 다양한 기능들을 각 항목에 나열했다. 당신이 삶 속에서 각 항목에 대해 어떻게 느끼는지를 가장 잘 설명한 것에 해당하는 숫자에 ○표 하시오.

당신의 삶에서 성의 기능	전혀 중요치 않음						매우 중요함
1. 자녀 출산	1	2	3	4	5	6	7
2. 나의 오르가즘	1	2	3	4	5	6	7
3. 내 파트너의 오르가즘	1	2	3	4	5	6	7
4. 내 남자다움의 확인	1	2	3	4	5	6	7
5. 배우자의 여자다움의 확인	1	2	3	4	5	6	7
6. 내 이성애성의 확인	1	2	3	4	5	6	7
7. 배우자의 이성애성의 확인	1	2	3	4	5	6	7
8. 성적으로 '나는 OK다' 라는 확인	1	2	3	4	5	6	7
9. 내 배우자가 성적으로 '그녀는 OK다' 라는 확인	1	2	3	4	5	6	7
10. 나의 사랑의 표현	1	2	3	4	5	6	7
11. 나를 위한 사랑의 표현	1	2	3	4	5	6	7
12. 긴장 완화의 방법	1	2	3	4	5	6	7
13. 내 몸을 자랑하는 방법	1	2	3	4	5	6	7
14. 내 성적 기술을 증명하는 방법	1	2	3	4	5	6	7
15. 레크리에이션	1	2	3	4	5	6	7
16. 관계에 대한 책임감의 한 부분	1	2	3	4	5	6	7
17. 우정	1	2	3	4	5	6	7
18. 따뜻함	1	2	3	4	5	6	7
19. 배우자를 옭아매는 방법	1	2	3	4	5	6	7
20. 즐거움을 갖는 방법	1	2	3	4	5	6	7
21. 다툼이나 갈등 후의 화해의 방법	1	2	3	4	5	6	7
22. 권력과 통제를 시험하는 방법	1	2	3	4	5	6	7
23. 권태를 치유하는 방법	1	2	3	4	5	6	7
24. 한동안 성관계를 갖지 않았기 때문에	1	2	3	4	5	6	7
25. 스트레스를 줄이는 방법	1	2	3	4	5	6	7

나는 내 아내를 강간했다 *

 핸드 아웃

글렌의 이야기(치료자에게 말한 것임)

세 시간 넘게 지속된 마라톤 세션에서 글렌은 그의 삶에서 몇몇 중요한 부분에 대해 이야기했다. 그는 아버지와 전혀 가깝게 지내지 않은 것에 대해 후회를 했다. 사람들을 기쁘게 해주어야 한다는 강박 관념과 진실한 친구가 없다는 사실을 혐오스럽게 느꼈다. 자신의 이기심에 대해 실망스러워했다; 자신이 "나의"라고 말하는 것을 너무나 자주 들었다. 그는 여전히 엄마 치마폭에 휩싸여 있는 것에 대해 양가감정이 커지는 것을 경험했다.

성이라는 주제에 이르렀을 때, 글렌은 죄책감에 휩싸였고 당혹스러워했다. 그는 마치 자신이 세상에서 가장 사랑이 넘치는 사람인양 이야기하기 시작했다. 점잖게 팔꿈치로 찔렀으나, 그는 "늠름한 사내"에 대해 지루하게 반복했다. 그는 자신의 성 정체성을 개방적이고 정직하게 수용하는 것이 어렵다는 것을 털어놓았다. 그는 그가 떠올린 최근의 사건을 차근차근 이야기 했다. 이는 그가 "베일로부터 드러내는" 것과 그의 성 정체성에 대해 자발적으로 수용하는 것을 보여준다.

"지난 주 어느 날 나는 집에 일찍 들어왔어요. 다나는 가구를 청소하고 있었고, 찢어진 청바지를 입고 있는 그녀가 매우 섹시하게 보였어요. 난 그녀 뒤로 바짝 다가가 그녀를 붙잡았어요." —그는 "전희"를 시작했었을 때를 재연하면서 손을 쫙 피고는 손가락들을 꺾었다.

"식당 테이블에 그녀를 밀어 눕히고 그녀의 청바지 지퍼를 내리기 시작했어요. 그녀는 내 손을 밀치면서 말하길 거기에서 하는 걸 원치 않는다고 했지요. 애들은 잠깐 동안 밖에 나가 있었고, 그래서 우리는 시간이 있다는 것을 알고 있었죠. 난 그녀의 옷을 벗겼어요. 그녀는 멈추라고 말했지만 나는 그녀도 그것을 좋아할 거라고 생각했죠."

글렌이 말을 계속하는 동안, 그의 자존심은 자화자찬으로 대단해졌다. 우리는 그와는 정반대의 감정이었다. 그는 흥분하였고, 나는 슬퍼졌다.

"그것은 오래 지속되지 않았어요. 그것은 30초조차도 안될 거라고 생각해요. 하지만 매우 좋았어요."

---

* Kiley(1983)의 허락하에 인용함.

글렌이 금방 했던 말의 요점을 되새겨보면서 나는 침묵하고 있었다. 이것은 그가 자신이 한 행동이 어떤 행동인지 전혀 깨닫지 못하고 있음을 명백히 보여준다. 가장 부드럽고 최고로 지지적인 톤으로 다루었다. 나는 심각한 현실에 대해 일깨워주었다. "당신은 당신 아내를 강간했어요. 아마 법적으로는 아니더라도, 육체적으로 정서적으로 그랬어요. 당신은 다나를 강간했어요."

그의 얼굴은 잿빛으로 변했다. 입은 쩍 벌어지고, 눈은 놀라움으로 커졌으며 망연자실해졌다. 그는 움직이지 않았다. 나는 그가 움직일 수 없을 것이라고 생각했다. 잠시 후 그의 눈가에 작은 눈물이 맺혔다. 그리고 그는 중얼거렸다. "오, 하나님 맙소사!"

수천 개의 조명불빛이 그의 머릿속에서 켜졌다 꺼졌다 하는 것 같았다. 그리고 갑자기 전에 깨닫지 못했던 수백 가지 생각들이 마음의 눈에 비춰졌다. 글렌은 충격을 받았다. 매 4-5초마다 "오, 하느님!" 이라고 중얼거렸다. 매 15-20초마다 그는 나를 쳐다보았고, 그때마다 더 많은 눈물방울들이 눈에 맺혔다. 쉽사리 믿기지 않는 마음은 5분 이상 지속되었다.

글렌은 목이 메어 말했다. "분명히 내가 한 짓이에요. 나는 아내를 강간했습니다. 돌봐주어야 할 바로 그 사람인 내가! 젠장! 난 나쁜 놈이에요. 그렇죠?" 그의 자아비판은 죄책감으로 가득했다.

침묵이 흘렀다.

통찰력에 의한 충격은 글렌의 자존감을 떨어뜨렸다. "다나가 했던 말이 모두 다 맞아요. 난 너무 바보 같아서 그것을 깨닫지 못했어요. 그녀는 항상 말하지요. 그녀를 사랑하는 방법을 정말 알지 못한다고, 그녀를 존중하지 않는다고요. 그녀는 또 내가 나의 감정을 표현하는 방법을 모른다고 말해요. 그녀는 내가 성숙해야 한다고 해요. 나는 그런 많은 말들을 들었지만, 결코 귀담아 듣지 않았어요."

그는 잠시 멈추었고, 마음을 돌렸다. "이것을 어떻게 회복할 수 있지요? 무엇으로 어떻게 보상할 수 있지요? 어디서부터 시작해야 할까요?" 그는 죄책감으로부터 구원받으려고 필사적으로 찾고 있었다.

"당신이 해야 할 일이 몇 가지가 있어요. 첫째, 죄책감을 버려요. 그것은 소용없는 일이에요. 둘째, 당신 자신을 성숙하기 위한 과정에 헌신하세요. 정신과 치료는 그 부분에 대해 많은 도움이 될 거예요. 셋째, 집으로 돌아가서 당신 아내를 안아주세요. 그녀를 사랑한다고 말하고, 변할 거라고 그녀에게 알려주세요."

Session 27
자녀들

□ **자료물**

주간 생활 점검지

위대한 산티니(Great Santini) 테이프 : 장면 IV

"부모가 싸우는 것을 자녀들이 보았을 때"

"자녀들을 위한 설문지"

"자녀 이야기"

□ **목표**

집단 구성원들이 자녀에게 미치는 가정폭력의 영향에 대해 이해하고 아이들을 위한 공감을 확대하도록 한다.

□ **과업**

1. "주간 생활 점검지" 검토하기
2. 가정폭력이 자녀들에게 미치는 영향에 대해 토론하기
3. 위대한 산티니(장면 IV) 테이프를 보고 토론하기
4. "부모가 싸우는 것을 자녀들이 보았을 때" 점검하기
5. "자녀들을 위한 설문지"를 점검한 후 역할극하기
6. "자녀 이야기"를 설명하고 과제 부과하기

□ **프로그램**

1. 가정 폭력을 목격한 아이들에게 미치는 영향에 대해 토론한다. 학대적인 싸움(언어적, 신체적)은 어른뿐만이 아니라 싸움을 목격한 아이들에게도 영향을 미친다는 설

명으로 시작한다. 설사 아이들이 보지 못하게 문을 닫고 싸웠다해도, 아이들은 이런 행동을 감지하는 탁월한 레이더를 갖고 있다는 것을 강조해준다.

2. 위대한 산티니(장면 IV) 테이프를 본 후 토론한다. 각각의 아이가 폭력에 대해 특정한 반응을 나타내는 방식을 확인한다. 아이들과 부모들에 관한 셀프-토크를 확인한다.

3. "부모가 싸우는 것을 자녀들이 보았을 때"를 검토한다. 집단 구성원들이 자녀들에게서 주목한 증상에 대해 물어본다. 또한 그들이 성장하면서 부모의 폭력을 목격한 것을 회상해보도록 한다.

4. "자녀들을 위한 설문지"를 점검한다. 집단 구성원 중에서 누군가 폭력을 목격한 그의 자녀의 역할극을 하도록 지목한다. 이 아이(역할극)에게 리더와 집단 구성원들은 자세하게 질문을 한다. 셀프-토크들과 감정들을 확인해본다. 자녀가 있는 집단 구성원 모두와 함께 반복해본다.

과제

1. "자녀 이야기" 유인물을 완성하고 그것을 다음 회기에 가져온다.

부모가 싸우는 것을 자녀들이 보았을 때…

핸드 아웃

자녀들이 부모가 싸우는 것을 목격한 경우, 아이들은 다음과 같은 증상을 겪으면서도 당신에게 말하지 못할 것이다

- 수면 장애 : 잠드는 것에 대한 공포, 악몽, 위험한 꿈
- 이유를 알 수 없는 통증들 : 두통, 복통, 천식, 관절염, 위궤양과 같은 의료적인 문제들
- 공포 : 상처를 입거나 죽는 것에 대한 불안, 등교공포나 엄마로부터 분리 공포, 걱정, 집중하지 못함
- 행동 문제 : 약물 또는 알코올 남용, 자살시도 또는 위험한 행동하기, 섭식문제, 야뇨증 또는 이전의 발달 단계로 퇴행, 완벽한 행동, 지나친 성취욕, 마치 작은 어른 같이 행동하기
- 대인 문제 : 사람들에 대한 관심과 흥미 상실, 싸움 또는 다른 사람 학대, 분노 폭발, 짜증
- 감정 문제 : 의욕 상실, 고독감

---

* 허락없이 복사하거나 사용하지 마십시오.

자녀들을 위한 설문지 *

핸드 아웃

집단 구성원들은 그들의 집에서 폭력을 목격한 자녀들이 되어 역할극을 한다. 다른 집단 구성원들은 자녀의 경험에 대해 인터뷰한다.

1. 당신의 엄마와 아빠가 무엇에 대해 싸우는가?

2. 당신의 엄마 또는 아빠가 화가 나거나 또는 부모가 싸울 경우 어떤 일이 발생하는가? 당신이 보았던 부모들의 싸움에 대해 설명할 수 있는가? 당신은 싸우는 동안 무엇을 보고 들었는가? 싸움 후에 결과는 어떠했는가?(예를 들어, 당신의 엄마의 상처나 엉망이 된 집안을 보았는가?) 당신의 반응은 어떠했는가?

3. 만약에 당신의 부모가 난폭하게 밀거나 서로 때린다면 당신은 무엇을 하겠는가? 당신은 방으로 들어가 피하거나 밖으로 나가겠는가?

4. 당신이 중간에 있거나 당신이 말리려고 한 상황에서 당신의 부모 사이에 일어난 싸움에 대해 설명할 수 있는가? 무슨 일이 일어났는가?

5. 전에 그들은 당신에 대해 싸운 적이 있는가? 이것은 당신 기분(겁이 남, 혼란스러움, 슬픔, 미치겠음)을 어떻게 만들었는가?

6. 이것에 대해 다른 사람들과 이야기하는가?

7. 이런 일이 발생하고 나서 당신은 당신의 기분을 어떻게 조절하는가? 당신은 당신 자신이나 그 밖에 다른 사람을 해치고 싶은 기분을 가진 적이 있는가?

8. 당신이나 당신 부모가 위급한 상황에 처해 있으면, 당신은 누구를 부를 것인가? 당신은 어디로 갈 수 있겠는가?

---

* Susan Schecter & Anne L. Ganley, *A National Curriculum for Family Preservation Practitioners*, Family Violence Prevention Fund's Publication의 허락을 받아 인용함. 허락없이 복사하거나 사용하지 마십시오.

자녀 이야기 *

핸드 아웃

1. 당신은 14살의 소년이다. 다른 것보다 야구하는 것을 정말 좋아한다. 당신의 아버지는 최근 들어 알코올 중독자가 되었다. 아버지는 집에 와서 어머니를 때리고, 자녀들이 잠들었다고 생각하고는 물건들을 부순다. 당신의 누나는 약물에 손을 대기 시작하더니 가출했다. 방과 후 어느 날, 어머니는 당신과 형제들이 이 도시를 떠나 외숙모와 삼촌의 집에서 함께 살게 될 것이라고 말한다. 어머니는 더 이상 아버지를 믿을 수 없고, 당신이 다음에 상처를 입게 될 것이라고 말한다. 당신은 아버지가 형제들을 때리는 것을 한번도 본 적이 없다. 당신도 한번도 아버지한테 맞은 적이 없었다.

■ 어머니의 계획을 들었을 때 당신의 기분은 어떻겠는가?

■ 어머니에 대한 당신의 감정은 어떠한가?

■ 아버지에 대한 당신의 감정은 어떠한가?

2. 당신은 10살 된 여자아이다. 최근에 학교에서 실수연발이다. 아버지는 항상 당신이 잘하는 것이 하나도 없다고 야단한다. 당신은 어머니가 돈을 쓰는 것을 안다. 아버지는 항상 그것 때문에 어머니를 비난한다. 한번은 아버지가 어머니를 밖으로 내쫓고 문을 잠갔다. 당신이 몰래 어머니가 다시 집안으로 들어올 수 있게 할 때까지 엄마는 비가 오는 밖에서 있어야만 했다. 어머니는 들어오자마자 바로 아버지를 비난하고 욕을 했다. 가끔 어머니는 아버지에게 물건을 집어던지기도 하며 당신은 물건이 깨지고 부숴지는 소리를 듣기도 한다. 당신과 어머니는 며칠씩 두 번 정도 집을 나간 적이 있지만 어머니는 항상 다시 돌아온다. 잠들기가 몹시 힘들다. 당신은 이런 싸움이 멈추길 바라면서, 잠시 동안 다른 어떤 사람들과 살 수 있었으면 하고 생각한다.

■ 어머니에 대한 당신의 감정은 어떤가?

■ 아버지에 대한 당신의 감정은 어떤가?

---

* Susan Schecter & Anne L. Ganley, *A National Curriculum for Family Preservation Practitioners*, Family Violence Prevention Fund's Publication의 허락을 받아 인용함. 허락없이 복사하거나 사용하지 마십시오.

Session 28
부모 역할

□ **자료**

주간 생활 점검지

"아이들 이야기 잘 들어주기"

"부모와 아이들에 관한 한마디"

"올바른 접근법 선택하기"

□ **목표**

집단 구성원들이 그들의 자녀들에 대한 태도와 접근법을 확실히 알고 의사소통과 문제 해결 기술을 발전시키도록 돕는다.

□ **과업**

주간 생활 점검지 검토하기

"아이들 이야기 잘 들어주기" 점검하기

"부모와 아이들을 위한 한마디" 점검하기

"올바른 접근법 선택하기" 검토와 과제 부과하기

□ **프로그램**

1. 부모 노릇하기에 대한 주제를 소개한다. 집단 구성원들에게 자녀들의 이름, 나이, 성별에 대해 묻고 칠판에 쓴다.

2. "아이들 이야기 잘 들어주기"를 검토한다. 이 유인물은 아이들이 하는 혼잣말, 욕구와 감정들에 대한 토의를 하기 위해 사용한다. 적극적인 경청 기술을 상기시켜 준다.

역할극은 "폐쇄된 반응"과 "개방된 반응"의 반응들을 다르게 연기하고 이 대화에서 아이들의 내부적인 반응을 알아본다.

3. "부모와 아이들을 위한 한마디"를 검토한다. 자녀들에 대한 지침에 대해 토론한다. 이때 토론했던 자녀들의 역할을 연기한다.

4. "올바른 접근법 선택하기"에 대하여 검토한다. 집단 구성원들이 훈육, 처벌, 손으로 때리기, 잔소리 등에 대한 그들의 의견들로 논쟁이 일어나기 쉽다. 문제를 다루기 위한 새로운 모델을 제시하는 동안에도 그들의 견해에 존중을 표하는 것이 중요하다. "올바른" 접근법이 마치 마술과도 같은 결과를 가져온다고 암시하는 실수는 하지 않아야 한다. 자녀가 있는 집단 구성원들은 그런 것은 결코 없다는 것을 알게 될 것이다.

셀프-토크의 유형을 살펴보는 의미에서 집단 구성원들이 특정한 방식으로 자녀들에게 반응하는 이유를 알 수 있게 돕는다. 자녀가 어떤 잘못을 저질렀을 때 체벌을 하려는 것과 바로잡기 위한 목적으로 예상되는 결과들을 알려주는 것 사이에서 동기의 차이를 토론한다.

다음에서 적용할 수 있는 것은 무엇인가?
- 나는 누구에게 책임이 있는지 명확하게 하기를 원한다.
- 나는 나와 나의 딸, 아니면 아들과 개방된 의사소통을 하기를 원한다.
- 지금은 나의 감정을 표현할 시간이다.
- 아무도 나를 그런 식으로 취급할 순 없다.
- 나는 나의 아이들에게 긍정적인 행동 모델이 되길 원한다.
- 나는 우리가 이 문제를 함께 풀기를 원한다.
- 나는 아이들을 잃을까 두렵다.

과제

1. "올바른 접근법 선택하기" 유인물의 질문에 대해 답을 작성하시오.

아이들 이야기 잘 들어주기 *

핸드 아웃

만약 당신이 아이들과 열린 의사소통을 원한다면 당신은 그들이 말하는 숨은 뜻을 알아야 한다. 당신의 반응은 닫혀있지 않고 열려있어야 한다. 당신이 이 리스트를 검토할 때, 적극적인 경청의 규칙들을 기억하기 바란다.

아이들의 말	폐쇄된 반응	개방된 반응
나는 그 애랑 다시는 놀지 않을 거야!	잊어버려. 그 애는 아마 그런 뜻으로 그런 게 아닐 꺼야.	너 정말 그 애한테 화가 났겠구나.
나는 그것을 할 수 없어!	그런 식으로 얘기하지 마. 이제 막 시작한 거잖아.	너한테 매우 어려운 것처럼 보이는 구나.
난 잘 해쳐나가길 원해요. 걔는 항상 어느 곳에서나 나를 방해해요.	이미 이전에 그것에 대해서 이야기 했는데 야단법석 그만해라.	너에게 불공평한 것처럼 보이는구나.
나는 학교에 가고 싶지 않아요. 빌리 는 비열해요	누구나 학교에 가야만해. 그것이 법 이야.	빌리가 오늘 너를 괴롭힐까봐 두렵 구나.
당신은 이 세상에서 가장 비열한 엄 마야!	나에게 그런 식으로 얘기하지 마라!	너는 나에게 굉장히 화가 많이 났구나.

다음의 각각의 말에 "폐쇄된 반응"과 "개방된 반응"의 예를 적용해라.

1. 나는 야채를 좋아하지 않아, 그리고 나는 그것들을 먹지 않을 거야.

2. 우리 선생님은 심술쟁이다.

3. 지금 자고 싶지 않아요. 너무 이른 시간인걸요.

4. 비옷은 입지 않을 거예요. 우리반에서 아무도 그 바보 같은 구식 비옷은 입지 않아요.

---

* Don Dinkmeyer & Gary D. McKay(1989), *The Parent's Handbook from Systematic Training for Effective Parenting(STEP)*(55쪽)의 허락하에 인용함. 허락없이 복사하거나 사용하지 마십시오.

부모와 자녀를 위한 한마디

 핸드 아웃

최근 Philips Consumer Communications Company라는 기관은 10세부터 12세까지 아이들을 대상으로 한 의사소통 조사를 실시했다. 조사자들은 다음과 같은 사실을 발견했다.

- 대부분의 부모들과(58%) 거의 3/4의 아이들(73%)은 하루에 한시간도 안되게 대화를 한다고 말했다. 절반의 아이들(46%)과 부모의 1/4(27%)이 서로 이야기를 하는 데 보내는 시간이 하루에 반시간도 안된다고 말했다.

- 대부분의 부모들은 자녀들의 성숙을 과소평가하고 자녀들에게 중요한 것에 대하여 잘못된 견해를 가지고 있었다. 부모들은 아이들이 1) 즐거움, 2) 친구, 3) 외모 등을 중요시한다고 말했다. 아이들은 1) 진로, 2) 학업 3) 가족문제라고 말했다.

- 5명의 아이들 중 1명만이(20%) 그들의 고민에 대해서 부모와 매우 쉽게 이야기 나눌 수 있다고 말했다. 26%는 고민에 대해서 이야기 나누는 것이 "약간 어렵다", 아니면 "매우 어렵다"라고 말했고 아이들의 반 이상(53%)이 "약간 쉽다"라고 말했다.

- 많은 아이들은(57%) 그들의 부모들이 항상 자신들에게 설명할 기회를 주지 않는다고 말했다. 대부분 부모들은(51%) 그들의 아이들이 항상 그들에게 설명할 기회를 주지 않는다고 같은 방식으로 말했다.

- 아이들은 부모가 생각하는 이상으로 이성에 관심이 더 많았다—아이들의 62%가 거의 이성이 중요한 문제라고 말했고, 반면 부모들의 반 이상(52%)만이 그들이 아이들이 남자친구, 또는 여자 친구에 관심이 있다고 생각했다.

아이들을 위한 한마디

귀담아 들어라 : 어떤 문제에 대한 부모의 관점을 인정한다. 그러면 그들은 너의 관점에서 더 들으려고 할 것이다. 결국, 이것은 서로를 더 이해할 수 있게 돕고 창조적인 해결책과 타협점을 제시할 것이다.

미리 계획해라 : 네 부모가 무엇을 반대할 것인지 그리고 어떻게 네가 그것들에 대해서 대답할 것인지에 대해 미리 생각한다. 단 하나의 해결책 대신에 네가 가지고 있는 하나의 문제에 여러 대안적인 해결책을 제안하기 위해 노력하고 네 부모에게 제시한다. 그들은 감동 받을 것이다.

공손해라 : 이것은 간단하지만 진실이다. 만약 네가 소리치고 고함을 지른다면 이것은 부모에게 너를 어

린아이처럼 보게 만들고, 부모는 어린아이같이 다룰 것이다. 만약 네가 공손하다면 그들은 아마도 너의 의견에 더 관심을 가질 것이다. 공손함이 규칙이다.

말해라 : 모든 의사소통은 위험을 수반한다. 이것이 비록 어려울지라도, 때로는 문제가 있을 때 당신이 할 수 있는 최상의 행동은 용기를 가지고 문제에 대해 말하는 것이다.

너의 바디 랭귀지를 보아라 : 때때로 너의 얼굴표정과 제스처가 네가 말하는 단어보다 더 많은 것을 사람들에게 얘기한다. 말하고자 하는 것—어떻게 그것을 말하는지에 대해 생각하라.

부모들을 위한 한마디

시간을 내라 : 요즘 같은 복잡한 세상에서 이야기를 나누기 위해 시간을 마련해 두는 것은 굉장히 중요한 것이다. 당신에게 공식적인 시간을 가지라고 말하는 아니다. 때때로 당신이 차를 운전하는 동안, 아니면 부엌에서 어물거리는 동안 최상의 토론이 벌어진다.

사소한 말투를 경청하라 : 성이나 약물, 아니면 학교에서 일어나는 일들과 같은 무거운 주제이든 아니든 간에 당신이 아이들의 이야기를 기꺼이 들어주려 한다는 것을 안다면 아이들은 당신에게 이야기를 할 것이다. 아이들이 당신이 경청하고 있다는 것을 안다면 자신들의 삶에서 일어나는 모든 일들을 이야기 할 만큼 충분히 당신을 신뢰하게 될 것이다.

숨은 의미에 경청하라 : 많은 아이들이 진실한 문제에 대해서 부모에게 얘기하기 어려워하기 때문에 부모들은 아이들이 무엇을 말하려고 하는지 특별한 관심을 기울여야만 한다. 이것은 감정에 대해 특별한 관심을 기울이는 것을 돕는다(단지 감정 자체가 아니라 감정의 강도마저도).

그들의 의견을 물어라 : 아이들의 의견을 묻는 것 이상으로 아이들을 기쁘게 하는 것은 없다. 그렇다고 항상 중요한 이슈에 대한 의견을 물을 필요는 없다.

방해하지 마라 : 아이들은 그들이 얘기하려고 할 때 부모가 자주 혹은 때때로 그들에게 자신을 표현할 기회를 주지 않는다고 말한다. 아이들에게 그들의 의견과 바램들을 표현할 시간을 주는 것은 바람직한 일이다.(만약 당신이 그들이 무엇을 말하려 하는지 알고 있을지라도)

올바른 접근법 선택하기 *

 핸드 아웃

아이들과의 문제를 어떻게 다뤄야 할지 결정하기 위해서 당신은 첫 번째로 누구의 문제인지 알아야만 한다. 그런 다음 당신은 자연적이고 논리적인 결과, 행동을 무시하는 것, 당신의 감정 표현, 대안책 고려 등과 같은 각기 다른 전략 중에서 선택을 할 수 있다. 이 차트를 통해 예들을 학습해보고 질문에 대한 당신 자신의 답을 적어본다.

문제	문제는 누구에게 있는가?	올바른 접근법
아이가 아버지의 물건을 빌려가서 돌려주지 않는다.	부모	나 메시지: "네가 내 물건을 돌려주지 않았을 때 필요한 물건이었기 때문에 화가 났었다." 또는 논리적인 귀결: 다음 번에 아이가 그것을 빌려주길 원했을 때 물건을 빌려주지 않는다.
아이가 시험에 떨어져 화가났다.	아이	반영적인 경청: "네가 시험에 떨어져 매우 슬프겠구나." 대안제시 : "네가 다음 번 시험에서 할 수 있는 것에는 어떤 것이 있을까?"
아이가 숙제를 안한다.	아이	논리적인 귀결 : 아이가 선생님의 결론에 직면하게 한다.
아기가 전구의 소켓을 만진다.	부모	논리적인 귀결: 짧은 시간 동안 아이를 놀이 우리에 둔다. 잠시 후 아이를 꺼낸다. 만약 아이가 다시 소켓을 만진다면, 더 오랜 시간동안 놀이 우리에 둔다.

문제는 누구에게 있는가? 올바른 접근법은 무엇인가?

1. 아이가 자신의 자전거에 자물쇠를 잠그지 않았다.

2. 아이가 냉장고에 우유를 다시 갖다놓지 않았다.

3. 높은 의자에서 아기가 음식을 던진다.

---

* Don Dinkmeyer & Gary D. McKay(1989), *The Parent's Handbook from Systematic Training for Effective Parenting*(STEP)(97쪽)의 허락하에 인용함. 허락없이 복사하거나 사용하지 마십시오.

재발 방지 프로그램

Session 29 and 30
폭력과 사건들

□ **자료물**

주간 생활 점검지

□ **목표**

집단 구성원들에게 이 모임에 참석하게 한(법적 구속력 지닌) 결정적인 사건에 대해 검토하도록 하여 자신과 다른 사람들에게 미치는 영향을 깨닫도록 한다.

□ **과업**

1. "주간 생활 점검지" 점검하기
2. 폭력과 위급한 사건에 대해 점검하기
3. 사건이 일어나는 동안의 감정과 셀프-토크 점검하기
4. 가능한 한 많은 그룹 구성원들이 과정을 계속하기

□ **프로그램**

1. 집단 구성원들에게 대인관계에서 가장 치명적이었던 학대 사건에 대해 자세히 점검하도록 요청한다. 이 사건은 반드시 신체적 외상을 입힌 사건이라기보다는 정서적 혼란이 더욱 뚜렷이 드러나는 사건이어야 한다. 리더는 다른 사람을 위해 긍정적인 모델이 가능한 누군가를 지목한다. 집단 구성원이 마치 느린 동작 화면을 보듯이 가능한 한 사건을 생생하게 묘사하는 것이 중요하다

2. 집단 구성원들이 다양하게 다음의 정보를 묘사하도록 요청한다.

- 자신의 셀프-토크
- 자신의 감정
- 자신의 신체적 상태

특별히 중요한 것은 그의 감정이다. 리더는 반복적으로 다음처럼 말할 필요가 있다. "이 시점에서 당신의 감정이 어떤지 말해보세요." 여기에서 목표는 가능한 한 원래 지녔던 부정과 최소화를 많이 제거하는 것이다. 이는 특별히 그들이 이제 알게 된 새로운 기술과 정보를 가지고 더욱 깊숙이 파고 들어갈 기회이기도 하다.

3. 집단 구성원들이 공감훈련(세션 21)과 자녀들(세션 27)에서 배운 기술을 사용하여 다음을 확인하도록 한다.
- 배우자와 자녀의 셀프-토크
- 배우자와 자녀의 감정
- 배우자와 자녀의 신체적 상태

4. 모든 집단 구성원들이 이번 회기와 다음 회기 동안 계속해서 해보도록 한다.

Session 31
재발방지 계획 I

□ **자료물**

주간 생활 점검지

"재발방지 계획"

□ **목표**

도전적인 상황을 연습하면서 다양한 대처기술을 통합시킨다.

□ **과업**

1. "주간 생활 점검지" 검토하기
2. "재발방지 계획" 개념 설명하기
3. "재발방지 계획 기본단계" 점검하기
4. "재발방지 계획"의 발달단계에 따라 집단 구성원 지도하기
5. 집단 구성원이 새로운 반응을 시연하는 동안 한가지 상황을 역할극하기
6. 과제 부과하기

□ **프로그램**

1. "재발방지 계획"은 원래 보훈병원들에서 코카인 중독자들을 치료하기 위해 개발된 "암시치료(cue therapy)"에 기반을 둔 치료방법임을 설명한다. 임상적 조사에 의하면 환자들이 탁월한 치료를 받았음에도 불구하고 약물패턴에 방아쇠를 당기는 예전의 친숙한 "암시"에 저항하지 못하기 때문에 재발한다고 한다. 암시치료에서는 많은 대안적인 대처 전략들을 연습하는 동안 이러한 "암시"들이 드러나도록 주의 깊게 시연할 수 있다.

2. 자신의 공격성을 암시하는 단서나 돌발장치를 확인해 줄 자원자를 구한다. 그런 다음 각각 다른 대처 전략을 통해 지도한다. 그 결과 각 카테고리당 하나의 전략을 일반화시킬 수 있게 된다.

3. 이제는 암시 상황을 역할극으로 해보고 각 대처 단계를 실천해 줄 자원자를 요청한다.. 실제상황에서 이 모든 기술을 다 활용하기란 어렵다는 점을 설명한다. 그러나 가능한 한 사례에서 많이 다뤄보는 것은 도움이 된다. 이는 "책임감있는 행동 계획하기"를 한 단계 발전시킨 버전이다.(세션 2 참고)

4. 각 집단 구성원에게 저항하기 가장 힘든 어려운 암시를 정하고 대처전략을 짜보도록 권한다. 가능한 한 많은 사람들이 시연해 보도록 한다

과제
....

1. "재발방지 계획" 유인물을 완성하고 다음 회기에 가져오기.

재발방지 계획 *

 핸드 아웃

목적 : 당신이 배우자를 학대하려고 할 미래 상황에 대해 준비시키고자 한다.

노력하려는 행동 : _____

암시 : 1. _____

2. _____

3. _____

대처 전략 :

1. 두려운 이미지 상상하기—예 : 가족에게 줄 상처와 체포될 수 있음을 상기한다.

2. 기대하는 이미지 상상하기—예 : 반응을 통제하게 된다면 얼마나 뿌듯할까 등 긍정적인 상상에 초점을 맞춘다.

3. 이완기법—예 : 숨을 깊게 들이마시고 내쉬기, 점진적인 근육이완 등.

4. 취미와 오락—예 : 음악감상, 야구게임하기 등.

5. 셀프-토크—예 : "이건 중요하지 않아." "누구도 완벽할 수 없어." "내 삶 모두를 지키고 싶어."

6. 친구—예 : 친구, 비상연락망, 치료자, 후원자, 가족에게 전화한다.

7. 문제해결—예 : 당신이 화가 난 것에 대해 배우자에게 침착하고 정중하게 이야기한다.

8. 필요하면 타임 아웃을 사용한다.

---

* Wexler(1991b)의 허락하에 인용함. 허락없이 복사하거나 사용하지 마십시오.

Session 32
재발방지 계획 II

□ **자료물**

주간 생활 점검지

"변화된 삶으로의 이동"

□ **목표**

프로그램을 통해서 배운 기술을 점검하고 좀더 효과적으로 스트레스 상황을 다룰 구체적인 계획을 짠다.

□ **과업**

1. "주간 생활 점검지" 검토하기
2. 과제 점검하기
3. "타임머신" 기술을 한 명 내지 그 이상의 집단 구성원과 연습하기
4. 이 프로그램에서 배운 점 토의하기
5. "변화된 삶으로의 이동"에 대해 토론하고 단계별로 따라해보기
6. "부정적" 영향에 대해 역할극하기 : 누가 당신에게 말하지 않아야 하나?

□ **프로그램**

1. 이 세션에서 하는 모든 연습은 집단 안에서 기술과 통찰력을 연습하던 것을 자신의 실생활로 옮겨가도록 촉진시키는 과정이다.

2. 각 집단 구성원이 과제로 준비한 재발방지 계획을 점검하고 지난 한 주 동안 시도하면서 얼마나 효과적이었는지 토론한다.

3. 집단 구성원들이 스스로 미래를 계획하도록 돕기 위해 "타임머신" 기법을 사용한다. 이것은 목적을 더 분명하게 발전시키고 가능성 있는 함정을 예기할 수 있는 방법이 된다. 자원자를 받는다. 자원자에게 예를 들면 '1년 뒤 오늘' 과 같은 미래의 날짜를 선택하게 한다. 당신이 편안하다고 느끼는 드라마틱한 방법을 사용하여 미래의 그 시간에 "타임머신" 을 타고 간다고 상상하도록 돕는다. 그가 '깨어났을 때' 집단 구성원들은 미래 날짜의 생활에 대해 인터뷰한다. 얼마나 효과적으로 의사소통을 잘 하고 있는지 아내와의 일은 잘되어가고 있는지와 같은 구체적인 질문이 도움이 된다. 현실적인 내용을 갖게끔 도와준다. 그가 인터뷰를 끝냈을 때 현재로 되돌린다. 시간이 된다면 몇 명 더 이와 같은 과정을 반복해본다.

4. 각 집단 구성원에게 이곳에서 배운 것들 중 미래의 그에게 가장 중요한 영향을 미칠 것이 무엇인지 말해보도록 요청한다.

5. "변화된 삶으로의 이동" 을 토의하고 그 단계를 따라한다. 각 집단 구성원은 계획을 수정하기 위해 약간의 시간이 필요하다. 집단 전체가 계획을 서로 나누는 시간을 갖는다. 집단 구성원들은 각 사람의 계획 평가에 도움을 줘야 한다. "완벽한가? 현실적인가? 집단 구성원들이 변화를 유지하도록 서로 어떻게 도울 수 있을까?

6. 당신이 이야기해서는 안되는 사람은 누구인가? : 동료집단이 새로운 행동과 태도를 유지하는 데 얼마나 중요한지 토의한다. 대인관계에 문제를 안고 있는 집단 구성원에게 미치는 "부정적" 영향을 역할극으로 해보도록 요구한다. 집단 구성원들은 다음의 몇 가지 이야기로 그에게 도전하게 될 것이다.
- "당신은 그런 어리석은 행동으로 그녀를 떠나게 할 수 없어."
- "누구 책임인지 그녀에게 증명해봐!"
- "그냥 그녀에게 거짓말로 둘러대, 그들이 모두 어떻게 할지 알고 있잖아?"

지목된 구성원은 이에 대한 자신의 반응을 실연한다.

변화된 삶으로의 이동

 핸드 아웃

"변화된 삶으로의 이동" 기법은 집단에서 배운 것들을 집단 외부의 문제 상황에 적용해보도록 도와준다. 실제로 우리는 벌써 이 기술들의 상당부분을 사용해왔다. 변화의 전환이 없이는 집단에서 배운 것들이 삶에는 적용되지 않는 단지 흥미로운 연습에 지나지 않을 것이다.

당신에게 적용가능한 사항을 고려해본다.

- 단주동맹(AA) 같은 자조집단에 참여한다.
- 다른 사람에게 자기주장의 원칙을 가르친다.
- 동료와의 모임을 유지한다.
- 다른 상담 집단에 참여한다.
- 비공감적인 환경에 대처한다(의사소통이 잘 되지 않는 배우자나 "남성우월적인" 태도로 당신에게 말을 건네는 동료).
- 개인적인 좌절에 대처한다. 대처 기법이 들어먹히지 않을 때를 대비해서 대처 진술들을 간직해둔다.
- 당신이 처할 수 있는 특정한 문제를 미리 대비한다. 이러한 상황을 잘 다룰 '길잡이 지도'를 마련한다. 여기에는 행동계획, 사용가능한 기법들, 도움을 줄 수 있는 셀프-토크들이 포함된다.
- 성공과 문제 영역에 관한 일기를 기록한다.
- 정기적으로 당신이 배운 기법들을 점검한다. 그리고 어떤 기법이 자신에게 가장 잘 맞는지 정한다.

한 달 뒤 당신을 위한 변화계획은 무엇인가?

당신 스스로에 관해
예 : "난 화가 날 때마다 셀프-토크를 적을 것이다."

타인에 관해

예 : "난 매주 아내와 문제를 의논하기로 약속 시간을 잡을 것이다."

일 년 뒤 당신의 변화계획은 무엇인가?

당신 자신에 관해

예 : "매일 마음을 편히 갖는 연습을 해서 내가 필요할 때 마음의 평정상태를 유지할 수 있게 하겠다."

다른 이에 관해

예 : "내 아내와 우정을 발전시키도록 격려하고, 위협받는다는 느낌을 주지 않도록 노력하겠다."

참고문헌

Amherst H. Wilder Foundation. (1995). *On the level: Foundations for violence-free living*. st. Paul, MN: Amherst H. Wilder Foundation.

Bandura, A. (1973). *Aggression: A social learning analysis*. Englewood Cliffs, NJ: Prentice-Hall.

Beck, A. T., & Freeman, A. (1990). *Cognitive therapy of personality disorders*. New York: Guilford.

Bedrosian, R. C. (1982). Using cognitive systems intervention in the treatment of marital violence. In L. R. Barnhill (Ed.), *Clinical approaches to family violence*. Rockville, MD: Aspen.

Bernstein, D. A., & Borkevec, T. D. (1973). *Progressive relaxation training*. Champaign, IL: Research Press.

Bowker, L. H. (1983). *Beating wife-beating*. Lexington, MA: Heath.

Brannen, S. J., & Rubin, A. (1996). Comparing the effectiveness of gender-specific and couples groups in a court-mandated spouse abuse treatment program. *Research on Social Work Practice, 6*(4), 405-424.

Browne, K. Saunders, D., & Staeker, K. (1997). Process-psychodynamic groups for men who batter: A brief treatment model. *Families in Society: The Journal of Contemporary Human Services*, May/June, 265-71.

Browne, A. (1987) *When battered women kill*. New York: Free Press.

Carrillo, R., & Tello, J. (Eds). (1998). *Family violence and men of color: Healing the wounded male spirit*. NY: Springer.

Deffenbacher, J. L., McNamara, K, Stark, R. S., & Sabadell, P. M. (1990). A comparison of cognitive-behavioral and process-oriented group counseling for general anger reduction. *Journal of Counseling Development, 69*(2), 167-172.

Dinkmeyer, D., & McKay, G. (1989). *The parents' handbook: Systematic training for effective parenting*. Circle Pines, MN: American Guidance Service.

Dutton, D. (1998). *The abusive personality: Violence and control in intimate relationships*. New York: Guilford.

Dutton, D., with Golant, S. (1995). *The batterer: A psychological profile*. New York: Basic Books.

Dutton, D. G., & Holtzworth-Munroe, A. (1997). The role of early trauma in males who assault their wives. In *Rochester symposium on developmental psychology: Vol. 8. Developmental perspectives on trauma: Theory, research, and intervention* (PP. 379-401). Rochester, NY: University of Rochester Press.

Dutton, D., van Ginkel, C., & Strazomski, A. (1995). The role of shame and guilt in the intergenerational transmission of abusiveness. *Violence and Victims, 10*(2), 121-31.

D' Zurilla, T., & Goldfried, M. (1971). Problem solving and behavior modification. *Journal of Abnormal Psychology, 78*, 107-126.

Eddy, M. J., & Myers, T. (1984). *Helping men who batter: A profile of programs in the U.S.* Austin, TX: Texas Department of Human Resources.

Edleson, J. L., & Tolman, R. M. (1992). *Intervention for men who batter*. Thousand OaKs, CA: Sage.

Ellis, A. (1977). *How to live with?and without?anger*. New York: Reader' s Digest Press.

Erickson, M., & Rossi, E. (1979) Hypnotherapy: *An exploratory casebook*. New York: Irvington.

Fagan, J. (1996). *The criminalization of domestic violence: Promises and limits*. Washington, DC: U.S. Dept. of Justice, Office of Justice Programs. National Institute of Justice.

Fischer, G. (1986). College student attitudes toward forcible date rape. *Journal of Sex Education and Therapy, 12*, 42-46.

Ganley, A. (1981). *Court-madated counseling for men who batter: A three-day workshop*. Washington, DC: Center for Women Policy Studies.

Geffner, R., & Mantooth, C. (1995). *A psychoeducational model for ending wife/partner abuse: A program manual for treating individuals and couples*. Tyler, TX: Femily Violence and Sexual Assault Institute.

Gilligan, S. (1987). *Therapeutic trances*. New York: Brunner/Mazel.

Gondolf, E. W. (1999). MCMI-III results for batterer program participants in four cities. Less pathological: then expected. *Journal of Family Violence; Vol 14*(1), 1-17.

Gondolf, E. W. & Russell, D. M. (1987). *Man to man: A guide for man in abusive relationships*. Bradenton, FL: Human Services Institute.

Gottman, J. (1994). *Why marriages succeed and fail*. New York: Simon & Schuster.

Geffman, J., Jacobson, N., Rushe, R., Shortt, J., Babcock, J., La Taillade, J., & Waltz, J. (1995). The relationship between heart rate activity, emotionally aggressive behavior, and general violence in batterers. *Journal of Family Psychology, 9*, 227-248.

Hamberger, L. K., & Potente, T. (1994). Counseling heterosexual women arrested For domestic violence:

Implications For theory and practice. *Violence & Victims, 9*(2), 125-137.

Hare, R. (1993). *Without conscience.* New York: Pocket Bocket Books.

Harway, M,. & Evans, K. (1996). Working in groups with men who batter. In M. Andronico(Ed.), *Men in groups: Insights, interventions, and psychoeducational work*(pp. 357-375). Washington, DC: American Psychological Association.

Healy, K, Smith, C., & O' Sullivan, C. (1998). *Batterer intervention: Program approaches and criminal justice strategies.* Washington, DC: National Institute of Justice.

Henry, W., Schacht, T., & Strupp, H. (1986). Structural analysis of social behavior: Application to a study of interpersonal process in differential psychotherapeutic outcome. *Journal of Consulting and Clinical Psycbology, 54,* 27-31.

Henry, W., Schachr, T., & Strupp, H. (1990). Patient and therapist introject, interpersonai process, and differential psychotherapy outcome. *Journal of Consulting and Clinical psychology, 58,* 768-774.

Holtzworth-Munroe, A. (1992). Social skill deficits in maritally violent men: Interpreting the data using a social information processing model. *Clinical psychology Review, 12*(6), 605-617.

Holtzworth-Munroe, A. & Hutchinson, G. (1993). Attributing negative intent to wife behavior: The attributions of maritally violent versus nonviolent men. *Journal of Abnormal psychology, 102*(2), 206-11.

Holtzworth-Munroe, A. & Stuart, G. (1994). Typologies of male batterers: Three subtypes and the differences among them. *Psychological Bulletin, 116,* 476-497.

Hotaling, G., & Sugarman, D. (1986). An analysis of risk markers in husband to wife violence: The current state of knowledge. *Violence and Victims, 1,* 101-124.

Jacobson, N., & Gottman, J. (1998a, Mar/Apr). Anatomy of a violent relationship. *Psychology Today, 31*(2), 60-84.

Jacobson, N., & Gottman, J. (1998b). *When men batter women.* New York: Simon & Schuster.

Johnson, M. (1995). Patriarchal terrorism and common couple violence: Two forms of violence against women. *Journal of Marriage and the Family, 57,* 283-294.

Kalmuss, D. (1984). The intergenerational transmission of marital aggression. *Journal of Marriage and the Family, 46,* 11-19.

Kiley, D. (1983). *The Peter syndrome.* New York: Avon.

Kivel, P. (1992). *Men' s Work: How to Stop the Violence That Tears Our Lives Apart.* New York: Ballantine.

Lange, A. J., & Jakubowski, P. (1976). *Responsible assertive behavior: Cognitive/behavioral procedures for trainers.* Champaign, IL: Research Press.

Lee, M., Greene, G., Uken, A., Rheinscheld, L., & Sebold, J. (1997, June 29-July 2). *Solution-focused brief treatment: A viable modality for treating domestic violence offenders?* Paper presented at the 5th International Family Violence Research Conference, Durham, NH.

Lindsey, M., McBride, R. W., & Platt, C. M. (1993). *Amend: Philosophy and curriculum for treating batteres.* Littleton, CO: Gylantic Publishing.

McKay, M., Rogers, P. D., & McKay, J. (1989). *When anger hurts: Ouieting the storm within.* Oakland, CA: New Harbinger.

Meichenbaum, D. (1977). *Cognitive-behavior modification approach.* New York: Plenum.

Murphy, C., & Baxter, V. (1997). Motivating batterers to change in the treatment context. *Journal of Interpersonal Violence, 12*(4), 607-619.

Neidig, P. H. & Friedman, D. H. (1984). *Spouse abuse: A treatment program for couples.* Champaign, IL: Research Press.

Novaco, R. (1975). *Anger control: The development and evaluation of an experimental treatment,* Lexington, MA: Lexington Books.

Novaco, R. (1978). Anger and coping with stress: Cognitive behavioral interventions. In J. P. Foreyt and D. P. Rathjen (Eds.), *Cognitive behavior therapy: Research and applications.* New York: Plenum.

Novaco, R. (1979). The cognitive regulation of anger and stress. In P. Kendall & S. Hollon (Eds.), *Cognitive-behavioral interventions: Theory, research and procedure.* New York: Academic Press.

O' Leary, K. D. (1988). Physical aggression between spouses: A social learning perspective. In V. B. Van Hasselt, R. L. Morrison, A. S. Bellack, & M. Hersen (Eds.), *Handbook of Family Violence,* New York: Plenum.

O' Hanlon, W., & Weiner-Davis, M. (1989). *In search of solutions.* New York: Norton.

Pence, E. (1987). *In our best interest: A process for personal and social change.* Duluth: Minnesota Program Development, Inc.

Pence, E., & Paymar, M. (1993). *Education groups for men who batter: The Duluth model.* New York: Springer.

Pleck, J. (1980). Men's power with women, other men and society. In E. Pleck & J. Pleck (Eds.), *The American man* (pp. 417-433). Englewood Cliffs, NJ: Prentice-Hall.

Prince, J., & Arias, I. (1994). The role of perceived control and the desirability of control among abusive and nonabusive husbands. *American Journal of Family Therapy, 22*(2), 126-134.

Prochasks, J. O., & DiClemente, C. C. (1992). *The transtheoretical approach. Handbook of psychotherapy integration* (pp. 300-334). New York: Basicbooks.

Rose, S. D. (1989). *Working with adults in groups: Integrating cognitive-behavioral and small group strategies.* San Francisco: Jossey-Bass.

Russell, M. N. & Frohberg, J. (1995). *Confronting abusive beliefs: Group treatments for abusive men.* Thousand Oaks, CA: Sage.

Saunders, D. G. (1982). Counseling the violent husband. In P. Keller & L. Ritt (Eds.), *Innovations in clinical practice: A source book, Vol. I.* Sarasota, FL: Professional Resource Exchange.

Saunders, D. G. (1984). Helping husbands who batter. *Social casework, 65,* 347-356.

Saunders, D. G. (1994). Prediction of wife assault. In J. C. Campball (Ed), *Assessing dangerousness: Violence by sexual offenders, and child abusers.* Newbury Park, CA: Sage.

Saunders, D. G. (1996a). Interventions for men who batter. Do we know what works? In *Session: Psychotherapy in practice, 2*(3), 81-94.

Saunders, D. G. (1996b). Feminist-cognitive-behavioral and process-psychodynamic treatments for men who batter: Interaction of abuser traits and treatment models. *Violence and Victims, 11*(4), 393-413.

Saunders, D. G., & Azar, S. (1989). Family violence treatment programs: Description and evaluation. In L. Ohlin & M. Tonry (Eds.), *Crime and violence: Special volume on family violence.*

Saunders, D. G., & Browne, (!991). Domestic Homicide. In R. Ammerman & M. Hersen (Eds.), *Case studies in family violence.* New York: Plenum.

Saunders, D. G., & Browne, A. (in press). Intimate partner homicide. In R. Ammerman and M. Hersen (Eds.), *Case studies in family violence.* NY: Plenum.

Schecter, S. & Ganley, A. (1995). *Domestic violence: A national curriculum for family preservation practitioners.* San Francisco: Family Violence Prevention Fund.

Shapiro, S. (1995). *Talking with patients: A self psychological view.* Northvale, NJ: Aronson.

Sonkin, D., & Durphy, M. (1989). *Learning to live without violence.* Volcano, CA: Volcano Press.

Steinfeld, G. J. (1986). Spouse abuse: Clinical implications of research on the control of aggression. *Journal of Family Violence, 1*(2), 197-208.

Stoltenberg, J. (1993). *The end of manhood: A book for men of conscience.* New York: Dutton.

Stordeur, R. A., & Stille, R. (1989). *Ending men's violence against their partners.* Thousand Oaks, CA: Sage.

Stosny, S. (1995). *Treating attachment abuse.* NY: Springer.

Straus, M. A., & Gelles, R. J. (1990). *Physical violence in American families: Risk factors and adaptations to violence in 8,145 families.* New Brunswick, NJ: Transaction Press.

Straus, M., Gelles, R., and Steinmetz, S. (1980). *Behind closed doors: Violence in the American family.* Garden City, NY: Doubleday.

Tolman, R. M. (1996). Expanding sanctions for batterers: What can we do besides jailing and counseling them? In J. L. Edleson & Z. C. Eisikovits (Eds.). *Future interventions with battered women and their families.* Thousand Oaks, CA: Sage.

Tolman, R. M., & Edleson, J. L. (1995). Intervention for men who batter: A review of research. In S. Stith & M. A. Straus (Eds.), *Understanding partner violence* (pp. 262-274). Minneapolis: National Council on Family Relations.

Wachter, O., & Boyd, T. (1982). Time out. In M. Roy (Ed.), *The abusive partner: An analysis of domestic battering.* New York: Van Nostrand Reinhold.

Walker, L. (1984). *The battered woman syndrome.* New York: Springer.

Weiss, J., & Sampson, H. (1986). *The psychoanalytic process.* New York: Guilford.

Wexler, D. (1991). *The adolescent self: Strategies for self-management, self-soothing, and self-esteem in adolescence.* New York: Norton.

Wexler, D. (1991b). *The Prism Workbook.* New York: Norton.

Wexler, D. (1994). *Controlling "uncontrollable" Behavior.* Unpublished article, Relationship Violence Training Institute, San Diego, CA.

White, M., & Weiner, M. (1986). *The theory and practice of self psychology.* New York: brunner/Mazel.

Williams, O. J. (1995). Treatment for African American men who batter. *CURA Reporter, 25,* 6-10.

Williams, O. J., & Becker, R. L. (1994). Domestic partner abuse treatment programs and cultural competence: The results of a national survey. *Violence and Victims, 9*(3), 287-296.

Wolf, E. (1988). *Treating the self: Elements of clinical self psychology.* New York: Guilford.

Wolfe, B. (1989). Heinz Kohut' s self psychology: A conceptual analysis. *Psychotherapy, 26,* 545-554.

Young, J. E. (1990). Cognitive therapy for personality disorders: A schema-focused approach. Sarasota, FL: Professional Resource Exchange.

저자

David B. Wexler

Director of the Relationship Violence Training Institute(미국, 샌디에고)

dbwexler@home.com

번역자

김 현 수

1966년생이며 서울에서 태어났고 중앙대학교 의대를 졸업한 뒤 아주대 의대에서 정신과 전문의 과정을 밟았다. 1998년 우리나라 최초의 보호관찰소 가정폭력 행위자 수강명령 프로그램을 운영하면서 가정폭력 가해자 교육과 프로그램에 참여해왔다. 140여명의 가해자를 초기 인터뷰하여 논문을 발표하기도 했다. 그 후 수원, 서울 보호관찰소에서 가정폭력 가해자 수강명령 프로그램을 운영하고, 가정법률 상담소에서 상담위탁 사업을 진행하기도 했다. 현재 다양한 현장에서 가정폭력 가해자 접근법에 대한 강의를 하고 있다. 2003년 정신장애인에 대한 편견을 제거한 공로로 보건복지부장관상을 수상했으며 2004년도에는 MBC와 청소년 보호위원회로부터 청소년보호대상을 받기도 하였다. EBS 프로주부 특강, KBS 아침마당 등을 비롯한 다양한 방송에서도 청소년 및 가족문제에 대한 강사 및 패널로 출연하고 있다.

현재 〈사는기쁨 신경정신과〉 원장, 성장학교 〈별〉 교장을 맡고 있으며 대한 청소년정신의학회 홍보부, 청소년 종합지원센터 운영위원 등 다양한 직함을 갖고 활발히 활동을 전개하고 있다. 주요 역서 및 저서로는 『인터넷 중독증』, 『빈곤 가족과 일하기』, 『정신장애로부터 어떻게 회복할 것인가』, 『페니스 파시즘』, 『아이들이 인터넷 때문에 너무 아파요』 등이 있다.

배 민 진

현재 〈빵과 영혼 상담센터〉에서 아동학대팀에 소속되어 활동하고 있다. 전 아주대병원 의료사회사업가였으며 아동 성학대, 이혼가정, 가정폭력 가정 등에 대한 연구 및 상담활동을 계속 해왔다. 김현수와 함께 가정폭력 가해자 프로그램을 수차례 운영한 바 있으며, 현재 아동 성학대와 관련된 사업에도 참여하고 있다. 이화여대 사회복지학과를 졸업하고 동대학에서 석사 과정을 마쳤다.

윤 웅 장

현재 인천 보호관찰소의 사무과장으로 재직 중이다. 한양대 법대를 졸업했으며 행정고시 합격 이후 수원, 서울 등의 보호관찰소에 재직하며 수강명령 프로그램 등을 담당해왔다. 현재 법무부 보호국 관찰과 사무관을 거쳐 인천 보호관찰소에 근무하고 있다. 강남대 사회복지대학원 석사 과정을 마쳤으며 한양대 법학과 박사학위 과정을 밟고 있다.